南京师范大学教育社会学研究中心

教育与社会研究丛书

南京师范大学教育社会学研究中心

教育与社会研究丛书

丛书主编　程天君

过程公平视域下
教师行动逻辑研究

崔　宇／著

南京师范大学出版社

图书在版编目(CIP)数据

过程公平视域下教师行动逻辑研究 / 崔宇著. —南京：
南京师范大学出版社，2023.1
(教育与社会研究丛书 / 程天君主编)
ISBN 978 - 7 - 5651 - 5402 - 7

Ⅰ. ①过… Ⅱ. ①崔… Ⅲ. ①师资培养—研究 Ⅳ.
①G451.2

中国版本图书馆 CIP 数据核字(2022)第 134105 号

丛 书 名	教育与社会研究丛书
丛书主编	程天君
书 名	过程公平视域下教师行动逻辑研究
作 者	崔 宇
责任编辑	许晓婷
出版发行	南京师范大学出版社
地 址	江苏省南京市玄武区后宰门西村 9 号(邮编：210016)
电 话	(025)83598919(总编办) 83598412(营销部) 83373872(邮购部)
网 址	http://press.njnu.edu.cn
电子信箱	nspzbb@njnu.edu.cn
照 排	南京开卷文化传媒有限公司
印 刷	江苏凤凰数码印务有限公司
开 本	787 毫米×1000 毫米 1/16
印 张	19.5
字 数	277 千
版 次	2023 年 1 月第 1 版 2023 年 1 月第 1 次印刷
书 号	ISBN 978 - 7 - 5651 - 5402 - 7
定 价	78.00 元

出 版 人 张 鹏

九九归一：教育与社会

——《教育与社会研究丛书》总序

光阴似箭，日月如梭，时间指向了 2019 年。

对于中国大陆教育社会学来说，"九"是个具有历史巧合意义的时间节点。无妨说，中国教育社会学，尤其是南京师大教育社会学，逢"九"值得记忆并纪念。

1949 年之后的一段时期，由于众所周知的原因，中国大陆教育社会学未能接续此前"草创时期"而得到发展，甚至连生存权利也被彻底剥夺，教学与研究完全中断——整整 30 年[①]。

1979 年起，一些学者开始译介国外教育社会学发展的著述，我们由此开启了教育社会学发展史上迄今闻所未闻的所谓"学科重建"。

1989 年，在我国教育社会学发展史上是个特别的年份。在这一年，中国第一个教育社会学学术团体——全国教育社会学专业委员会成立，其后每两年举办一次学术年会的惯例被沿用至今。也是在这一年，全国高等学校文科教学参考书《国外教育社会学基本文选》发行——巧合的是，2009 年，该书修订版出版[②]。尤为值得一提的，还是在这一年，南京师大、华东师大相继开始培养教育社会学方向的博士研究生，从而实现了我国教育社会学人才培养层次上的"三级跳"和教育社会学课程开设阶段上的本、硕、博"全覆盖"——从 1982 年南

---

① 鲁洁,吴康宁.教育社会学丛书.总序[M].南京:南京师范大学出版社,1999.

② 张人杰.国外教育社会学基本文选[M].上海:华东师范大学出版社,1989;张人杰.国外教育社会学基本文选(修订版)[M].上海:华东师范大学出版社,2009.1990 年,人民教育出版社出版"高校文科教材"《教育社会学》(鲁洁主编、吴康宁副主编,该书获江苏省哲学社会科学优秀成果一等奖、全国高校优秀教材一等奖)。

京师大在全国率先开设本科生的教育社会学课程,到 1984 年华东师大与南京师大以及北京师大、杭州大学等校陆续开始培养教育社会学方向的硕士研究生^①,再到 1989 年南京师大开始招收教育社会学方向的博士生乃至 1999 年南京师大开始招收教育社会学方向的博士后研究人员。

1999 年亦是一个值得记忆的年头。《南京师范大学教育社会学沙龙文集》所收文稿起始于 1999 年^②。同样在 1999 年,我国首套《教育社会学丛书》^③(简称"第一套丛书")出版。这套《教育社会学丛书》的出版,标志着^④中国大陆教育社会学研究自恢复重建以来的第二次转型的完成,即从"以学科概论性研究为主、分支领域性研究为辅"阶段(20 世

---

① 参见:吴康宁.教育社会学[M].北京:人民教育出版社,1998:49-50;张人杰.中国大陆教育社会学的二十年建设(1979—2000 年)[J].华东师范大学学报(教育科学版),2001(2);吴康宁.我国教育社会学的三十年发展(1979—2008)[J].华东师范大学学报(教育科学版),2009(2).关于教育社会学硕士研究生的培养,厉以贤提供了另一种说法:"稍后,北京师范大学(1983 年,指导教师为厉以贤教授)和华东师范大学(1986 年,指导教师为张人杰副教授)开始招收教育社会学的硕士研究生。"详见:厉以贤.中国大陆教育社会学的十年建设(1979—1988)[J].现代教育(台湾),1991(2).

② 起初,南京师范大学的教育社会学学术活动是涵盖在鲁洁老师主持的"南京师范大学教育学原理沙龙"之中的。随着教育社会学研究的不断拓展与深化,以及教育学原理学科本身的不断充实与丰富,教育社会学学术活动便渐渐发展成一个相对独立、相对专门的学术事项。细算起来,南京师范大学教育社会学方向的教师与研究生以沙龙的形式开展学术研讨活动开始于 1993 年,当时主要是为了研讨"课堂教学的社会学研究"这一全国哲学社会科学"八五"规划青年基金课题而组织起来的,最初参加研讨的有吴康宁、程晓樵、吴永军、刘云杉等,只不过其时还不叫"沙龙"。正式称之为"沙龙",是在 1997 年;截至 2007 年 4 月 11 日,办了百期。2007 年开始,为便于南京师大教育社会学沙龙成员翻查既往、检视当下、思索未来,在征求沙龙成员本人意愿的基础上,我们每年将各期沙龙的主题发言原稿汇编印刷成集——只可惜 1999 年之前的沙龙文稿已很难寻觅,故《南京师范大学教育社会学沙龙文集》所收文稿起始时间为 1999 年。自 2008 年始,"沙龙集萃"约每 5 年正式出版 1—2 本,详见:吴康宁主编《教育与社会:实践·反思·建构——博士沙龙百期集萃》,广西师范大学出版社 2008 年出版;贺晓星主编《教育与社会:学科·记忆·梦想——教育社会学学术沙龙集萃(2007—2012)》,南京师范大学出版社 2016 年出版;胡金平主编《教育社会学学术沙龙集萃:教育与社会:阅读·思考·对话——教育社会学学术沙龙集萃(2009—2012)》,南京师范大学出版社 2016 年出版;程天君主编《教育与社会:知识·文化·国家(2013—2018)》《教育与社会:视野·实践·主体(2013—2018)》,广西师范大学出版社 2020 年拟出(需说明的是,应出版社要求,也为简洁起见,这两本沙龙集萃书名有所简化)。自 2014 年开始,随着南京师范大学教育社会学方向博士生导师的增多(程天君、齐学红 2014 年开始招生)和沙龙成员的多元化(此前,沙龙成员主要是吴康宁老师的博士生、博士后、访问学者;此后,成员为教育社会学方向的博士生、博士后、访问学者),南京师范大学教育社会学沙龙被归列为南京师范大学教育社会学研究中心的一项学术事项继续开展,也开始增加了"来宾交流"活动,即每学期请两三位沙龙成员之外的来宾进行主讲。

③ 鲁洁、吴康宁主编:《教育社会学丛书》,南京师范大学出版社 1999 年出版,包括吴康宁等著《课堂教学社会学》、吴永军著《课程社会学》、刘云杉著《学校生活社会学》、缪建东著《家庭教育社会学》等 4 部专著。其中,《课堂教学社会学》获全国教育科学优秀成果一等奖。

④ 张人杰.中国大陆教育社会学的二十年建设(1979—2000 年)[J].华东师范大学学报(教育科学版),2001(2).

纪 70 年代末至 80 年代中期），到"学科概论性研究与分支领域性研究齐头并进"阶段（20 世纪 80 年代后期至 90 年代中期），再到"以分支领域性研究为主、学科概论性研究为辅"阶段（20 世纪 90 年代后期至今）。继"第一套丛书"之后出版的第二套和第三套丛书，则在一定程度上使得中国大陆教育社会学研究之"以分支领域性研究为主、学科概论性研究为辅"阶段（20 世纪 90 年代后期至今）"本身"又经历了第三次和第四次转型。第三次转型为在分支领域研究中实现从"以概论性研究为主、具体问题为辅"到"以具体问题研究为主、概论性研究为辅"的转换，2003 年开始出版的《现代教育社会学研究丛书》①（简称"第二套丛书"）不失为显著标记。而随着这第三次转型——"从强分支领域到弱分支领域""从有分支领域到无分支领域"——的推进，实现了我国教育社会学研究的第四次转型，即出现了对我国具体教育问题的"跨分支领域的""融通的"社会学解释方面的研究成果，2005 年开始出版的《社会学视野中的教育丛书》②（简称"第三套丛书"）或可视为其代表。

对于我国教育社会学学科来说，2009 年亦有不少可圈可点之处。

---

① 吴康宁主编：《现代教育社会学研究丛书》（含 10 部专著），包括张行涛著《必要的乌托邦：考选世界的社会学研究》、郭华著《静悄悄的革命：日常教学生活的社会构建》、张义兵著《逃出束缚："赛博教育"的社会学解读》、马维娜著《局外生存：相遇在学校场域》、王有升著《理想的限度：学校教育的现实建构》，北京师范大学出版社 2003 年版；楚江亭著《真理的终结：科学课程的社会学释义》、齐学红著《走在回家的路上：学校生活中的个人知识》、周润智著《力量就是知识：教师职业文化的生产与再生产》，北京师范大学出版社 2005 年版；刘云杉著《从启蒙者到专业人：中国现代化历程中教师角色演变》、马和民著《从"仁"到"人"：社会化危机及其出路》，北京师范大学出版社 2006 年版。其中，《逃出束缚："赛博教育"的社会学解读》《局外生存：相遇在学校场域》分别获江苏省哲学社会科学优秀成果二、三等奖，《理想的限度：学校教育的现实建构》获山东省社会科学优秀成果三等奖，《力量就是知识：教师职业文化的生产与再生产》获辽宁省哲学社会科学优秀成果二等奖，《从启蒙者到专业人：中国现代化历程中教师角色演变》获中国高校人文社会科学研究优秀成果三等奖。

② 吴康宁主编：《社会学视野中的教育丛书》（含 11 部专著），南京师范大学出版社 2005 年开始出版，包括胡金平著《学术与政治之间的角色困顿——大学教师的社会学研究》（2005）、杨跃著《匿名权威与文化焦虑——大众培训的社会学研究》（2006）、庄西真著《国家的限度——"制度化"学校的社会逻辑》（2006）、周宗伟著《高贵与卑贱的距离——学校文化的社会学研究》（2007）、闫旭蕾著《教育中的"肉"与"灵"——身体社会学研究》（2007）、高水红著《共用知识空间——新课程改革行动案例研究》（2008）、刘猛著《意识形态与中国教育学——走向一种新的教育的社会学研究》（2008）、程天君著《"接班人"的诞生——学校中的政治仪式考察》（2008）、庄西真著《权力的滞聚与流散——地方政府教育治理模式变革的研究》（2008）、石艳著《我们的"异托邦"——学校空间社会学研究》（2009）、王晋著《一个称作单位的学校——基于对晋东 M 中学的实地调研》（2012）。其中，《高贵与卑贱的距离——学校文化的社会学研究》《"接班人"的诞生——学校中的政治仪式考察》获江苏省哲学社会科学优秀成果一等奖，《学术与政治之间的角色困顿——大学教师的社会学研究》获江苏省哲学社会科学优秀成果二等奖，《国家的限度——"制度化"学校的社会逻辑》《权力的滞聚与流散——地方政府教育治理模式变革的研究》获江苏省哲学社会科学优秀成果三等奖。

仅以南京师范大学教育社会学来说,在这一年就取得三项标志性进展:是年,南京师范大学为本科生开设的"教育社会学"课程被评为国家精品课程,这在全国当属首例。在这一年,以本科教学为主要任务的南京师范大学"教育社会学团队"被评为校级优秀教学团队,并于次年被评为江苏省优秀教学团队,这当是全国首家省级教育社会学教学团队。也是在 2009 年,成立于 2006 年的"南京师范大学教育社会学研究中心"被评审确定为首批"江苏省高校哲学社会科学重点研究基地",这也是国内首家成为省级重点研究基地的教育社会学研究机构。

眼下的 2019 年,仍是南京师范大学在我国教育社会学学科发展和学术研究史上留下痕迹的一年。择要来说有四:一是南京师范大学教育社会学团队主持的教育部哲学社会科学研究重大课题攻关项目的最终成果《教育改革的社会支持》[①]出版;二是本团队主持的江苏高校哲学社会科学优秀创新团队项目的最终成果《新教育公平研究丛书》[②]出版;三是本团队成员的学术成果《教育改革的"中国问题"》[③]继此前获得第五届全国教育科学优秀成果一等奖(2016)、第七届吴玉章人文社会科学奖一等奖(2017)之后,于 2019 年获得第八届中国高校人文社会科学研究优秀成果奖一等奖[④];四是南京师范大学开始出版我国第四套教育社会学丛书——《教育与社会研究丛书》(简称"第四套丛书")。

从上述 1949—2019 年这个时间轴里,可观察和聚焦以下三点:

第一,上述四套特别是前三套教育社会学丛书的出版,在一定程度上带动了中国大陆教育社会学研究自学科恢复重建以来的四次转型。这四套教育社会学丛书诞生于我国教育社会学学科重建以来的进程之

---

① 吴康宁,等.教育改革的社会支持[M].北京:人民出版社,2019.

② 程天君主编:《新教育公平研究丛书》(含 6 部专著),南京师范大学出版社出版,包括程天君等著《新教育公平引论》、高水红《新教育公平视野下的学校再生产》、杨跃《新教育公平视野下的教师教育改革》、张义兵著《知识建构——新教育公平视野下教与学的变革》、雷晓庆著《课堂教学公平指标体系的建构与应用》、贺晓星等著《家长、社区与新教育公平》。

③ 吴康宁.教育改革的"中国问题"[M].南京:南京师范大学出版社,2015.

④ 2003 年,南京师范大学教育社会学团队成员的成果《教育社会学》(吴康宁著,南京师范大学出版社 1998 年版)获第三届中国高校人文社会科学研究优秀成果一等奖。

中，也见证了这一进程的发展。客观地说，这四套丛书既受益于教育社会学的学科发展，又促进了教育社会学的学科发展。而其中的一支主要生力军，当属教育社会学方向的博士生，这四套丛书中的大部分专著是基于作者的博士论文（不仅限于南京师大的博士）和少数博士后出站报告（不仅限于南京师大的博士后）修订出版的①。这也是我们继续主编出版"第四套丛书"《教育与社会研究丛书》并仍以博士论文为主的根由和动力所在。

第二，改革开放 40 多年来，我国教育社会学特别是南京师大的教育社会学研究经历了从注重"学校教育（内部）自身社会子系统"的研究②，到注重"社会转型与教育变革"的关系研究③，再到注重"教育改革和发展的（外部）社会支持"的研究④这样一种跃迁之轨迹。在这一跃迁的过程之中，我们既承担了相关科研项目，也产生了具有类型意义的代表性成果。

第三，无论是聚焦于学校教育内部，还是聚焦于社会转型与教育变

---

① 这些由博士学位论文或博士后出站报告修订而出版的专著产生了广泛的影响，其中不少专著获得了国家和省部级优秀成果奖（详见总序第 2 页注③、第 3 页注①②）；亦有博士学位论文获奖，如程天君的博士学位论文《"接班人"的诞生——学校中的政治仪式考察》获"全国优秀博士学位论文"，高水红的博士学位论文《改革精英——基础教育课程改革案例研究》获"江苏省优秀博士学位论文"。

② 在这方面，南京师大教育社会学团队 1987 年开始承担全国教育科学规划重点课题，并于当年开始进行教育社会学的实证研究"课堂教学与班集体建设"；其后，相继承担了"课堂教学的社会学研究""德育社会学研究"及"课程的社会学研究"等全国哲学社会科学规划研究项目及全国教育科学规划研究项目；在此过程之中和基础之上，出版了"第一套丛书"中的《课堂教学社会学》（吴康宁等著）、《课程社会学》（吴永军著）、《学校生活社会学》（刘云杉著）以及吴康宁主编的《课程社会学研究》（江苏教育出版社 2004 年版）等代表性成果。

③ 在这方面，南京师大教育社会学团队承担了"信息社会的到来与中国教育的转型""中国教育改革的社会学研究"及"当代中国教育转型研究"等全国教育科学规划研究项目及国家"211 工程"建设项目；在此过程之中和基础之上，出版了《教育改革的"中国问题"》（吴康宁著）、《中国教育改革的社会学研究丛书》［吴康宁主编，广西师大出版社 2011 年版，包括马维娜著《集体性知识：中国教育改革的社会学解释》（获江苏省哲学社会科学优秀成果一等奖）、王海英著《常识的颠覆：学前教育市场化改革的社会学研究》（获江苏省哲学社会科学优秀成果三等奖）、彭拥军著《精英的合法性危机：高等教育改革的社会学研究》、杨跃著《"教师教育"的诞生：教师培养权变迁的社会学研究》（获江苏省哲学社会科学优秀成果三等奖）、齐学红著《在生活化的旗帜下：学校道德教育改革的社会学研究》（获江苏省哲学社会科学优秀成果二等奖）、周元宽著《情境逻辑：底层视阈中的大学改革》］及《社会学视野下的中国教育改革》（高水红主编，教育科学出版社 2016 年版）等代表性成果。

④ 在这方面，南京师大教育社会学团队承担了教育部哲学社会科学研究重大课题攻关项目"我国教育改革和发展的社会支持系统研究"及江苏高校哲学社会科学优秀团队项目"新教育公平的理论建构与实践探索"等科研项目；在此过程之中和基础之上，出版了《教育改革的社会支持》（吴康宁著）和《新教育公平研究丛书》（程天君主编，详见总序第 4 页注②）等代表性成果。

革之间，抑或是聚焦于教育的外部，教育社会学研究终不脱"教育与社会"这一光谱，可谓万变不离其宗。

事实上，迄今为止的教育社会学，不管西方的还是中国的，无论传统的抑或新兴的，其主流的研究对象乃至学科性质界定便是"教育社会学就是研究教育与社会关系的学科"（简称"关系说"），"关系说"普遍存在于教育社会学相关的辞书、教材、专著以及冠以"教育社会学"之名的著述当中①。唯因不同学者关注"教育"的层面不同，便存在着"教育制度与社会相互关系说""教育活动（过程）与社会相互关系说"及"教育与社会相互关系说"等几种有所区别的"关系说"②。就传统的教育社会学（educational sociology）和新兴的教育社会学（sociology of education）来看，"关系说"在新兴的教育社会学尤甚；就中和外来看，"关系说"在中国更浓。援引两例为证。譬如，一项统计显示，在20世纪80年代的英国《教育社会学期刊》和美国《教育社会学》这两份学术刊物中，主题为"教育与社会关系"（包括"社会化与教育""社会结构与教育""社会阶层化与教育""社会问题与教育""社会变迁与教育"等）的论文，占据前一刊物的近三分之一（29%）容量，占据后一刊物的大半江山（52.9%）③。又譬如，被认为标志着中国教育社会学起点的第一本中文教育社会学著作便是《社会与教育》④。以至我国当代教育社会学者谢维和直言："与其他学科相比，教育社会学独特之处在于它是通过教育与社会的关系来研究教育活动和教育现象的。"⑤

说到底，教育社会学研究的要领，从反向来说就是，既不能"就教育谈教育"，也不能"撇开教育谈其他（社会）"。从正向来说就是，教育社会学的特点在于其既姓"教"，又姓"社"，即教育社会学研究的是特殊的教育现象或教育问题，也就是具有社会学意味的教育现象或

---

① 程天君.教育社会学就是研究"教育与社会关系"的学科吗——从"教学要点"到"教学难点"[J].教育研究与实验，2010（4）：21 - 26.

② 吴康宁.教育社会学[M].北京：人民教育出版社，1998：2 - 5.

③ 李锦旭.20世纪80年代英美教育社会学的发展趋势：两份教育社会学期刊的分析比较[J].现代教育，1991（2）.

④ 陶孟和.社会与教育[M].上海：商务印书馆，1922.

⑤ 全国教育科学规划领导小组办公室.教育科研大家谈[M].北京：教育科学出版社，2007：162.

教育问题，或者说是教育现象或教育问题的"社会层面"①。即便是对于"关系说"的反思和超越这一尝试本身②终究也难以彻底脱离"关系说"来进行言说。

这就是我们将第四套教育社会学丛书命名为"教育与社会研究丛书"的理据，因为"教育与社会"可谓教育社会学研究的肇端；这也是我们将《教育与社会研究丛书》总序命名为"九九归一：教育与社会"的原因，毕竟，"教育与社会"实乃教育社会学研究万变不离之宗；这还是我们在出版南京师范大学教育社会学沙龙集萃时将其主标题恒定为"教育与社会"③的原委，因为这是一份坚守。

程天君

2019 年岁末

---

① 吴康宁.教育社会学[M].北京：人民教育出版社，1998：1-20.需要说明的是，该著当时的界定是"社会学层面"；在第 253 期南京师范大学教育社会学沙龙（2016 年 9 月 14 日）上，吴康宁老师提出，其实应该是"社会层面"，而不是"社会学层面"。据此，这里正式修订为"社会层面"。

② 程天君.从"教育/社会"学到"教育社会"学——教育社会学研究范式的转换[J].北京大学教育评论，2017(2)：77-101.

③ 详见总序第 2 页注②。

目　录

导论

一、研究背景

(一) 教育公平是社会公平的重要基础

教育公平是社会公平的重要基础,是教育发展与改革的基本目标和价值取向。《国家中长期教育改革和发展规划纲要(2010—2020年)》把促进教育公平作为国家的基本教育政策。党的十八大以来,以习近平同志为核心的党中央进一步明确要不断促进教育发展成果更多、更公平地惠及全体人民,以教育公平促进社会公平正义。

教育公平是社会公平的重要基础这一论断是由习近平总书记于2016年9月在北京市八一学校考察时强调的。该论断不仅明确了教育公平与社会公平的内在联系,而且指明了教育公平对促进社会公平的重大意义。[①] 而党的十九大则进一步将教育纳入民生事业,强调必须将其放在优先发展位置,推进教育公平,努力让每个孩子都能享有公平而有质量的教育。

随着十九大的召开,中国特色社会主义进入新时代,我国社会主要矛盾已经转化为人民日益增长的美好生活需要和不平衡不充分的发展之间的矛盾。而在教育领域,教育发展的主要矛盾则转化为人民日益增长的更公平更高质量的教育需求和教育发展不平衡不充分之间的矛盾。随着我国社会主要矛盾的这一转化,人民对公平而有质量的教育的向往更加迫切,对高水平高质量教育的需求日益增长。而对教育公平的不懈追求也体现出我国坚持以人民为中心发展教育的立场与决心。

(二) 教育公平朝向过程公平纵深发展

我国对于教育公平追求的指向正在由起点公平向过程公平纵深发

---

① 《习近平总书记教育重要论述讲义》编写组.习近平总书记教育重要论述讲义[M].北京:高等教育出版社,2020:147.

展。从顶层设计来看,在我国教育政策的发展进程中,关于教育公平政策的变迁与转向正体现了由起点公平转向过程公平这一趋势。

有研究分析中国教育公平政策变迁与转型逻辑时,指出 2017 年起中国教育公平政策进入了变革阶段,"新时代中国教育公平政策重点在于保障拥有平等的教育内容,并开始注重教育质量公平的建设"[①]。从我国教育的发展状况来说,随着 1993 年颁布的《中国教育改革和发展纲要》将"基本普及九年义务教育,基本扫除青壮年文盲"(简称"两基")作为奋斗目标,我国于 2012 年达成历史性目标,即全国"两基"人口覆盖率达 100%,初中阶段毛入学率超过 100%,青壮年文盲率下降到 1.08%,同时我国的高中教育以及高等教育也走向了普及阶段。[②] 不仅如此,2016 年全国九年义务教育巩固率达 93.4%,九年义务教育普及水平已经超过世界高收入国家平均水平。[③] 因此可以说,我国在教育机会公平的层面上已经取得了一定的成绩,有条件去朝着更高水平的教育过程公平而努力。换句话说,我国总体上已经解决了"无学上"的问题,即每个学生都有同等的入学机会[④],正在朝着"上好学"的目标而迈进。

在此背景下,"上好学"的问题就给教师提出了新的要求,教师要为了让每个孩子都能享有公平而有质量的教育而努力。有研究指出,教育公平应是人发展的公平,核心是关注人的平等。这里的"人"是指每一个人而不是少数人,要让每一个人都能享有适合自己的优质教育。[⑤]因此,注重并推进教育过程公平是我国现阶段教育公平发展的重要环节,也是亟待解决的难题,需要真正下沉到微观层面的学校教育过程中推动其内涵式公平发展。

---

① 郑石明,邹智.迈向有质量的公平:中国教育公平政策变迁与转型逻辑[J].清华大学教育研究,2018(5):29-37.
② 吴俞晓.社会分层视野下的中国教育公平:宏观趋势与微观机制[J].南京师大学报(社会科学版),2020(4):18-35.
③ 中华人民共和国教育部.中国教育概况——2016 年全国教育事业发展情况[EB/OL].(2017-11-10).http://www.moe.gov.cn/jyb_sjzl/s5990/201711/t20171110_318862.html.
④ 王卫东.过程公平是实现结果公平的关键[N].光明日报,2016-07-07(15).
⑤ 程天君.新教育公平引论——基于我国教育公平模式变迁的思考[J].教育发展研究,2017(2):1-11.

（三）过程公平的推进要下沉到学校教育中的教师行动

教育过程公平的推进需要教师在学校教育中积极行动。党的十八大提出，教育的根本任务是立德树人，要培养德、智、体、美全面发展的社会主义建设者和接班人。而落实立德树人的任务，教师是关键。[①]作为社会公平的重要基础，对于教育公平的推动与促进，身为教育活动的实践者与教育工作的发起者之教师，要肩负起这一深刻的历史使命与责任担当。

当今社会，教育对象发生了深刻变化，教师处于教育事业的中心位置。教师实施、传递、指导学生的过程，实质上也是他们与学生进行直接互动的过程。[②] 因此，学校教育中的教师行动对于学生公平学习机会的获得产生直接作用。

目前我国教育公平的现实问题正在由机会平等和参与平等向教育过程公平的内核转向[③]，这就需要教师持有公平观念并且能够将其良好地运用在对学生的微观课堂教学中。而教师拥有怎样的公平价值基础对于教师将其运用在课堂教学中的程度具有决定作用。[④] 因此，教育过程公平要下沉到学校教育中的教师层面进行积极推动。教师能够具备教育公平的理念、知识与技能，并且能够在课堂教学与师生互动中良好地运用，对于学生学习机会的公平获得具有直接影响。教师具备了教育公平的相关理论、知识与信念，并能够积极地贯彻在教师行动中，那么他们便能够更好地识别学生的多元文化背景与多样学习需求，进而展开积极行动，真正在学校教育的微观层面更好地为学生提供公平而有质量的学习机会与学习资源，从而帮助学生突破由于家庭背景与文化资本的差异所带来的"再生产"的桎梏。

[①] 顾明远.深化课程改革，实现公平而有质量的教育[J].人民教育,2018(15):84-85.

[②] [美]玛丽莲·科克伦-史密斯,[美]沙伦·费曼-尼姆塞尔,[美]D.约翰·麦金太尔主编.教师教育研究手册(上卷)[M].范国睿,等译.上海:华东师范大学出版社,2017:405.

[③] 王学男,李五一.建国以来我国教育公平问题的回顾与反思——兼谈对教育本质是追求抑或遮蔽[J].北京大学教育评论,2015(4):177-183.

[④] Tirri, Kirs. Teacher's and Students' vieus on distributing justice at school[M]. Paper presented at the annual meeting of the American Educational Research Association, San Diego, CA, 1998:2.

（四）"多元化"的发展对教师提出了新的要求和挑战

当今世界正处在大发展大变革大调整之中，随着全球化进程的不断深入，每个人都不可避免地处于多元化（diversity）的旋涡之中，教育发展也要考虑到这个时代背景。但是在当今社会，"多元化"这一概念的内涵得到了丰富与发展，人们对多元化的认识应该有所转变。

在有关多元化的讨论中，我国似乎始终处于一种"不在场"的缺位。正如李明欢指出，"迄今为止，'多元文化主义'基本上是西方政治文化圈内的话语，含有西方国家主体民族对于外来的或弱势的族群'施以恩惠'的潜台词。"①而国内的相关讨论却与之颇有距离感，教育学界对于多元化/多元文化的相关研究大多站在一种"他者"立场而驻足观望，即便有所研究，也多是基于"中西比较"的视野，而立足于国内的研究也几乎是围绕着民族教育来展开的。当下对于多元化的认识应该更加深刻与全面。

在西方，虽然多元化的诉求内容不一②，但基本是围绕着不同国别、不同人种或族裔、不同宗教信仰的群体来讨论。这主要是由于这些群体间"区隔"十分明显，甚至有些固化。而随着我国社会经济的发展，人们之间的阶层差异愈发明显，纵向流动的通道也并非十分畅通。"正是在我们开始思考事物的另一种可能状态的时候，我们才会重新审视我们的麻烦与痛苦，以及为什么我们认为这些是无法承受的。"③我们的目光一旦聚焦于此，则会发现我国也正遭受着这种多元化的冲击与碰撞。我们并不是"他者"，我们"身"陷其中。要注意到，我们的阶层差距、文化"区隔"等特点依旧强劲，且共处于这个世界，存在于课堂之中，"社会将逐渐走向真正意义上的'价值多元化'"④。

---

① 李明欢."多元文化"论争世纪回眸[J].社会学研究,2001(3):99-105.

② 王希.多元文化主义的起源、实践与局限性[J].美国研究,2000(2):44-80.

③ ［美］玛克辛·格林.释放想象：教育、艺术与社会变革[M].郭芳译.北京：北京师范大学出版社，2017:6.

④ 吴康宁.教会选择：面向21世纪的我国学校道德教育的必由之路——基于社会学的反思[J].华东师范大学学报(教育科学版),1999(3):10-18.

正是在这个意义上,"多元化"这一概念内涵的丰富与发展对当今教师提出了新的要求与挑战。教师要认识到这种多元化的发展进程,并更加深刻地关注同在课堂内的学生之间其实潜藏着不同文化背景、成长经历的碰撞与融合。日益多元化的学生群体将他们的家庭文化、成长经验带进了课堂,这需要教师进行积极的应对与转变,才能更好地促进那些多元化的学习者(diverse learners)全面发展。只有关注到这些,教师才能更好地思考其课堂教学实践与日常师生交往,才能察觉到学生间的阶层差异、文化差异,才能掌握与提供更加公平的课堂教学策略与方法,从而服务于多元化的学生群体,更好地提供公平而有质量的教育。

二、 文献综述

笔者通过对文献的阅读与梳理发现,已有研究对教育公平、教育过程公平等主题的探讨形成了较为丰富的成果,但是有关教师行动逻辑的研究却寥寥无几,而有关过程公平取向教师行动的研究更是几近空白。但是以"差异教学""课堂教学公平""教学公平感知"等一定程度上可以指代公平取向教师行动的主题进行文献检索,还是呈现出一些较为集中的研究成果。故而,我们在这里以上述主题的研究指代公平取向的教师行动进行文献的梳理与述评。

(一) 教育公平概念的发展脉络

人们一般将教育公平从起点公平、过程公平与结果公平三个层面进行理解,因此教育过程公平可谓是教育公平概念的重要内涵之一,是教育公平的一个关键性维度。而要对教育过程公平这一概念进行界定,就要先对教育公平进行阐释。但正如泽勒斯(Zollers)所说,当人们对公平的含义有着各种各样的看法时,很难说明到底什么才是公平。[1]

---

① Zollers, Nancy J., Lillie R Albert, Marilyn Cochran-Smith. 2000. In pursuit of social justice: Collaborative research and practice in teacher education. Action in Teacher Education 22, No. 2:7.

在这里,我们着重探讨"公平"(equity)与"平等"(equality)两个概念的联系与区别,以明晰"公平"的含义,进而探讨教育公平这一概念的发展脉络。

1. "公平"与"平等"

无论在中国,还是在西方世界,公平(equity)这一概念都具有较为悠久的历史。在中国古代,"公平"一词由"公"与"平"共同构成。对于"公"的意涵,《荀子·不苟》中曾载:"公生明,偏生暗"①。韩愈也曾在《进学解》中强调:"行患不能成,无患有司之不公。"②也就是说,"公"可以使人明察事理,使社会政治清明,而"平"则是指"公正,平允"。③ 也就是说,如果能够做到公平,在法律面前人人平等的话,那么奸邪便没有了。"公"与"平"合在一起,便是"公平"的意涵,即:不偏不倚。西方学者也对公平的含义进行了探讨。柏拉图(Plato)在《理想国》中从制度设计的角度认为,公平是指具有不同天性的人担任适合的职位,从个人特征来看就是内在德行的和谐,也就是说人们"各司其职、各守其序、各得其所"。④ 亚里士多德(Aristotle)则是从"比例平等"的角度来谈论公平的。他认为,"既然公平是平等,基于比例的平等就应是公平的。"⑤也就是说,公平就是要保持比例上的平等。托马斯·阿奎那(Thomas Aquinas)也持相同观点,认为公平"在于某一内在活动与另一内在活动之间按照某种平等关系能有适当的比例"⑥。而这种"适当的比例"便是强调比例上的平等。

在当代,学者们更倾向于从"关系"的范畴来认识公平,即公平便是人与人之间所形成的一种"合理"关系,也就是说,人们之间的利益分配要达成一种"合理"状态。周洪宇直截了当地提出,公平就是合理性,

---

① 蒋南华,罗书勤,杨寒清译注.荀子全译[M].贵州:贵州人民出版社,1995:45.
② 孙昌武选注.韩愈选集[M].上海:上海古籍出版社,2013:316.
③ 商务印书馆辞书研究中心.古代汉语词典(第2版)[Z].北京:商务印书馆,2014:1095.
④ 周辅成.西方伦理学名著选辑(上卷)[M].北京:商务印书馆,1996:213.
⑤ 苗力田.亚里士多德全集(第八卷)[M].北京:中国人民大学出版社,1992:279.
⑥ [美]莫蒂默·艾德勒,[美]查尔斯·范多伦编.西方思想宝库[M].姚鹏,等译.长春:吉林人民出版社,1988:951.

"是对利益关系调整和资源配置合理性的价值判断,公平的本质是合理性。"①刘精明强调,"公平作为道德价值,是一定历史条件下处于不同社会经济地位的人们对待利益协调关系的'应然'标准,一种基本的价值取向和价值态度。"②朱超华也认为公平这一概念含有价值判断色彩,实际上是人与人之间社会关系的度量,表征为"一种在社会阶层和社会成员之间按比例平等分配利益的理想和制度,以及为实现这种理想和制度所采取的各项保障措施。"③

可以看出,上述研究是基于人与人之间所形成的关系视角来理解公平含义的,认为公平是人们之间所形成的一种关系,而这种关系具体指涉的是某种利益分配上的"合理"状态。我们认为,公平是一种"合理"的关系,换句话说就是指人与人之间的利益分配要达成一种"合理"状态。

经常拿来和公平概念进行比较的是"平等"(equality)。虽然人们对教育公平的概念众说纷纭,但是存在着一个最为突出的问题,就是很多人认为公平就是平等,因此用"平等"来指代"公平"。④ 实际上,这两个概念是有区别的,并且有相当的研究支持此种观点。正如联合国儿童基金会(UNICEF)所阐述的定义:"公平意味着所有孩子不受任何歧视、偏见或者不公,享有生存、发展并充分实现其潜能的机会。而平等要求每一个人拥有同样的资源。"⑤郭元祥认为,平等是指"人与人之间在政治上经济上处于同等的社会地位,享有相同的权利"。⑥ 周洪宇提出,教育平等是指人们不受政治、经济、社会地位和民族、种族、信仰及性别差异的限制,在法律上都享有同等受教育的权利。⑦

因此,"平等"重视的是数量、质量上的一致与均等,而"公平"则更

① 周洪宇.教育公平:维系社会公平正义的基石[M].北京:中国人民大学出版社,2014:3.
② 刘精明.教育公平与社会分层[M].北京:中国人民大学出版社,2016:7.
③ 朱超华.教育公平的本质及其社会价值分析[J].中国高教研究,2003(7):26-28.
④ 褚宏启.关于教育公平的几个基本理论问题[J].中国教育学刊,2006(12):1-4.
⑤ UNICEF. Re-focusing on equity: Question and Answers[M]. New York: UNICEF. 2010:28.
⑥ 郭元祥.对教育公平问题的理论思考[J].教育研究,2000(3):21-24+47.
⑦ 周洪宇.教育公平:维系社会公平正义的基石[M].北京:中国人民大学出版社,2014:3.

具抽象意味,"公平并不是'给予一切人以同样的东西'"①。正如陈时见所说,"教育平等"侧重于反映客观的教育事实,而"教育公平"则是根据一定标准对某个社会形态下的教育状况所做出的"是否平等"的主观价值判断。② 所以我们认为,公平与平等是两个不同的概念。平等强调的是无差别,只要存在差别,那么便是不平等的。而公平则不然,公平并非代表着没有差别。

2. 教育公平概念的演进

教育公平始终是学术界的热点问题,也是一个具有悠久历史的话题。在我国,孔子就提出过"有教无类"与"因材施教"的观点,前者指涉的是人人平等,后者表征的是差别对待,这是我国最早对教育公平的阐述。在西方,从柏拉图、亚里士多德开始,教育公平的理念就一直蕴含在教育思想的演进与教育实践的发展之中。

无论古今还是中外,教育公平始终是人们关注的一个热点话题,也是一个难点问题。在西方,"学校"(school)这个词是从希腊语的"休闲"(leisure)一词中派生而来的,因为在当时的雅典,只有那些可以从体力劳动的义务中解脱出来的人,才可以具有享受教育的能力。③ 而中国最初的教育亦是如此。中国最早时候的教育主要是为贵族子女而专门开设的,中下阶层的平民子女是难以接受良好教育的。而直至春秋孔子才有了教育公平的思想萌芽,其"有教无类"的教育思想则表明了一种教育公平的理想,认为人们应该没有贫富、贵贱、智愚等方面的区别,每个人都能够接受教育。因此可以说,许多贤人志士都把教育视为一种实现其政治抱负和理想的重要工具,人类平等的诉求也不例外。④ 教育公平作为一种理想的价值诉求,表达了人们希望其发挥促进社会公平的重要功能。⑤

---

① 章毛平.论教育公平与公平教育[J].江苏社会科学,1997(5):176-181.
② 陈时见,彭泽平.教育公平[M].北京:高等教育出版社,2012:13-14.
③ [英]乌斯曼等主编.学校与平等机会问题[M].杜振东,等译.上海:华东师范大学出版社,2019:10.
④ [美]约翰·S.布鲁贝克.高等教育哲学[M].王承绪,等译.杭州:浙江教育出版社,2001:66.
⑤ 杨东平.中国教育公平的理想与现实[M].北京:北京大学出版社,2006:4.

那么何为教育公平？教育公平的概念具有什么内涵？

因循着上文对于"公平"概念的界定，田正平认为，教育公平是一种教育领域内的基本价值观念与准则，以社会制度为基准而规定着社会成员具体的教育基本权利和义务，规定着教育资源在社会群体之间、在社会成员之间的适当安排和合理分配，以达成"给每一个人他所应得的"这种基本的形式。[①] 也有研究认为，教育公平实际上是对人与人之间教育利益分配关系的一种评价，是一种在社会各阶层和社会成员之间按比例平等分配教育利益的理想和制度，是个体受教育者能够获得相应平等份额的前提。[②] 正如周洪宇所说，教育公平是指"每个社会成员在享受公共教育资源时受到公正和平等的对待"。[③]

而怎样的教育公平才算达到社会成员按比例分配教育资源与利益这一标准？进一步讲，所有的教育资源都可以为社会成员公平享有吗？换句话说，有哪些教育资源能够为社会成员公平享有？这就需要对教育公平这一概念进行更具操作性的界定。

其实教育公平是一个动态的、历史的、区域的概念，会随着时代的发展、社会的进步而有所变化。[④] 在国内研究中，首次直接论及教育公平的研究是谈松华于1994年发表的《论我国现阶段的教育公平问题》。他认为教育公平在不同的社会发展阶段具有不同的内涵：在尚未实现教育普及时，教育公平是指人人都应享有受教育的机会；在已经实现教育普及时，教育公平则是指人人都应享受较高品质的教育。接着他进一步指出，欲促进教育公平，第一步便是解决适龄学生有没有公平地受教育机会的问题，第二步则是解决他们公平地享有高质量教育机会的问题。[⑤] 可以看出，谈文虽然发表于1994年，但是已经将教育公平问题划分为"有学上"以及"上好学"两个前后递进的问题。而这种情况也

① 田正平，李江源.教育公平新论[J].清华大学教育研究，2002(1)：39-48.
② 朱超华.教育公平的本质及其社会价值分析[J].中国高教研究，2003(7)：26-28.
③ 周洪宇.教育公平：和谐社会的重要内容、基础和实现途径[J].人民教育，2005(7)：7-10.
④ 钱志亮.关于教育公平问题的探索——中青年教育理论工作者专业委员会第10次年会综述[J].中国教育学刊，2001(1)：61-62.
⑤ 谈松华.论我国现阶段的教育公平问题[J].教育研究，1994(6)：14-18+40.

是我国现在亟须解决的。

有研究将教育公平划分为不同的层次，以此确定教育公平的内涵。

一般来说，从胡森(Torsten Husen)的研究开始，人们将教育公平分为起点、过程与结果三个不同层次。胡森认为，教育公平首先指每个人都不受歧视地开始其学习生涯，是个体的起点；其次是每个人都不论人种与社会出身而被平等地对待，是教育公平的中介性阶段，也就是教育过程公平；最后，教育公平是指学业成就的机会更加平等，是结果公平。[①] 而胡森对教育公平的这种理解则蕴含着"有学上"的起点公平与"上好学"的过程公平思想。

上述的三个层次在某种程度上也可理解为教育公平的三个要素。但也有研究认为教育公平其实包含两个要素，一是教育权利的公平，二是教育机会的均等。从20世纪60年代开始，受《科尔曼报告》的影响，人们开始使用教育机会均等的概念来表征教育公平。正如杨东平所说，教育公平是社会公平价值在教育领域的延伸和体现，包括教育权利平等和教育机会均等这样两个基本方面。[②] 王善迈将教育公平区分为两个层次：在宏观层次上指每个儿童都能享有同等的受教育权利与受教育机会，享有同等的公共教育资源服务，并向弱势群体倾斜；在微观上指教育者应同等地对待每个受教育者，也就是说校长和教师应同等地对待每一名学生。[③]

但是，教育机会均等中的"教育机会"也可以理解为两层意思：一是受教育者接受教育的机会是均等的，二是受教育者在教学过程中获得的学习机会均等；前者指涉起点公平层面，后者指涉的便是过程公平。因此，本研究对于教育公平这一概念的理解基于"三层次"的立场，即将教育公平划分为起点公平、过程公平与结果公平，进而对其进行考察与分析。

---

① ［瑞典］托尔斯顿·胡森.平等——学校和社会政策的目标［M］.//张人杰.国外教育社会学基本文选.上海：华东师范大学出版社,2009:160-161.
② 杨东平.对我国教育公平问题的认识和思考［J］.教育发展研究,2000(8):5-8.
③ 王善迈.教育公平的分析框架和评价指标［J］.北京师范大学学报(社会科学版),2008(3):93-97.

但要注意的是，我们还要区分"绝对平等"与"相对平等"。教育公平并不等同于"教育中的方方面面都做到完全平等"，要考虑到作为教育对象的人的差异性问题。而这种考虑到差别对待的相对平等观念，本质上也属于"比例平等"。① 正如研究指出，教育公平要从"程序性公平"走向"对待性公平"，前者是教育外部的资源分配过程，后者是教育内部的教育实践过程。② 因此，指向微观教育实践层面的教育过程公平，是教育公平的重要层面，需要重点关注与积极推动。

3. 教育过程公平的突显与探讨

教育过程公平对于教育公平的实现来说，具有更加直接、深刻的作用。微观层面的教育过程公平是指学校、班级、课堂教学和学生个体层面的教育公平，宏观层面教育公平则指国家政府层面的教育资源分配、教育年限和教育支出等。③ 故而，微观层面的教育过程公平是内在的、实质的教育公平，体现了整个教育公平体系的教育学特征。④ 而外部公平则是一种形式公平，更多关涉的是社会问题，较难直接通过教育的方式来解决。⑤ 因此随着教育的改革与发展，教育过程公平的重要性逐渐突显，人们也对此给予了更多的关注与探讨。

对于教育过程公平内涵的理解，一些研究集中在"合理""应得""所需"等方面。正如联合国教科文组织认为，教育过程公平并不意味着给每一个人平等的机会，并非是指一视同仁，而是要让每一个人都能受到适当的教育，而且这种教育的进度和方法要适合个人的特点。⑥ 吕星宇从学生之间的差异来界定何谓"合理"、何谓"应得"，认为教育过程公平必须考虑不同学生由于天赋、个性、兴趣、认知、文化等各方面的差异

---

① 陈时见,彭泽平.教育公平[M].北京:高等教育出版社,2012:13-14.
② 石艳,崔宇."新教育公平"观与教师教育转型[J].湖南师范大学教育科学学报,2018(5):110-116.
③ 李娟.西方教育公平指标体系研究与思考——以十种教育公平指标体系为例[J].外国中小学教育,2016(10):15-22.
④ 蒋士会.论教育公平及其结构[J].湖北社会科学,2003(11):80-82.
⑤ 储朝晖.走出教育公平的观念误区[J].中国教育学刊,2005(7):9-11+17.
⑥ 联合国教科文组织国际教育发展委员会.学会生存:教育世界的今天和明天[M].华东师范大学比较教育研究所,译.北京:教育科学出版社,1996:105.

而产生的多样化需求,需要关注学生个体所应获得的实际发展。① 也有研究认为教育过程公平所涉及的对教育对象的对待和评价要"合情合理",并体现在课程、教学活动与师生互动中。教师的态度、教学方法、责任心和师生关系等对学生具有重要影响。②

而进一步讲,什么才是"合理""应得""所需"?

一些研究将教育过程公平视作在学校教育实践中对受教育者的平等对待。周洪宇认为,教育过程公平是指在教育的整个过程中,其制度安排要平等地对待每一位儿童,以消除外部的经济障碍和社会障碍对他们学业的影响。③ 李润洲也认为教育过程公平要以平等为基础,而对待每一位受教育者,具体表现为客观和主观两方面因素,前者指学校的资源投入,后者指教师在教学过程中能否对家庭背景、智力水平、教养程度不同的学生以平等对待。④ 朱迎春与周志刚提出,教育过程公平是指"教育制度平等地对待每一个社会成员,让每个社会成员有机会享受同样的教育。"⑤周波与黄培森认为,教育过程公平就是要深入到微观的教育场景中去面对个性丰富、充满差异的学生,去追问是否存在个体差异的学生都能得到平等的对待,核心就是尊重学生的个体差异。⑥ 邓银城提出,教育过程公平关注的是同一受教育者群体中个体之间的公平问题,强调的是学校教育教学活动中公平的实现,要求教师给予学生同样的关注与期望,给予合适的评价,并对其合理地分配教育资源。⑦ 正如褚宏启所说,实现教育过程公平不仅要关注教育的细节与学习者的感受,而且要让教育者为学习者提供高质量与个性化的课程内容、教学方式、情感关爱等,使教育过程本身变得美好。⑧

---

① 吕星宇.论教育过程公平[D].上海:华东师范大学博士学位论文,2009:63.
② 陈凡.教育公平:现状、原因及对策分析[J].青海社会科学,2004(1):148-151+159.
③ 周洪宇.教育公平:维系社会公平正义的基石[M].北京:中国人民大学出版社,2014:5.
④ 李润洲.教育公平刍议[J].江西教育科研,2002(4):11-14.
⑤ 朱迎春,周志刚.从教育公平原则看中国城乡教育差距[J].教育理论与实践,2006(4):25-27.
⑥ 周波,黄培森.关注个体差异:教育过程公平的路径选择[J].河北师范大学学报(教育科学版),2017(1):91-94.
⑦ 邓银城.论教育过程公平与学生的差异性[J].湖南师范大学教育科学学报,2010(6):43-46.
⑧ 褚宏启.新时代需要什么样的教育公平:研究问题域与政策工具箱[J].教育研究,2020(2):4-16.

还有研究将教育过程公平分为教育外部公平和教育内部公平两个维度，其中影响最大的是微观层面的教育内部公平，需要用教育手段直接解决。内部公平包括教育观念公平、教育目标公平、课程设置公平、教育评价公平等，是一种质性公平，体现了教育公平的教育学特征。[①]正如黄忠敬指出，教育过程公平要从学校内部考察，即从学校结构、班级组织、师生关系、教师素质、学习的自主性以及课程选择性与多样性方面分析公平。[②] 同时黄忠敬进一步指出，探究教育过程公平可以主要从课堂学习机会公平、弱势群体班级文化适应、教师公平意识、信息化为基础的网络共享空间建构等问题进行切入。[③]

也有研究指出，我们不能仅把教育过程公平狭隘地理解为课堂教学过程中的公平，甚或是教师对待学生的公平，而应理解为在整个教育过程中的公平。在宏观上表现为受教育者享有均等的教育资源，包括教育资源投入、硬件设施建设，特别是师资力量配备等方面。在微观上体现在教育者在教育过程中平等对待每个学生，不偏爱，不歧视，要尊重学生的个体差异，充分挖掘学生的潜能，并对处境不利的学生给以特别的关爱。教育过程公平是在保障受教育者权利的基础上，通过均衡配置教育资源，立足于每一位学生的个体差异，充分发掘他们的潜能，最终实现每一位学生的差异性优化发展。[④] 正如杨小微所说，教育过程公平并非"一视同仁"，而是"有差异的平等"，要在保障受教育者平等权利的同时尊重个体之间的差异和多样性。[⑤]

正如前面对于公平概念的理解一样，公平并非是指无差别地平等、相同对待，公平是一种价值判断，要给不同条件之人以不同的对待，以弥合人们之间的差异。因此，对于教育公平的理解也要持此种立场。如果将教育过程中的学习机会"平等"地分配给班级里的每一

---

①　周亚南.教育过程公平与教师的作用[D].上海:华中师范大学硕士学位论文,2007:2.

②　黄忠敬,孙晓雪.深入学校内部的教育公平追求[J].中国教育学刊,2019(9):16－21.

③　黄忠敬,孙晓雪,王倩.从思辨到实证:教育公平研究范式的转型[J].华东师范大学学报(教育科学版),2020(9):119－136.

④　张祖民.教育过程公平的内涵与原则[J].教育探索,2014(10):1－3.

⑤　杨小微.为促进教育过程公平寻找合适的"尺度"[J].探索与争鸣,2015(5):8－10.

个学生,即教育过程中每一个受教育者在占有课堂的资源、机会中获得平等对待,这种形式上的"平等"平均地分配了机会,但忽视了在机会获得者自身能力上的条件差异,教育过程只能将更多的机会留给那些本身资源有利的学生,最后形成的就是教育中的"能力至上主义"。①

因此,在教育过程公平中要区分出两种情形:一种是对于所有受教育者在教育过程中的"平等"对待;另一种是对于自身资源不利的群体进行"差别性"对待,而差别性对待也可以进一步衍生出补偿性的差别性对待。也就是说,教师要洞察并且关注到学生们的差异,尊重与理解不同文化背景与来源的学生,要在对学生进行平等对待的基础上,采取行动去最大限度地帮助那些由于个人差异而在教育过程中遭到"不公平"对待的学生。②

(二) 教育过程公平的影响因素

1. 学校资源配置

教育资源配置是经济学的"成本—效益"思维在教育领域内的延伸,它包含两层含义:一方面是说如何从有限的社会总资源中获得一部分教育资源,另一方面则是说在这一部分有限的教育资源中如何进行合理的分配。③ 从公平的角度来考虑资源配置,合理地配置教育资源首先意味着"同等情况同等对待",因此在某种程度上这种方式的资源配置目标是促进教育的均衡发展。④ 而在学校组织的层面来说,学校资源配置则是指各种资源在学校范围内的分配,所要解决的问题是不同的分配方式和手段如何能够更有效地促进学校系统整体发展。不同的分配方式所取得的效果也是具有差异的,会影响到学校内部过程公平的效果。

---

① 石艳,崔宇."新教育公平"观与教师教育转型[J].湖南师范大学教育科学学报,2018(5):110-116.
② 同上.
③ 许丽英.教育资源配置理论研究[D].长春:东北师范大学博士学位论文,2007:21.
④ 高璐.论教育公平与社会分层[J].当代教育论坛,2006(7):37-38.

正如邓银城所说,宏观层面教育资源的合理配置必须通过学校内部教育资源的合理配置,才能对每个受教育者产生作用。宏观教育资源主要指用于教育活动的人力、物力和财力,而学校内部教育资源则是指能够在学校教育教学活动中对学生产生影响并为其利用的各种教育资源,如教学设备、教学仪器、教学资料、座位空间安排等,这些方面对学生的发展具有更加直接的作用。① 程天君也强调,教育公平要注重从外部社会支持研究深入到同时注重学校教育内涵式公平研究。② 也就是说学校要在总资源有限的基础上,对资源进行合理分配以促进其内涵式公平发展,从而对微观层面的教育过程公平起到推动作用。

(1) 班级教育资源分配

崔卓指出,教师在分配班级教育资源时,要同时注重均等性与差异性。"均等性"是指无论班级内的学生处于什么样的发展阶段,拥有什么样的认知水平和具有什么样的身心特点,教师在分配有关教育的某些基本资源时,要秉持"一视同仁"和"整齐划一"的原则,使得每个学生都能获得同样的结果。而"差异性"与此不同,要求教师要在公平意识的指导下,按照不同学生的不同需求来"非均等地"分配班级资源,使得学生的需求能够最大化地得到满足。同时教师也要经常更换和调整班级资源,以便满足处于身心发展不断变化阶段的每一位学生成长的需求。③

事实上,在班级的教育资源分配方面,人们已经意识到了教育过程公平的丰富性和复杂性。过程公平并不是教育公平从一个阶段到另一个阶段的线性转变,因为线性转变的思维方式往往意味着后一阶段将取代前一阶段并且具有跟前一阶段完全不同的特征。相反,两个不同的发展阶段更像是一种包含与被包含的关系,后一阶段需要同时考虑如何兼容这两个阶段各自的特征。比如,在通常教育公平的阶段划分中,起点公平的突出特点是强调平等性,关注准入条件的资格问题。而

---

① 邓银城.论学校内部教育资源合理配置与教育公平[J].教育研究与实验,2010(6):56-59.
② 程天君.新教育公平引论[M].南京:南京师范大学出版社,2019:总序2.
③ 崔卓.教师公平意识:内涵、价值及培养[J].国家教育行政学院学报,2012(12):39-42.

过程公平的显著特点是差异性,但这种差异性又很难判断其中的平等程度,因此在考虑过程公平时往往又不得不从理论分析的角度上将其分为平等和差异[1]。

(2) 空间资源的分配

学校作为一种空间不仅是教育空间,同时也是社会化空间,体现了教育者、受教育者以及其他利益相关者之间复杂的社会关系。处于社会空间中的行动者会根据他们之间的关系对学校内的社会秩序进行再生产或破坏。[2] 有研究认为学校空间的分配也是一种教育资源分配,并集中于对学校空间所蕴含的过程公平因素进行探讨。

毛金秋以 C 市某小学的某个班级进行个案研究,考察潜藏于该班的课堂教学公平问题。研究采用课堂观察法和问卷调查法对班级 59 名学生进行调查,得出教师对优秀生、中上等生、中下等生、差生这四类学生的座位安排方面存在着不同并影响了课堂教学公平的结论。教师将 65% 的优秀生都安排在班级的前三排,而把 61.5% 的中下等生和 45.5% 的差生安排在班级的后三排,并且教师对他们的关注程度也具有差异。毛金秋通过教师对学生提问次数的统计分析发现,教师对于前排、中排、后排学生的提问次数具有明显差异,前排学生更容易得到关注而被教师提问。因此,学生座位的空间安排影响着教育过程公平的程度。[3]

段小磊与曹卫平的研究也支持此种观点,认为课堂的空间分配能够影响教育过程公平。他们的研究结论发现,教师对处于班级内不同位置的学生的关注度是有差异的,而且这种关注度的差异也会与教师所处的位置有关。具体来说,当教师位于讲台上时,他的注意力往往集

---

① 有研究曾将教育过程公平分为外部因素和内部因素两方面,将其分别概括为调配资源进路和优化教育品性进路。前者指向如何采用恰当的资源调配方法使所有学生公平地享有教育资源,后者指向提供什么性质的教育资源,使不同的学生能够从所享受的教育资源中获得公平的教育利益,实现公平发展。这实际上凸显了过程公平在实践中的复杂性,这种复杂性突出表现在均等性和差异性的交叉融合,过程公平一方面需要保证基本的形式公平,另一方面又要尽量做到实质公平。(具体参见:龙安邦,黄甫全.教育过程公平的三重进路[J].全球教育展望,2019(8):62-71+128.)

② 石艳.现代性与学校空间的生产[J].教育研究,2010(2):22-27.

③ 毛金秋.课堂教学公平问题的个案研究[D].长春:东北师范大学硕士学位论文,2006:17-20.

中于班级座位的前三排和过道两侧的学生,而当教师在班级内来回走动时,其注意力又发生改变,过道两旁的学生便开始容易得到教师的关注。[①]

鲍传友认为我国目前的班级座位编排方式一般采取"秧田型"的结构,所以坐在前排的学生与坐在后排的学生,在接受教师授课的效果方面存在较为明显的差异。座位的前后安排成为班级中学生地位和身份的标志,教师容易将那些成绩好的学生安排在前排或者靠教室中间的位置,而对处于其他空间位置的学生管理较少、交往较少,影响了学生学习的微观公平。[②]

2. 过程公平取向下的教师行动

之所以谈到教师行动,是因为众多研究者在分析教育过程公平的影响因素和构建教育过程公平的提升对策时,都将教师的理念、素养和行为等方面作为重要维度。因此,下文将从教师专业知识、课堂教学、师生互动、教学评价以及量表开发等方面归纳研究者所认为的过程公平取向下教师应如何行动的一些表征与策略。

(1) 扎实的专业知识

教师知识(teacher knowledge)是教师专业素质的重要组成部分,也是教师专业有别于其他专业的最基本的标志。[③] 可以说,教师拥有广博而精深的专业知识,是教师专业化努力的方向之一,更是卓越教师的基本要求。从这个意义上讲,教师拥有扎实的专业知识,便能够更好地设计教学方案、理解教学内容,从而对过程公平产生影响。

张华东与白健认为,合理的知识水平和结构是教师完成教育教学工作的前提性条件。如果教师的知识面狭隘,那么他便难以适应当代知识综合化的趋势,也就很难以一种开放、综合的眼光去看待知识的发展与应用,更不用说将知识灵活综合运用以更好地传授给学生,让他们

---

① 段小磊,曹卫平.课堂教学中的不公平问题探索[J].基础教育研究,2006(5):20-22.
② 鲍传友.课堂教学不公平现象初探[J].教育理论与实践,2001(10):45-48.
③ 韩曙花,刘永兵.西方教师知识与教师专业发展研究述评[J].外国教育研究,2011(11):62-67.

每个人都能够最大限度地学习与发展。①

不仅如此,教师所具备的专业知识在扎实的基础上,还需具有公平取向。只有这样,教师才能够更主动地察觉到教育过程中存在的微观不平等现象,才能够更积极地帮助学生,为他们提供更加公平的学习机会。

林·古德温(A. L. Goodwin)提出教师的"社会学知识"(sociological knowledge)这一概念②,强调教师要重视学生的成长背景、社区环境、文化差异与语言习惯等带给他们的影响③。只有这样,当教师在制订教学计划时,他们才能在尊重和联系学生们各种经历的基础上给他们创造学习机会。这意味着教师要承认并且考虑到那些嵌套(nested)在学生成长经验与生活环境的情境中的独特个性,这样的教学才是有意义的。④ 也有研究在教师社会学知识的基础之上,从课堂教学与日常师生互动中将教师知识分为"教什么"的知识、"怎样教"的知识与"为何教"的知识三个方面来理解,进而强调公平取向的教师知识首先要从传播知识到分享知识,教学要当作一种社会行动来重新设计;其次,师生关系作为一种社会关系需要重新生成,从对学生的他者关爱到与其共同成长;最后,教师作为行动者需要进行反思。⑤

(2) 课程的设计与实施

课程中所体现的公平是教育过程公平的一个重要方面。随着不同课程的学习,学生会得到不同程度的发展,因此学校课程都蕴含着某种特定意义上的教育机会,课程设计应该考虑到不同学生的学习和发展机会。⑥ 课程中所蕴含的教育权利和教育机会才是实质性的、内在

---

① 张华东,白健.教育公平的教师视角[J].教育探索,2003(7):103-105.

② Goodwin A L. Globalization and the Preparation of Quality Teachers: Rethinking Knowledge Domains for Teaching[J]. Teaching Education, 2010,21(1):19-32.

③ Goodwin A L. The Case of One Child: Making the Shift from Personal Knowledge to Professionally Informed Practice[J]. Teaching Education, 2002,13(2):137-154.

④ Goodwin A L. Who is in the Classroom Now? Teacher Preparation and the Education of Immigrant Children[J]. Educational Studies, 2017, 53(5):433-449.

⑤ 崔宇,石艳.教师的社会学知识:公平视域下教师知识的转向及其实践路径[J].教育发展研究,2019(4):35-43.

⑥ 蒋士会.论教育公平及其结构[J].湖北社会科学,2003(11):80-82.

的。[①] 正如科尔曼(James Coleman)指出,机会寓于特定课程的接触之中,儿童学习机会的多少要视其所学课程水平的高低而定。儿童学习的课程水平越高,他们所获得的学习机会也就越多。[②]

首先,课程目标要具有适切性。崔卓认为,教师在设计课程目标时要精准分析学情。教师要充分考虑班级学生的学习能力与水平,注意个别学生可能面临的障碍,从而将课程目标的设定建立在尊重学生差异、全面了解学生并且摒弃对个别学生的成见的基础之上。只有根据学生所具有的不同学习能力水平、性格特点与文化背景来设定不同的教育目标,才能够使课程更好地匹配每一名学生,才能够更好地促进他们的学习与发展。[③]

其次,课程内容的理解要具有多元性。有研究指出课堂教学是凭借以知识为载体的课程来进行的,而这些知识是学生最为主要的学习内容。因此,教师对于课程知识的理解、选择能够影响教育过程公平的程度。[④]

郭元祥认为,课程意识作为一种特定形态的社会意识,是教师对课程系统的基本认识,包括教师对课程本质、课程结构与功能、课程性质与价值、课程内容、课程学习活动方式与课程评价等方面的看法与理念,是教师的基本专业意识。[⑤] 从这个意义上讲,教师的课程意识会影响其对课程目标的理解、课程内容的重构、课程实施的方式以及课程评价的标准等诸多方面。因而对课程内容具有多元化的理解,可以促进教师在课程实施环节中察觉并尊重学生的差异,以此来调整自身的教学过程与教学策略,有助于学生更好地学习并掌握知识。

崔卓认为,同在一个班级中的学生来自不同的家庭、种族,甚至国籍,有着不同的文化认同。具有公平意识的教师基于对课程多元性的

①　郭元祥.对教育公平问题的理论思考[J].教育研究,2000(3):21-24+47.
②　詹姆斯·科尔曼.教育机会均等的观念.//张人杰.国外教育社会学基本文选[C].上海:华东师范大学出版社,2009:150.
③　崔卓.教师公平意识:内涵、价值及培养[J].国家教育行政学院学报,2012(12):39-42.
④　李润洲.课堂教学中公平问题的理性思考[J].山东教育科研,2002(9):16-19.
⑤　郭元祥.教师的课程意识及其生成[J].教育研究,2003(6):33-37.

理解,可以帮助学生在了解不同于自己文化背景的基础上,形成对他者文化的认同,从而开阔学生视野,帮助学生更好地学习课程内容,让他们掌握更多的知识。[1]

万伟指出课程公平是教育公平的核心,校本课程是影响教育过程公平的新因素。由于优势学校与薄弱学校差距加大、农村学校被进一步边缘化、校本课程体系可能导致学校文化差异等因素的影响,加强校本课程的建设可以在一定程度上弥补存在于教育过程中的不公平。学校应该加强地方课程建设,加强课程的设计与合作开发,并建立相关的制度支持系统。[2]

再次,课程实施要具有差异性。尽管学生所学的课程内容是相同的,但是他们所获得的知识体验则存在较大差距,可以说学生在课程中所获得的发展机会和发展程度存在不同。因此,课程实施方面会使得学生之间知识与能力的获得与提高存在差异,由此影响教育过程的公平与否。[3]

周波与黄培森认为,具有重要教育价值的课程实施过程更应关注学生之间的差异性。具体来说要在课程内容、实施和评价等方面转向促进人的丰富个性,因此教师在课程实施中不能仅仅以那些"大部分"的学生为基础,而导致"小部分"的学生游离于课程之外的情况发生,其核心在于以差异的方式对待具有差异性的学生。[4]

郭元祥认为,在课程实施中,尽管学生学习的课程内容是相同的,但是他们每个人在课堂中所实际体验、收获的知识与感受是不同的。不同教师对课程的领悟也是不同的,他们在课程实施中对学生的影响也就因此不同,这也会制约学生的发展机会。[5] 这实际上体现了课程内容与学生的学习过程(也包括这些过程导致的结果)之间的不一致。

---

① 崔卓.教师公平意识:内涵、价值及培养[J].国家教育行政学院学报,2012(12):39-42.
② 万伟.校本课程开发:影响教育过程公平的新因素——以江苏省为例[J].教育理论与实践,2013(32):42-44.
③ 蒋士会.论教育公平及其结构[J].湖北社会科学,2003(11):80-82.
④ 周波,黄培森.关注个体差异:教育过程公平的路径选择[J].河北师范大学学报(教育科学版),2017(1):91-94.
⑤ 郭元祥.对教育公平问题的理论思考[J].教育研究,2000(3):21-24+47.

正如郭元祥所说,这种不一致来源于两个主要因素:其一,课堂里的学生由于具有不同的认知特点、文化差异、秉性爱好,因而每个学生对课程内容的理解并不一致,这进一步导致了他们在学习结果方面的差异;其二,作为同样具有个人风格和对学科知识拥有独特理解的教师,在课程实施过程中也不会完全忠实于课程内容,而是基于自身认识对课程内容进行了一定程度的转化,因而最终也会影响到学生的学习过程和结果。

鲍传友认为教师在课堂教学中所运用的话语也要根据学生的差异而有所不同,避免带有"强势"群体价值取向。教师不应将目光过多地集中在"强势"群体,且使用更多该群体所持价值取向的话语。相反,教师在课程实施中要具有差异性,教学进度适中、教学方法合理,使得"弱势"学生群体也能够得到较大发展。[①]

班克斯(Banks)指出,在课堂环境中应用教学策略帮助那些来自不同种族、民族和文化群体的学生获得在内部有效运作所需的知识、技能和态度,并帮助其创造和维持公正、人道的教育体系,可以给予边缘化学生以平等机会参与课堂。[②]

事实上,差异教学与我国古代"因材施教"的教育思想类似,强调教师在认识和了解学生个性差异的基础上,有针对性地采取不同的教学技巧和策略,最终服务于每位学生全面而有个性的发展。因此这种教学模式在本质上是符合教育公平要求的。教师要具有差异教学的能力,可以判断学生的不同优势,并根据其独特优势引导学生制订不同发展方向的目标,进而采用不同的教学方式、评价方式等。[③]

不仅如此,差异教学在激发学生学习兴趣方面会达到更加令人满意的效果。正如史亚娟与华国栋所述,差异教学不仅可以激发学生的学习动机,调动学生学习的积极性,从而形成良性循环;而且可以借助

---

① 鲍传友.课堂教学不公平现象初探[J].教育理论与实践,2001(10):45-48.

② Banks J A., C A M Banks. Equity pegagogy: An essential component of multicultural education. Theory into Practice 34, no. 3:151-158.

③ 曾继耘.论差异发展教学与教育公平的关系[J].中国教育学刊,2005(6):28-31.

维果茨基的"最近发展区"理论来帮助学生将已有认知结构与现有学习联系起来,进而提高其学习效果。①

(3)师生互动的关系

班克斯提出,无论是师生互动还是生生互动,教师需要确保所有学生在课内外的互动过程中都能够处于一种互相尊重和平等的地位。除此之外,教师还需要了解那些能够影响学生之间互动的潜在因素,如种族、社会阶层和性别差异,以确保学生在这些互动中不被边缘化。②

姚灶华认为师生的互动关系是在教学活动中形成的交互关系,学生观的不正确、过于强调教学标准的一致性以及不合适的学生评价观,均会导致教师对学生的不公平行为。③

王青认为,如果教师在教学过程与师生互动中持有不正确的教师期望,那么就会影响教师对不同学生的教育资源分配,从而造成学生成功机会的差异。如果教师在与学生的互动中给学生进行人为性质的分级预设,那么就会使一部分学生丧失学习的信心和动力,从而使他们失去发展的机会。④

(4)教学评价

教学评价是微观教育领域的"指挥棒",它直接关涉到课堂教学质量,而且会显著影响课堂教学的"意外后果",这其中就包括教师对待学生的态度和方式,而这最终会影响到学生在课堂教学中的公平感受。因而有研究提出,教学评价要以全体学生素质的提高作为整个教学工作的终极目标,因此要构建一种全新的评价体系,科学合理地评价教师的劳动,使教师评价体现出劳动"育人"的根本特点。赵延金认为,传统"精英教育"主导下的评价体制基本上以"唯分数论"的单一指标为主,而教育必须面向全体学生,因此教学评价方式能够影响教育过程公平

---

① 史亚娟,华国栋.论差异教学与教育公平[J].教育研究,2007(1):36-40.
② Banks J A., C A M Banks. Equity pegagogy: An essential component of multicultural education. Theory into Practice 34, no. 3:151-158.
③ 姚灶华.教师的教育公平意识与学生的发展[J].中国教师,2005(2):21-22.
④ 王青.教师期望与教育公平[J].教育探索,2005(7):25-27.

的程度。①

龙安邦与黄甫全的研究认为,班级教学存在一种"中部凹陷"现象,即教师对优秀生和后进生会给予更多关注,而中等程度的学生则很容易被忽视。也就是说,教师会对优秀学生进行更多的肯定、欣赏和鼓励,对后进生会给予更多的斥责与惩罚,而那些处于中等程度的学生便容易被遗忘,得不到教师的关注与特殊对待。②

毛金秋对 C 市某小学的个案研究得出,教师对于优秀学生的表扬次数远高于其他学生,同时教师对于后进生的批评次数也要高于其他学生。由此可见,教师更多地表扬学习成绩好的学生,而批评学习成绩弱的学生,是在教育二者的过程中不公平的体现,是"唯分数论"的教学评价观念所导致的。③

3. 过程公平构成因素的量表开发与编制

在明晰了相应的理论内涵之后,对教育过程公平的探讨就需要将视野转向现实状况。在对教育过程公平的实践调查方面,一些研究是通过量化的研究方法,对课堂过程公平的影响因素进行量表的开发与编制,从微观层面关注学校内部的过程公平问题,并构建课堂过程公平的分析框架,以把握当前课堂过程公平的基本状况。

最先探索并开发课堂过程公平量表的相关研究始于国外。鲁斌(Rubin)和派劳(Peplau)于 1975 年便开创性地制定了"公正世界量表"(Just World Scale),用以把握教育过程公平的情况。④ 拉森斯基(Rasinski)在前者的基础上开发了"比例量表"(Proportionality Scale),从而对公正价值及目标的结构进行考察与评估。⑤ 达尔波特(Dalbert)则将个人的公正信念作为考察个体对社会和世界的态度的一个重要指标,从而开发了"个体公正世界信念量表"(Personal Belief in a Just

①　赵延金.课堂教学公平问题的理论与实践研究[D].武汉:华中科技大学硕士学位论文,2004:48.
②　龙安邦,黄甫全.教育过程公平的三重进路[J].全球教育展望,2019(8):62-71+128.
③　毛金秋.课堂教学公平问题的个案研究[D].长春:东北师范大学硕士学位论文,2006:23-24.
④　Rubin Z., Peplau L A. Who Believes in a Just World? [J]. Journal of Social Issues, 1975(3):65-87.
⑤　Kenneth A. Rasinski. What's fair is Fair-or Is It? Value Differences Underlying Public Views About Social Justice[J]. Journal of Personality and Social Psychology, 1987(1):201-211.

World Scale)。[1] 兰德尔(Randall)和穆勒(Mueller)从分配正义和过程正义两个角度来考虑教育过程公平的结构,前者的指标包括地位、安全、获得友谊的机会、自我实现的机会和利他的机会五个维度,后者将个体的融入程度分为低融入、中融入和高融入三个层次,最终开发出了两套量表。[2] 切瑞(Chory)所开发的量表的主要目的是探究学生对教师的信任度与其公平感知之间的关系,他把学生的公平感知分为分配公平、过程公平和互动公平三个维度。[3]

而国内对于教育过程公平量表的开发工作则起步较晚。李金钊从"学生参与课堂学习""教师对学生的回馈""教师对学生的个别关注""课堂教学目标与内容的安排""课堂教学方法与手段的运用""课堂教学资源的分配"六个维度开发并设计了观察量表。[4] 这个量表在实践中经过不断的修订,其可操作性和直观性被研究者们广泛认可。[5]

张爱华与金硕在对某一区域内的义务教育过程公平的调查中设计了一项问卷。在该问卷中,过程公平被细分为"儿童在受教育过程中的主体地位""儿童的参与机会""儿童的发展机会""教师对待工作和学生的态度""教师在教育教学中所产生的困惑"五个维度。[6]

总体来说,以上研究更多是基于教师的立场开发和设计了相应的实证指标,也有研究从学生的立场来编制量表。王建军等人便从"学生的学习机会"这一概念出发,区分了学习机会的十个维度:"目标""准备""意义""表达""方法""挑战""差异""巩固""评价""反馈"。[7] 方光

---

① Claudia, Dallbert. The World is More Just for me than Generally: About the Personal Belief in a Just World Scale's Validity[J]. Social Justice Research, 1999(2):79-98.

② Randall C S., Mueller C W. Extensions of Justice Theory: Justice Evaluations and Employees' Reactions in a Natural Setting[J]. Social Psychology Quarterly, 1995(3):178-194.

③ Chory R M. Enhancing Student Perceptions of Fairness: The Relationship Between Instructor credibility and classroom justice[J]. Communication Education, 2007(1):89-105.

④ 李金钊.课堂教学公平观察量表的设计及观察方法[J].上海教育科研,2012(3):66-69.

⑤ 雷晓庆.课堂教学公平指标体系的建构与应用[M].南京:南京师范大学出版社,2018:6.

⑥ 张爱华,金硕.河北省义务教育阶段教育过程公平问卷调查与成效分析[J].河北师范大学学报(教育科学版),2012(10):63-67.

⑦ 王建军,文剑冰,林凌,漆涛.初中课堂教学中的学习机会:表现与差异[J].全球教育展望,2016(9):37-52+84.

宝与李学良则以"学生的公平感知"为切入点,提炼出"平等对待""差异对待""师生互动"与"学生感知的教师信任"四个维度,并对 497 名中小学生进行了实际调查,为进一步研究课堂教学中的公平感知状况提供了调查工具。[①]

雷晓庆运用德尔菲法(Delphi Method)将预先建构的课堂教学公平指标,对相关专家进行了三轮的意见咨询,后经不断修改,形成了 4 个一级指标、14 个二级指标、27 个三级指标的课堂教学公平指标体系框架。其中,一级指标分为"平等对待""不同对待""公正体验""反向指数"四个维度。[②]

(三) 教育过程公平的提升对策

1. 政府层面

(1) 政策调控

政策作为国家、政党为实现一定历史时期的路线和任务而规定的行动准则[③],对教师教育发展与教师培养具有指向性的引领作用。

杨建国强调政府要对教育公平承担起责任,认为其在制定教育政策法规、分配教育资源时,应公平、公正地让每个社会成员都能均等地享受到公共教育资源,从而达成教育权利和教育机会的平等。具体说来:一是强化政府公平的治理理念;二是重新定位政府在教育发展中的角色和职能,通过完善政策、健全制度、规范管理、加强监督等四个方面来保障教育活动的公平运行;三是补充、完善有关保障教育公平实施的法律规定,明确和规范政府、学校与教师对于教育公平的重要职能,在教育资源的调配方面要优先满足落后地区、弱势学校与弱势受教育者;四是加强政府的教育问责,强化政府对于教育公平的监控机制。[④]

---

① 方光宝,李学良.课堂过程公平的构成因素及其验证[J].全球教育展望,2017(12):113-123.

② 雷晓庆.课堂教学公平指标体系的建构与应用[M].南京:南京师范大学出版社,2018:73-84.

③ 辞海编辑委员会.辞海[K].上海:上海辞书出版社,1980:1465.

④ 杨建国.论教育公平培育的政府责任再造[J].教育发展研究,2010(7):44-49.

姚本先与刘世清也强调政府对于教育过程公平方面所具有的责任,认为政府要在政策制定层面对弱势群体子女进行倾斜,调整宏观政策以缩小地区间的经济差距,从而丰富教育资源,进而使得地方政府以及学校能够提取部分资源对弱势群体子女进行照顾扶持,以保障他们的义务教育公平。[①]

龙安邦与黄甫全也认为,从教育过程公平的宏观层面看,各级政府和教育管理部门要公平合理地配置教育资源,对学生平等权利要充分尊重,使得学生对教育资源和学习机会平等享有。[②]

(2)强化监管

康文彦等人强调政府要强化对教育的调控和监管,尤其是对民办教育的监管。他们认为,随着民办教育的发展,其在基础教育阶段所占的比重日益增加。而政府对于此种情况应有所应对,要加强对民办学校的监管与扶持,使区域内的公立学校和民办学校在师资、教学质量等方面能够得到均衡发展。这样,政府通过对教育的调控手段可以尽量将教育过程公平从义务教育阶段延伸到高中教育阶段,保证国家教育公平的进一步实施。[③]

2. 学校层面

(1)合理配置学校教育资源

邓银城强调,学校教育资源对不同年龄阶段的学生所具有的影响作用是不一样的,学生年龄越小,其对学生学习与成长所产生的作用就越大。而要加强学校教育资源的合理配置,首先要求学校领导者具有公平意识,在不同班级之间、不同学科之间合理地分配教育资源,不能仅对重点班级和考试重点科目进行倾斜性的资源投入,否则会让学生在应试科目以外的其他方面得不到全面发展,进而导致教育不公平现象的产生;其次,教师在使用并在班级范围内分配这些学校教

---

① 姚本先,刘世清.论弱势群体子女的教育公平[J].教育发展研究,2003(8):57-59.
② 龙安邦,黄甫全.教育过程公平的三重进路[J].全球教育展望,2019(8):62-71+128.
③ 康文彦,刘辉,李德显.我国中小学教育过程公平的内涵、困境及超越[J].基础教育课程,2019(15):33-40.

育资源时也要加强公平意识。① 龙安邦与黄甫全指出,学校的教育资源存在多种形态,需要对学生进行合理配置。教育过程公平需要全面和仔细地考虑多种形态的教育资源与每位学生个体发展之间的适配性。②

(2) 严格执行并控制国家规定的班额限制

班级授课制是现代课堂教学的重要组织形式,其产生之初便是以效率为名。班级学生数额的多少能够较大程度影响到教师对于班级每一位学生的关注程度,教师往往为了保证班级授课的效率而影响了对教育过程公平的追求。③

邓银城提出,大班额教学会耗费教师更多的精力,限制了教师的课堂教学时间,从而导致教师在班级授课中很难让所有学生获得合适的教育资源与教育机会的情况出现。因此,要严格控制中小学的班级学生数额,使得教师有更多精力去全面了解学生的个别差异,进而对学生因材施教,给他们提供更为切当与合适的教育机会和教育资源。④

(3) 改革相关制度

邓银城提出要改革教师评价制度和考核制度,将教师的教育公平行为作为评价教师的师德修养和工作业绩的重要内容,这样才能促使教师在日常教学与师生互动中更好地具有公平意识,更积极地进行公平行动。例如,在对教师的评价与考核中,要把教师能否定期为学生调换班级座位、能否给予学生同样的课堂互动的机会、能否公平公正地评价学生、能否关注所有的学生等作为重要指标,同时也要考察教师在对学生的评优选干、课外辅导、作业批改、发放学习资料等方面能否做到公平合理。⑤

---

① 邓银城.论学校内部教育资源合理配置与教育公平[J].教育研究与实验,2010(6):56-59.
② 龙安邦,黄甫全.教育过程公平的三重进路[J].全球教育展望,2019(8):62-71+128.
③ 石艳,崔宇."新教育公平"观与教师教育转型[J].湖南师范大学教育科学学报,2018(5):110-116.
④ 邓银城.论学校内部教育资源合理配置与教育公平[J].教育研究与实验,2010(6):56-59.
⑤ 同上.

3. 教师层面

(1) 加强教师专业发展

田果萍等人认为教师要更好地促进教育过程公平,首先要"正本",即教师要加深对于教育本质的理解,彻底明白教师的作用。虽然教育在一定程度上要受到外部条件的影响,但其主题应该是促进与改善受教育者的学习、成长与发展,需要通过自己的教育活动调动学生的内在潜力,从而最大限度地为学生提供指导和帮助。[1]

鲍传友认为教师的专业发展水平也能够影响到教育过程公平,因此要提高教师的个人素质,加强教师的公平意识,培养教师形成新的职业理念,将每个学生都看成有独立人格的个体、发展的个体。教师要理解尊重学生,为每个学生提供表现、创造和成功的机会。[2]

(2) 教学方面注重公平

史亚娟与华国栋认为实施差异教学可以促进教育过程公平,并在六个方面提出了具体操作策略:一是对学生的差异进行科学测查,这是差异教学的前提基础。教师只有在了解学生的学习基础、学习风格、学习兴趣等方面之后,才能够最大限度地照顾到不同学生之间的具体差异,才能达到课堂教学所期望的目标;二是在学习目标上制订分层次、多阶段的目标,给予学生不同的教育期待,同时适当调整他们的学习速度和进度,鼓励学生达到适合自己的最高目标;三是增强学习内容的开放性,给学生多样化的学习选择提供空间。教师要不拘泥于教材,可以利用选修课程、课程资源中心等途径满足学生不同的学习需要,发挥学生的主体性,从而促进其学习与发展;四是教学方法上要灵活多样,综合运用多种教学手段对学生进行帮助;五是弹性设置教学的组织形式,可以让学生自己选择小组教学、集体教学、自主学习、互动学习等模式,促进学生对合作学习与自主学习关系的理解;六是对学生实施多元化的评价,不以整齐划一的标准来判断学生的成绩与进步情况,而是注重

---

[1]　田果萍,张玉生,康淑瑰.教育过程公平的重新审视[J].教育科学论坛,2010(9):11 - 13.
[2]　鲍传友.课堂教学不公平现象初探[J].教育理论与实践,2001(10):45 - 48.

参照性评价,帮助学生获得学习的成就感。①

　　周波与黄培森也强调在课堂教学中要以差异的方式对待具有差异性的学生。这要求课程的内容设置、实施及评价方式都不能只以某种对"大部分"的估计为基础,而使"小部分"游离于课程之外,而应当致力于满足学生丰富的个性成长需求。首先要在课程选择环节以学生的个性成长为出发点;其次要将课堂的自主权还给学生,尊重学生认知水平与知识背景的差异性,给某些学习能力较弱的学生提供关键支架和个性辅导,使得他们可以根据自己的节奏和方式探索学习;再次要注重学生的发展性评价,将评价置于学生的整个生命成长过程中去看待,评价标准要结合学生的性别、文化背景、认知能力等各方面的差异来综合衡量。②

　　鲍传友指出,教师要采取分层教学,使教学能够真正地面向全体学生。分层教学可以从教学内容、作业反馈和评价标准三个方面思考:首先,教学内容需要教师在备课前具备分层意识,以中等水平的学生为参照系,尽量在有限的课堂教学时间内去兼顾优等生和后进生;其次,作业反馈方面也可考虑分层布置,在保证基本的学业质量标准的前提下,教师可以将完成作业与激发学生的学习兴趣有机结合起来;最后,教师需要在课堂教学评价方面采用多样化的尺度,增强评价的弹性。③

　　(3) 师生关系

　　周波与黄培森认为师生关系是影响教育过程的关键因素之一,直接影响着教育过程的样式。因此教师要消解自身的权威地位,与学生建立平等良性的对话,还原学生的个体性,从而更好地实现教育过程公平。具体来说,教师要反省自己的权力意识,转变自身的身份角色,由教育资源的配置者转变为教育资源的服务者,从而还原教师公共知识分子的角色。④

----

① 史亚娟,华国栋.论差异教学与教育公平[J].教育研究,2007(1):36-40.
② 周波,黄培森.关注个体差异:教育过程公平的路径选择[J].河北师范大学学报(教育科学版),2017(1):91-94.
③ 鲍传友.课堂教学不公平现象初探[J].教育理论与实践,2001(10):45-48.
④ 周波,黄培森.关注个体差异:教育过程公平的路径选择[J].河北师范大学学报(教育科学版),2017(1):91-94.

李润洲认为,师生交往不同于我们成年人之间的互动,师生交往的一个重要属性是差异性交往。这种差异性交往主要表现在两个方面:一是比例差异,主要存在于教师与学生群体的交往之中;二是对象差异,主要存在于教师与学生个体的交往之中。当然,这两个方面也不是互相排斥的。因此,教师若想实现教育过程公平,与学生形成平等、民主且互尊互爱的师生关系,就需要充分考虑发展学生的个性。[①]

(四) 研究述评

从文献的梳理来看,对教育过程公平产生影响的相关因素与教育起点公平有所区别。已有研究已经下沉到微观层面的学校教育资源配置与教育教学过程中进行了较为丰富的探讨,体现出深入课堂、扎根实践的趋势。但是作为教育教学活动的发起人与践行者,我们仍需将目光进一步投注到教师身上,不仅停留在对其公平行动的客观描述与策略提升上面,还要对其公平意识的来源以及行动的内在逻辑进行深入探究,以期激发公平取向教师行动的内在动力,促进教育过程公平的转向与发展。具体来说:

第一,教育过程公平的相关研究已经深入到学校组织层面,从学校资源配置、课堂教学实践与师生互动等方面进行考察与分析,并取得了一定进展;

第二,在这一过程中,作为教育教学活动的发起人与践行者的教师,在微观层面的学校教育过程公平中的作用便愈发凸显,能够真切地影响到学校的教育教学实践以及学生学习机会的获取。正如石中英所说,教育资源都是经由教师加工才能最终变成有价值的学习资源。因此,对于教育公平来说,一旦离开教师的积极作用,再公平的教育资源配置也无济于事;[②]

第三,对于公平取向教师行动的考察,目前的研究大多停留在对其

---

① 李润洲.课堂教学中公平问题的理性思考[J].山东教育科研,2002(9):16-19.
② 石中英,霍少波.教育公平话语中的教育假设及其反思[J].国家教育行政学院学报,2018(6):10-15.

行为所作的客观描述与提升策略层面,例如探析教师在课程的实施与设计、教学评价环节、师生互动等方面都是怎样做的,以及要如何改进;

第四,教师是教育实践的最终实施者,教育究竟能够具有怎样的价值,取决于教师行动。[1] 只有将目光移至教师行动的主观层面考察其公平行动的内在逻辑,才能够更好地激活教师公平行动的内在动力,才能够更好地促进教育公平发展。教育公平的实现需要那些具备敏锐的公平意识、严肃的公平责任并致力于在具体的教育行动中努力实现公平价值理想的教育者。[2]

三、 概念界定

为深入考察与分析教师在学校场域的日常教学活动中所发出的行动是否具备促进教育过程公平的作用,以及教师在这一过程中是如何行动与反思的,那么首先就要界定"教育过程公平"与"教师行动逻辑"这两个概念。"教育过程公平"的概念为我们收集资料、分析资料划定与厘清了边界,而"教师行动逻辑"的概念则直指研究问题。

(一) 教育过程公平

本研究在以上对教育公平概念演进脉络的基础上对教育过程公平这一概念进行界定与说明。

本研究认为,教育过程公平是在学校教育过程中的微观公平,首先表现在学校组织层面的教育资源投入、硬件设施建设及教师对其的使用等方面不存在差异,使得每一个班级、班级内的每一位学生都能平等地享用;其次体现在教师在学校教育过程中能够公平地对待每一位学生,包括教育观念、课程实施、教学活动、教育评价等方面的公平,在"平等"分配教育资源与学习机会的基础上,能够察觉并识别学生的家庭背景与文化资本的差异,对处境不利的学生予以差别性对待,甚至是补偿性对待。

---

[1] 高水红.超越"再生产":学校的教育公平实践[J].南京师大学报(社会科学版),2020(4):75-83.
[2] 石中英,霍少波.教育公平话语中的教育假设及其反思[J].国家教育行政学院学报,2018(6):10-15.

需要进一步说明的是,本研究对教育过程公平这一概念的理解与界定着眼于"学习机会",同时这也是本研究将教育过程公平与教育起点公平区别开来的重要切入点。

学习机会是反映教育过程公平的一个重要指标,由最初仅仅表征为教师分配给教学任务的时间(即时间维度上教师允许学生学习的时间)发展为现在的一个综合性概念框架。[①] 辛涛提出教育过程公平的本质就是学习机会的公平,教育公平就是要确保每一个学生都能够有机会学习到相关内容。公平的学习机会的研究框架主要涉及三个方面:即宏观层面的课程和教材对学生学习内容的覆盖范围是否公平;中观层面的教师教学能力与教学过程是否给每一名学生提供公平的学习机会,包括教师的教学准备情况、教师课堂活动及所分配时间以及教师的教学风格和教学活动组织情况;微观层面是否能真正关注到学生的学习过程和课堂经历。辛涛进一步强调,学习机会关注那些与教师教学过程以及学生学习过程密切相关的指标,不仅考虑了教育条件和资源保障,还深入学校教育过程内部,从课程、教材、教学等教育实践中反映教育过程。[②]

实际上,教育起点公平是学校外部条件的公平,指向的是学生的受教育权利以及受教育机会。而教育过程公平则是学校内部的实质公平,关涉的是学生在学校教育过程中是否能够获得相对公平的学习机会。

从本研究的概念阐释出发,无论是学校组织层面的资源投入、硬件设施,还是教师在具体教育过程中的教育观念、课程实施、教学活动以及教育评价等方面,教育过程公平归根结底指涉的是学生究竟能否在这一过程中获得公平的学习机会,进而是否能够最大限度地规避由家庭背景与文化资本的差异所带来的不利处境。而在这一过程中,教师无论在资源利用、内容选择、环境创设、学生学习和发展指导,还是在教育评价与反馈、教学与管理改进等方面都具有不可替代的作用。[③] 因此,教师要走

---

① 周鸿敏,方光宝.教育公平测量的路径演变和典型方法[J].教育研究,2019(6):128-135.

② 辛涛,姜宇,王旭冉.从教育机会到学习机会:教育公平的微观视域[J].清华大学教育研究,2018(2):18-24.

③ 石中英,霍少波.教育公平话语中的教育假设及其反思[J].国家教育行政学院学报,2018(6):10-15.

到台前来彰显作为行动者的力量,在日常的教育教学实践中帮助学生完成"再生产"的突破。① 而这才是以人为本、回归到"人"本身的教育公平②,关注的是学生的个体生命,彰显教育学"人"的立场③。

(二) 教师行动逻辑

"教师行动逻辑"这一概念的重点在于对行动逻辑的界定。毋庸置疑,在日复一日的社会生活当中,我们每一个人都有能力去行动(action),都有能力在一定程度上理解我们行动背后所潜藏着的意图与意义。因此可以说,我们每一个人都可称作行动者(actor)。

从社会学的视角来看,行动在经验层面上体现出来的复杂性是其基本特征。马克斯·韦伯是第一个将行动的复杂性与行动者的主观意义联系起来的社会学家。他将行动界定为被赋予主观意义的行为,并且注意到了行动者赋予其行为的主观意义各不相同这一事实,从而为行动理论的经验分析指明了方向。之后社会学有关行动的理论几乎无一例外地继承了韦伯的概念界定,将行动与行动者自身的主观意识密切联系起来。因此,行动通常是指行动者个人有意识地赋予其行为以主观意义,这实际上是突出了行动的潜在可能性与创造性。

布赖恩·特纳(Bryan S. Turner)认为,当代林林总总的行动理论大体上是从社会行为的两个维度来理解的:一是行动涉及行动者的主观意义,二是行动涉及行为的实施过程。故而在分析上可将强调主观性质的理论称为行动理论,而将强调实施性质的理论称为实践理论。④本研究则采用特纳对行动这一概念所持的立场,认为行动要强调行动者的主观意义,而非仅仅对其行为的实施过程与实施模式进行考察。

如果从这个角度出发来理解行动,那么本研究中"教师的行动逻辑"也就与通常理解的"逻辑"有些许不同。通常来说,"逻辑"具有客观

① 高水红.超越"再生产":学校的教育公平实践[J].南京师大学报(社会科学版),2020(4):75-83.
② 程天君.以人为核心评估域:新教育公平理论的基石——兼论新时期教育公平的转型[J].华东师范大学学报(教育科学版),2019(1):116-123.
③ 冯建军.课堂公平的教育学视角[J].教育发展研究,2017(10):63-69.
④ [英]布莱恩·特纳主编.社会理论指南[M].李康译.上海:上海人民出版社,2003:93.

规律性的含义。根据石中英的观点,逻辑是人们"身处其中但又未必完全清晰且无法逃脱的文化系统",是人们在活动中"共同分享的一般形式、结构或内在法则"。① 也就是说,逻辑是从事具体活动的人们往常并不知晓和熟稔的行为法则,这种行为法则有其自身的结构和规律。也有研究对行动逻辑的定义偏向于"机制或规律"。例如,行动逻辑指的是行动的原因机制②,农民的行动逻辑就是指农民行动所遵循的规矩与礼俗③,政府的行动逻辑意指政府行动所遵循的原则与规律④。

不过,也有研究从行动的动机起点、表征原则、过程机制与提升策略等方面来理解"行动逻辑"。也就是说,从行动者的观点出发,行动逻辑并不必然以"规律"的面貌示人,因为行动者本身是一个具有主观意识的能动者,因此行动逻辑更多地表现为一种"行动者具备的某种可分析的特征"⑤。这其实对逻辑所指代的"机制或规律"进行了富有弹性的解释,原则、过程、策略方面的意涵变得更加明显。例如,有研究对 G 省 W 村农民土地维权的行动逻辑进行考察,那么村民维权的动机、维权的动员过程以及抗争策略都表征为行动逻辑。⑥ 有研究对 N 大学青年文科教师的行动逻辑进行探究,其行动原因、行动过程以及行动策略便是行动逻辑的分析。⑦ 还有研究不局限于人的行动而将研究对象放置在组织层面,如有研究对乡村治理中乡镇政府行动逻辑进行探析,认为行动的原因机制——即治理主体的行动是如何产生的——便是治理主体的行动逻辑。⑧ 还有研究分析高校承接政府购买青少年体育服务

---

① 石中英.教育哲学的责任与追求[M].合肥:安徽教育出版社,2007:3.
② 吴刚平.教师实践性知识的行动逻辑与理解转向[J].全球教育展望,2017(7):76-87.
③ 费孝通.乡土中国[M].北京:人民出版社,2008:7.
④ 贺雪峰.公私观念与中国农民的双层认同——试论中国传统社会农民的行动逻辑[J].天津社会科学,2006(1):56-60.
⑤ 王海英.学校组织的行动逻辑——行动者的观点[D].长春:东北师范大学博士学位论文,2009:12.
⑥ 周如南,朱健刚.农民抗争政治的行动逻辑与治理启示——以 G 省 W 村农民土地维权事件为例[J].湖南农业大学学报(社会科学版),2016(5):42-48+80.
⑦ 任可欣,余秀兰,王世岳."先生存后发展":N 大学文科青年教师行动逻辑分析[J].高教探索,2020(7):106-113.
⑧ 李齐,李松玉.治理主体行动逻辑的"四维分析框架"——兼论乡村治理中乡镇政府行动逻辑演变及趋向[J].政治学研究,2020(4):82-94.

的行动逻辑,认为基本动机、行动过程便是行动逻辑。[①]

故而,本研究也因循着此种思路,从行动者视角出发,认为教师行动逻辑便是教师在教育教学过程中所采取行动的动机起点、表征原则与结构支持等方面,强调的是教师行动主观意义层面的目的性与意图性。

四、 研究问题

从上述分析出发,本研究将研究的问题主要框定在考察与分析以教育过程公平为立场的教师行动逻辑。具体说来,由以下子问题构成:

1. 教师行动为何要进行公平转向?

2. 在目前的学校组织层面中,教师正在采取什么样的公平行动?

3. 学校组织的结构层面对教师的公平行动起到什么样的作用?

4. 教师的公平行动有着什么样的行动逻辑?

而上述子问题与主要研究问题,以及各子问题之间具有怎样的逻辑关系? 也就是说,本研究是遵循怎样的研究思路开展的? 具体如图1所示:

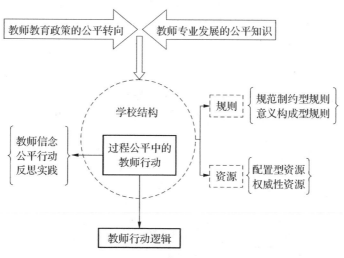

图1　研究思路图

① 舒宗礼,夏贵霞,王华倬.高校承接政府购买青少年体育服务:行动逻辑、问题透视与策略跟进——以北京"高参小"实践为例[J].北京体育大学学报,2016(11):97-103.

五、 研究方法

本研究采用田野研究(field study)的方法进行探索与研究,具体来说,运用参与观察法、访谈法与实物分析法。

(一) 田野研究

田野研究,又称作田野调查、实地研究等,起源最早可以追溯到人们对远方岛屿进行旅行与探索时所记录下的报告、游记等,用以了解异域文化与生活。[①]

运用田野研究开展相对正式的学术性调查研究始于19世纪末的人类学研究。这个时期的人类学研究带有明显的殖民色彩,大多研究都是男性白种人对那些西方社会认定是"不发达"的原始"土著人"所开展的,意图是希望通过他们的生活世界来了解欧洲文明社会的起源,并非是想了解被调查者。[②] 而真正开创长期实地调查传统,并将田野研究推广开来的当属马林诺夫斯基(B. Malinowski),他主张田野研究工作者要直接与当地人互动并且长期生活在一起,才能够了解当地人的风俗习惯与社会过程。[③] 因此,田野研究就是要到"田野"中长期"驻扎"下来进行"地方知识"(local knowledge)的挖掘,以求反观"自我文化",从而加深对人类文化的理解。[④] 故而,田野研究的方法论原则便是"从实求知",也就是说田野研究要将求知、求是作为根本目的,在获取全面而真实的资料的基础上,进行理论提升。[⑤]

(二) 具体方法

本研究采用田野研究方法,运用参与观察法、访谈法与实物分析法

---

① 宁虹.教育研究导论[M].北京:北京师范大学出版社,2010:128-129.
② 陈向明.质的研究方法与社会科学研究[M].北京:教育科学出版社,2000:26.
③ 宁虹.教育研究导论[M].北京:北京师范大学出版社,2010:129.
④ 王清钢,潘守永.人类学田野研究的几点思考[J].中央民族大学学报(哲社版),1999(2):13-18.
⑤ 孙振东.从实求知:民族教育田野研究的方法论原则[J].西南大学学报(人文社会科学版),2006(6):56-60.

作为调查研究的具体方法,进行本研究的调查与探析。

1. 参与观察法

参与观察法是人类学田野研究中最常用的研究方法。[①] 在参与型观察中,观察者与被观察者一起生活、工作,在密切的相互接触和直接体验中倾听和观看他们的言行,情境比较自然。[②] 参与观察法也是人们对学校场域中教师行动进行研究时最常用的方法之一。

本研究所谓的参与观察法,不仅仅指课堂观察,还包括研究者对被研究者日常行为的观察与解析。本研究的"被研究者"主要是指中小学教师,也一定程度上将学生纳入进来,视学生的表现、反馈等方面作为对教师研究的一种补充与互证。"日常行为"则是指教师课堂教学之外的工作、师生日常互动等,这些方面都是对教师课堂观察的补充,也是本研究的重要内容之一。

本研究也对观察的效度与信度进行了细致的考虑。根据袁方的观点,观察的效度要贯彻于观察的准备阶段、实施阶段与资料处理阶段的始终。首先,在准备阶段,观察方法与观察对象的合理选择是观察效度的重要保证。其次,实施阶段影响观察效度的因素较多,包括:① 被观察者的"反应",当被观察者在被他人进行观察时,会在不同程度上有意识或无意识地改变他们的习惯行为;② 观察者价值观带来的干扰因素,因而观察者要时刻注意自身的"偏见";③ 观察者感官和记忆的可靠程度。最后在资料处理阶段,研究者有可能依据自己的偏好来决定资料的取舍,这些都会影响观察的效度。关于如何提高观察的信度,袁方认为有两种方式:一是在不同时间进行重复观察,二是增加观察者的人数。[③]

基于上述对于观察效度与信度的思考,研究者首先选取一所学校进行田野调查。抽样方法则是目的性抽样,以期观察对象具有与本研究相契合的合理性与代表性。那么在准备阶段,本研究选取了

---

① 袁方主编,王汉生副主编.社会研究方法教程[M].北京:北京大学出版社,2004:342.
② 陈向明.质的研究方法与社会科学研究[M].北京:教育科学出版社,2000:228.
③ 袁方.社会研究方法教程[M].北京:北京大学出版社,2004:354-357.

一所位于城乡结合区域但质量较好的学校开展研究。之所以选取城乡结合区域，是因为该学校的学生具有相对明显的文化差异，也就是说学生们的文化背景与成长经验表征出一定程度的异质性。之所以考虑质量较好的学校，是因为本研究所需调查的教师要具有较为丰富的知识基础与良好的教育理念，能够在一定程度上察觉、理解并关注到学生的文化差异与潜藏在课堂中的不平等现象，并对此采取积极行动。

其次在观察的实施阶段，研究者表明自身作为研究人员的身份，即"作为参与者的观察者"①进入到课堂进行观察。研究者进行了 4 个月的田野调查，这样长时间的观察不仅是为了使资料更为丰富，也是出于对被观察者"反应"的考虑。长时间的接触与交流会使被观察者的行为更趋近于其习惯行为，从而增加观察的效度。

需要说明的是，研究者将学校教育过程中所发生的一些情境性片段进行记录并进行分析，并将那些能够激起研究者理论敏感点的情境片段与教师在课后进行即时性访谈。由于研究者始终坐在教室的最后一排，因此视野较好，能够较为全面地观察到教师在课堂教学中的教学方式与教学过程，以及教师与学生的互动过程。在田野调查期间，研究者共记录了 27 个与教育过程公平相关的情境性片段，并将其作为自己的观察依据进而在课后对相关教师进行即时性访谈。由于研究者是持有研究问题、带着研究视角来进行课堂观察的，因此教师在课上与课下的很多行动虽然在他们看来是"无意识"的，但是在研究者眼中却具有过程公平意味。因此，教师的很多行动虽然不是提前设计，但是确有给学生提供学习机会、促进教育公平的作用，这是公平视域下最质朴的教师行动。

再次，在资料的处理阶段，研究者是基于资料的真实性而进行分析

---

① 通常认为，在采用参与观察法收集资料时，按照观察者参与程度由低到高，依次可以将其角色分为四种，即：完全的观察者、作为参与者的观察者、作为观察者的参与者、完全的参与者。作为参与者的观察者是指研究者的身份是告知了调查对象的，从而以公开的身份参与到调查中。（袁方.社会研究方法教程[M].北京:北京大学出版社,2004:343-348.）

与文本的呈现。最后,对于观察的信度层面,研究者进行为期 4 个月的田野观察,一定程度上也是遵循着"在不同时间进行反复观察"这条提高观察信度的方式。由于研究者人数的条件限制,研究者对于"增加观察者人数"这一条观察信度的保证方式无法实现则深表遗憾。

2. 访谈法

访谈不同于日常交谈,是基于日常生活会话(conversation)的观点互动,在访谈员与受访者间的互动中建构知识。[①]　一般来说,访谈法可以分为结构型访谈、半结构型访谈与无结构型访谈。本研究则采用半结构型访谈的方式来进行正式访谈。半结构型访谈是指研究者在访谈之前准备好一个粗线条的访谈提纲,并据此对受访者提问。访谈者不必完全按照访谈提纲发问,也可以根据访谈的具体情况对访谈的内容和程序进行灵活的调整[②]。

本研究的访谈分为两部分进行,一是非正式访谈,二是正式访谈。

(1) 非正式访谈主要和参与观察法相结合,是指研究者针对学校教育过程中所发生的一些情境性片段进行理解与分析,从而"发现"那些在日常实践中明确发生但又不为研究对象所知的情境片段,进而研究者在课下对研究对象进行即时性访谈。由于这种针对情景片段所激起灵感的访谈是突发的、临时的,因此并没有一个正式的时间、正式的提纲,故而称之为非正式访谈。此外,本研究的非正式访谈还包括对一些间接的研究对象(其他年段、班级的教师)在一些临时场所(如运动场、餐厅等)所进行的与研究相关的交谈内容进行的记录。

(2) 在正式访谈中,研究者围绕着访谈提纲对受访者进行提问与交流,二者围绕着共同的兴趣与观点进行互动,且每次时间均不低于

_____

① 在这里,斯丹纳·苛费尔与斯文·布林克曼是在最广泛意义上使用"知识"(knowledge)这一概念的,即涵盖了日常获得以及得到系统验证的知识。([丹]斯丹纳·苛费尔,[丹]斯文·布林克曼.质性研究访谈[M].范丽恒译.北京:世界图书出版公司,2013:204.)

② 宁虹.教育研究导论[M].北京:北京师范大学出版社,2010:89.

30 分钟,从而对研究结论进行分析与建构。为提高访谈品质,研究者在每次访谈中试图通过访谈过程来验证受访者对其回答的解释。由于是正式访谈,研究者对此阶段的访谈进行全程录音,并在访谈当天进行研究日志的撰写以及录音的转录工作。根据斯丹纳·苟费尔(S. Kvale)与斯文·布林克曼(S. Brinkmann)的观点,转录工作的品质也十分重要,"永远不要在访谈完成之后才提出如何分析转录稿的问题……那时已经(have)太晚了!"[①]

3. 实物分析法

实物分析法也是质的研究中重要的收集资料的方法。实物分析的资料通常分为两大类:正式官方类与非正式个人类。前者主要指比较正规的、严肃的官方资料,记录的是"文件类现实";后者的资料通常与个人生活有关,因此是非正式个人类资料。[②]

本研究收集并分析的实物资料就依照上述两大类。首先,研究者对学校正式的官方类实物资料进行收集与分析,包括学校所规定的教师课堂教学标准与评价等相关制度文本,以及学校保存的教师集体学习、集体备课、听课、评课等的相关档案。其次,研究者还对教师的非正式个人类实物资料进行收集与分析,包括教师个人所写的教案、反思日志、听课记录、对学生作业的批改以及照片等相关材料。实物资料的分析不仅是帮助研究者对那些由观察与访谈得来的资料与结论进行验证的重要手段之一,而且还可以帮助研究者发现新的观点,深化研究。

在本研究中,实物分析法主要运用在第四章的分析。而本研究所收集的实物则包括该学校的《教学工作基本原则》《教学检查细则》《教师教学考核细则》《校园文化建设材料》以及"班干部对学生听课情况的总结"等材料。

---

① [丹]斯丹纳·苟费尔,[丹]斯文·布林克曼.质性研究访谈[M].范丽恒译.北京:世界图书出版公司,2013:204.

② 陈向明.质的研究方法与社会科学研究[M].北京:教育科学出版社,2000:258-259.

六、 研究意义

（一） 理论意义

结合教育社会学的相关理论探讨教育过程公平问题，有利于丰富教育公平的理论成果。回溯过往有关教育公平的相关研究，多停留在机会公平层面，却较少突破到学校微观的过程公平的研究向度。本研究主要结合理论分析和实证分析，梳理教育社会学中的结构化理论，在获悉"结构"与"行动"二元关系的基础上，找寻理论分析视角，并以此为基础进行田野研究，剖析教师在教育教学过程中有关公平问题的理念与实践。本研究从教师的行动逻辑出发，透视学校层面对教师公平行动的支持抑或结构制约性，把基础教育公平问题的研究向过程公平纵深推进，有利于充实基础教育过程公平的相关理论，使其体系更加丰富。

（二） 现实意义

首先，有助于引起人们教育公平问题进行深层次观照，推动教育内涵发展。近年来，我国基础教育的发展目标要求从均等化迈向多样化，构建公平而有质量的教育成为新时代我国教育改革发展的新使命，基础教育内涵发展的要求更是进入学界、社会的视野之中。加强基础教育过程公平相关问题的研究，在一定程度上可以引起社会各界对基础教育过程公平问题的关注，尤其是对践行过程中出现的不公平现象的关注。有利于探索出科学合理的实现基础教育过程公平的实践方式，为教育公平乃至社会公平的实现添砖加瓦。

此外，有助于教师更新教育理念更好地开展教育教学活动，实现对学生的人文关怀。学生在接受学校教育过程中，教师发挥着重要的角色作用。加强基础教育过程公平的研究，可以让教师更新教育理念、秉持平等性的教育原则，在教育教学过程中更好地处理与不同文化背景学生之间的关系,以此优化师生互动方式,彰显着教师对学生的人文关怀。另一方面,着眼于过程公平,有利于教师给予学生更加公平的学习机会,促进学生的有效学习、获得更高的学业成就,使其顺利向上流动,从而达到帮助学生从再生产中突围的目的。

第一章

理论基础：结构化理论

社会学乃至社会科学,长期以来都根深蒂固地存在着客观主义(objectivism)与主观主义(subjectivism)的二元对立。二者孰强孰弱,究竟哪一方才处于主导地位,学界也是对此争论不休,研究者们也各抒己见,见仁见智,并在这一过程中推动着社会学的发展。布尔迪厄(Pierre Bourdieu)将这两方面的分野概括为社会物理学(social physics)与社会现象学,前者将社会看作一种可以从外部加以把握的客观结构而无视居于其间的人们的看法,从而忽视结构与主体的关联结合,强调结构对主体的约束;后者则持主观主义的立场,认为居于结构中的行动者可以通过实践来持续不断地建构他们的社会世界,从而侧重于强调人们的主观意义与实践能力。[①] 而布尔迪厄孜孜以求的正是超越这一长期存在的二元对立,认为社会学的使命就是在于"揭示行为的必然性,亦即通过重新构建决定这些行为的各种约束力量的整体而使这些行为摆脱任意武断性的假象,但同时并不赋予这些行为以正当性"[②]。

在社会学的发展演进中,先后出现过三个具有重要影响的理论流派,即:结构主义、功能主义与解释社会学,且它们分属于客观主义(结构主义、功能主义)与主观主义(解释社会学)的阵营。它们纷纷建构自己的概念体系、理论框架,以期为社会系统的解释与分析提供更具解释力的理论视角,从而使自身居于主导地位。吉登斯(Anthony Giddens)则提出客观主义与主观主义这一分野,实际上体现着人们看待社会科学的这一视角差异所体现的本体论问题,并非仅仅是认识论问题,关键在于如何确定行动、意义与主体性的概念,以及确定这些概念与结构、制约等观念之间可能存在的关联。[③] 他认为,回溯与考察这一分野,正是阐述其结构化理论的重要前提。

吉登斯的理论起点源自个人与社会的关系问题,主要以行动与结

---

① [法]布尔迪厄,[美]华康德.反思社会学导引[M].李猛,李康译.北京:商务印书馆,2015:7-9.
② 同上,50.
③ [英]安东尼·吉登斯.社会的构成——结构化理论纲要[M].李康,李猛译.北京:中国人民大学出版社,2016:2.

构的关系为表征而呈现出来。① 个人与社会、行动与结构的关系问题不仅是当时的社会学经典问题，也是时下学界争论与考察的焦点问题。有研究者认为个人与社会之间的关系是社会学的基本问题②，而二者关系问题背后所体现的微观与宏观之间关系的贯通也是教育社会学所聚焦的研究层面③。因此，如何突破客观主义与主观主义这一对立下的结构与行动的二元对立以期更好地考察二者之间的关系，可谓学界经久不衰的话题。

结构与行动的二元论有两个理论渊源：一是以涂尔干、帕森斯为代表的功能主义、结构主义所主张的"强结构弱行动"，强调结构对行动的约束作用，社会秩序与规范以强制、权威的方式约束并规定着行动者；二是解释社会学所认为的"强行动弱结构"，强调行动者通过行动可以重构社会世界。而吉登斯则反对任何一种决定论，主张抛弃这一个体与社会的二元对立，提出个体和社会都应该被解构（deconstructed）。吉登斯认为，个体作为行动者，"行动"不仅仅是个体的特性，也是社会组织或集体生活的组成要素，而"结构"则是具有结构性特征的社会系统或集体。这样，行动与结构便可以化为一对可能实现架通的关系。正如布尔迪厄所强调的那样，个人与社会之间的对立是危害社会学的"毒瘤般的主张"之一，应该摒弃那种"要么系统，要么行动者"的方法论上的一元论，而转向方法论上的关系主义。④

基于此，吉登斯提出结构化理论，认为社会科学研究的基本领域既不

①　于海.结构化的行动，行动化的结构——读吉登斯《社会的构成：结构化理论大纲》[J].社会，1998(7)：46-47.

②　郑杭生.也谈社会学基本问题——兼答对我的社会学观点的某些批评[J].社会学研究，2001(3)：111-117；杨心恒，刘豪兴，周运清.论社会学的基本问题：个人与社会[J].南开学报(哲学社会科学版)，2002(5)：14-26.

③　需要指出的是，吴康宁教授在考察这一问题时，实际上将教育社会学的研究分为三个层面，即：宏观层面、微观层面与中观层面。然而他提出，所谓"中观"即是指"介于宏观与微观之间的"一个既好界定又较难把握的概念。他将"中观层面"作宽泛理解，认为"宏观社会与具体教育场景中的微观社会之联通环节"，均可视作"中观层面"的范畴。故而本文在这里大胆地将上述三方面概括为"微观与宏观之间关系的贯通"，意指宏观层面、微观层面以及二者之间贯通的"中观层面"。(吴康宁.当前我国教育社会学发展的三个基本问题[J].教育研究与实验，2008(6)：8-16.)

④　[法]布尔迪厄，[美]华康德.反思社会学导引[M].北京：商务印书馆，2015：14.

是个体行动者的经验,也不是任何形式的社会总体的存在,而是将二者关联在一起,在结构中考察行动的同时,也要看到行动对结构的再生产。他认为,在生活世界中社会系统与个体行动是自然而然地(taken for granted)结合在一起并形成互动。① 因此吉登斯指出,"社会行动者正是通过这种反复创造社会实践的途径,来表现作为行动者的自身;同时,行动者们还借助这些活动,在活动过程中再生产出使它们得以发生的前提条件。"②

正是基于这个立场,吉登斯想要突破社会学长期以来所存在的结构与行动之间的分野,就要从客观主义与主观主义两大阵营行动观的理论演进脉络中溯源,以期更好地厘清与掌握二者对结构与行动各自的认识与主张,从而才能更好地将二者联结在一起。因此,我们有必要因循着吉登斯理论发轫与形成的脉络,对"强结构弱行动"与"强行动弱结构"的两大理论脉络进行回溯与考察,以阐明结构化理论的内涵,从而更好地探寻吉登斯的理论立场与旨归。

一、 强结构弱行动: 功能主义与结构主义的行动观

功能主义与结构主义是社会学史上具有重要影响的两大理论派别,且二者均主张社会对个人具有强制作用,因而结构主义与功能主义的行动观即是强调结构要强于行动,结构对行动具有决定作用,因而形成了"强结构弱行动"的行动观。

虽然功能主义与结构主义均强调结构对于行动而言要居于主导地位,但是结构这一概念在功能主义与结构主义那里还是有所差异。功能主义通常是从总体的"整合特性"(emergent properties)来思考社会的。③ 也就是说在功能主义眼中,"结构"通常与"功能"连带出现,他们看待结构更多的是借用非常直白的生物学类比的方式,认为"研究社会

---

① ［英］安东尼·吉登斯.社会学方法的新规则一种对解释社会学的建设性批判［M］.田佑中,刘江涛译.北京:社会科学文献出版社,2003:26.
② ［英］安东尼·吉登斯.社会的构成——结构化理论纲要［M］.李康,李猛译. 北京:中国人民大学出版社,2016:2.
③ ［英］安东尼·吉登斯.社会理论的核心问题——社会分析中的行动、结构与矛盾［M］.郭忠华,徐法寅译.上海:上海译文出版社,2015:56.

结构就像是研究生物的解剖体,研究社会的功能就像是研究生物体的生理机能,目的在于表明结构是如何'运作'的。"①因此功能主义通常把"结构"理解为社会关系或社会现象的某种"模式化"(patterning),认为结构类似于有机体的骨骼系统。但在结构主义看来,结构就是一种解释性工具,是要透过一种表面化的形态去窥视这形态或者现象背后的结构性的东西。

实际上,功能主义与结构主义在发展与演进中一脉相承,均将研究的重点放在社会层面,主张社会对于个人、结构对于行动的制约作用,强调结构处于主导地位。接下来我们将因循这二者的理论脉络,对其主张的结构与行动之间的关系进行梳理。

(一) 社会静力学:社会系统秩序的考察

法国社会学家奥古斯特·孔德(Auguste Comte)最先提出和使用"社会学"的名称,并力图将其建设成为一门研究社会的实证科学,因此被誉为"社会学之父"。孔德之所以想要将社会学建设成为实证科学,是因为他想将其与神学和形而上学区别开来,从而基于现象的因果律对社会系统秩序的规律进行考察。②

孔德强调社会结构对个体占据主导地位。他认为人的心理和理智是在社会生活的影响下发展并完善起来的③,社会学的任务就是要阐明那些支配社会实体(entity)的法则,从而社会学可以分为社会静力学(social statics)与社会动力学(social dynamics)两部分④。社会静力学是对社会秩序的研究,考察社会诸要素间相互依赖的关系以及它们为维持社会稳定所发挥的作用,因而孔德被称作"最早的社会功能学家之一"⑤。

---

① [英]安东尼·吉登斯.社会理论的核心问题——社会分析中的行动、结构与矛盾[M].郭忠华,徐法寅译.上海:上海译文出版社,2015:67.
② [英]威廉姆·奥斯维特.新社会科学哲学:实在论、解释学和批判理论[M].殷杰,张冀峰,蒋鹏慧译.北京:科学出版社,2018:5.
③ 贾春增主编.外国社会学史[M].北京:中国人民大学出版社,2008:23.
④ [美]兰德尔·柯林斯,[美]迈克尔·马科夫斯基.发现社会——西方社会学思想述评[M].李霞译.北京:商务印书馆,2014:44.
⑤ 文军主编.西方社会学理论:经典传统与当代转向[M].上海:上海人民出版社,2006:63.

正如孔德最初将社会学命名为"社会物理学"(social physics)①一样,他认为这门学科正是像物理学研究自然现象那样来对社会现象进行考察与研究。因而他指出社会学研究的第一个原则便是"不能孤立地理解事实,而必须将它们置于更大的背景中来理解,即如果要理解部分的功能,就必须先掌握整体。"②而根据这一原则,要想把握住整体的模式,就需要将社会与生物有机体作对比,正如身体由各个器官组成一样,社会也可以被看作由许多部分组成,且每一部分相对于整体都具有一定的功能。

孔德所强调的社会系统化特征,认为对社会考察必须分析其内部各要素以及各要素之间关系的理论视角,影响了诸如斯宾塞、帕森斯等后来者。他们都认为,"功能主义的主要兴趣表现在秩序上,即一个社会怎样适合于大家共同生活。"③正如孔德所说,"社会体系的各个部分或早或迟都不可避免地要集合在一种完全符合其特性的模式中。"④因此孔德强调社会的任何部分都离不开社会的整体,人们要对社会系统和社会现象进行考察,就需要从整体来把握这个社会。所以说在孔德看来,社会是居于个体的主导地位的,因而早期的社会学理论主要将目光投放到对社会结构的考察,而忽视个体行动的意义。

(二) 社会有机论:社会功能的探究

赫伯特·斯宾塞(Herbert Spencer)也像孔德那样将社会类比作生物学意义上的生命有机体,主张对社会结构进行考察,是为社会有机论。

---

① 孔德著有六卷本的《实证哲学教程》,在第四卷才创用"社会学"一词,而在前三卷中对这门学科一直使用"社会物理学"的称谓。之所以有这样的改变,是因为孔德在撰写第四卷的时候(1839 年),发现一位名叫阿道夫·凯特勒的比利时统计学家在其 1835 年出版的题为"论人和人类能力的发展"一书的副标题中使用了"社会物理学论文"的字样,因此他改用了"社会学"这一新词。但是我们也可从其最初对这门学科使用"社会物理学"这样的称谓看出,孔德对于这门学科的研究对象与研究原则等方面的看法与态度。(周晓虹.西方社会学历史与体系(第一卷)[M].上海:上海人民出版社,2002:39 - 42.)

② [美]兰德尔·柯林斯,[美]迈克尔·马科夫斯基.发现社会[M].李霞译.北京:商务印书馆,2014:44.

③ 周晓虹.西方社会学历史与体系(第一卷)[M].上海:上海人民出版社,2002:46.

④ 同上.

斯宾塞的社会观始于"社会究竟是一个实体，还是一个非实体"的问题，这是他对社会系统进行考察的思想前提，因为这个问题的背后，实际上代表着社会唯实论与社会唯名论的争论。斯宾塞是社会唯实论的支持者①，提出社会是一个有机实体的观点，因此斯宾塞认为社会与生物有机体有许多相似之处，也具有生长过程、结构进化、功能分化、相互依赖这四个特征。第一是生长过程，指社会规模的发展需要经历一个漫长的、从小发展到大的过程；第二是结构进化，指社会组织形式是从简单到复杂而改变的；第三是功能分化，指社会各部分的功能随着其结构的日益进化与复杂，也会出现分化现象且各部分之间具有不同功能；第四是相互依赖，指具有不同功能的社会各部分之间的相互联系与制约，导致了社会控制系统的出现，进而调节他们之间的活动，保证社会的正常运行。②

但是斯宾塞也强调社会与生物有机体是存在差异的，不能完全地同等对待。第一，社会不像生物有机体那样具备确定的外部形式；第二，社会是一个分散的整体，其各部分之间需要符号来沟通；第三，社会成员具有流动性，彼此并非固定在空间中某一个位置上；第四，生物有机体中的各部分是为了整体而存在的，而社会只是增进个体目标的工具和手段。因此斯宾塞将社会看作一个"超有机体"（superorganism）。③

斯宾塞的社会学理论看似与孔德相似，但是从根本上来说二者是不同的。虽然他们都是以一种"自然秩序"的眼光看待社会，但是孔德更多的是从物理学出发，提出社会动力学与社会静力学，而斯宾塞则是从生物学出发，提出社会有机论与社会进化论。④ 不过二者对待社会与个人关系方面，均强调社会优先于个人。

---

① 斯宾塞将唯名论者眼中的社会实体比作演讲大厅里的听众，虽然他们彼此之间看似结合在一起，但是一旦演讲结束，听众便开始散开，那么社会这一实体也因听众的走散而失去了内部彼此之间的联系，因而便不复存在。斯宾塞认为在唯名论的观点中，人们的联系是暂时且不稳固的，而唯实论的观点强调人们在社会中的联系是长期且稳固的。

② 贾春增主编.外国社会学史[M].北京:中国人民大学出版社,2008:45-46.

③ 文军主编.西方社会学理论:经典传统与当代转向[M].上海:上海人民出版社,2006:65.

④ 同上,67.

(三) 社会整体观:社会事实的分析

虽然孔德与斯宾塞均对社会本质以及社会结构提出了理论视角,但是涂尔干(Emile Durkheim)的实证主义范式更加精巧化且具有经验品格,从而使社会学彻底脱去形而上学的外衣,为社会学成为一门真正独立的学科提供了最为充分的证据。[①]

涂尔干认为,"时至今日,社会学所专门研究的几乎都是概念,而不是物。"[②]因为那个时代的人们对于社会系统的探索缺乏科学的态度与方法,"人们仍然不习惯科学地看待社会现象。……社会学者仍然习惯按照以往的方法去处理各种问题,对社会学应该遵循的基本方法没有展开充分的讨论"[③]。正是为了回应并突破上述问题的桎梏,涂尔干首先澄清了他社会唯实论的立场,进而阐述了社会作为"实体",需要从社会整体观的视角对其进行考察与分析。

涂尔干认为社会是独立存在的客观实体。虽然社会由无数个人联合而成,但他认为社会本身具有超越个人的独特性,是属于一种高于个人的相对独立实体。但是涂尔干进一步澄清,他认为社会并非是先于个体,也不能摆脱个体而存在。所谓社会的实体性是指社会相对于个人来说处于更高层次的水平,且具有超越个人的特殊性质。[④]

正是在社会整体观的基础上,涂尔干强调社会学仅将社会作为自己的研究领域,而不涉及个体层次。社会学就是关于社会结构和结构的决定主义研究。[⑤]进而涂尔干建构了自己的理论体系,并将社会学的研究对象界定为"社会事实"(social facts),从而对社会系统进行分析。

何为社会事实?"一切行为方式,不论它是固定的还是不固定的,凡是能从外部给予个人以约束的,或者换一句话说,普遍存在于该社会

---

① 周晓虹.西方社会学历史与体系(第一卷)[M].上海:上海人民出版社,2002:233-234.
② [法]E.迪尔凯姆.社会学方法的准则[M].狄玉明译.北京:商务印书馆,1995:39.
③ 杨善华,谢立中.西方社会学理论(上卷)[M].北京:北京大学出版社,2005:137.
④ 贾春增主编.外国社会学史[M].北京:中国人民大学出版社,2008:109.
⑤ 周晓虹.西方社会学历史与体系(第一卷)[M].上海:上海人民出版社,2002:244.

各处并具有其固有存在的,不管其在个人身上的表现如何,都叫作社会事实。"①我们可以看出,由社会事实这一特定研究对象出发,涂尔干所主张的社会观强调的是社会对于个人的强制约束,社会占有支配地位,且涂尔干将其分析重点放在社会这一层面。

首先,社会事实只能用"社会的"一词来进行修饰。每个人在日常生活中都能遇到那些集体的、客观的、可以对个体行动进行限制的现象,它们不仅可以对个体施加压力,而且还可以施加强制性力量,包括法律条规、宗教信仰、货币制度与信用手段等。② 每个个体在社会中都会受到结构带来的不以"我"的意志为转移的强制性压力,而这就是存在于个人意识之外的社会事实,强加于个人而不管个人是否愿意接受。③ 如果人们心甘情愿地服从于结构的强制性力量,那么他们就感觉不到或者说很少能够感到这种强制力。但是人们一旦去反抗它,这种力量就会立即表现出来,无论是显性的法律条规,还是隐性的道德准则。因而它们不依靠于个人意识而存在,只能用"社会的"一词来修饰,故而命名为"社会事实"。

其次,社会事实具有三个方面的特性。第一,社会事实具有外在性。一个人在出生以前,他所处社会的法律、习俗、道德等均作为社会事实而存在,人们只能遵循、使用,"它们都不以人的意志为转移而独立发挥作用"④。第二,社会事实具有强制性。社会事实独立于个体之外,且能够对个体施加强制力,如:规定、引导、提倡、禁止等。正如涂尔干所说,社会事实"不仅存在于个人意识之外,而且具有一种必须服从的,带有强制性的力量,它们凭着这种力量强加于个人,而不管个人是否愿意接受"⑤。第三,社会事实具有普遍性。社会事实是全体社会成员共有的特性,体现在个人身上的行为表现"部分地再现着

---

① [法]E.迪尔凯姆.社会学方法的准则[M].狄玉明译.北京:商务印书馆,1995:33-34.
② [英]罗布·斯通斯.核心社会学思想家[M].姚伟,李娜译.上海:上海人民出版社,2020:99.
③ [法]E.迪尔凯姆.社会学方法的准则[M].狄玉明译.北京:商务印书馆,1995:24.
④ 文军主编.西方社会学理论:经典传统与当代转向[M].上海:上海人民出版社,2006:73.
⑤ [法]E.迪尔凯姆.社会学方法的准则[M].狄玉明译.北京:商务印书馆,1995:24.

集体模式"①。

涂尔干对社会事实所进行的阐述,并非仅仅想让我们关注社会结构及其特征,而是要强调社会学的分析从根本上便是在社会层面所进行的考察,从而强调社会对个体的支配作用。

(四) 结构功能分析:社会系统分析框架的构建

塔尔科特·帕森斯将结构主义与功能主义进行综合而提出结构功能主义(structural functionalism),认为任何社会都具有一些基本的制度模式(即结构),这些制度模式之间也彼此具有互相支持的关系(即功能),从而保证社会系统的存在。因而结构功能主义首先旨在回答社会系统为了维护自身存在必须满足哪些基本条件,且它们如何得到满足;②其次,在研究层次上,结构功能主义将社会结构和社会整体作为基本分析单位,将研究重点放在社会层面上;最后,结构功能主义在研究方向上强调社会系统的现存结构及其在系统维持中所发挥的社会效果,强调的是社会系统所存在的既定事实,并不对其产生的具体原因进行分析。③

帕森斯的理论学说可以大致分为两个阶段:一是以社会行动理论为中心的早期阶段,二是以社会系统理论为中心的后期阶段。虽然他在这两个阶段的研究重点有所不同,但是其理论脉络与基本取向是一致的,核心均是旨在回答社会秩序何以可能这一关键问题,从而对社会系统作出结构功能分析。④

帕森斯早期思想是以其于1937年出版的《社会行动的结构》(The Structural of Social Action)一书而声名鹊起的。在该书中,帕森斯将以往对于社会行动的研究作为出发点,综合人们对于行动的理论而建

---

① [法]E.迪尔凯姆.社会学方法的准则[M].狄玉明译.北京:商务印书馆,1995:30.
② 文军主编.西方社会学理论:经典传统与当代转向[M].上海:上海人民出版社,2006:124.
③ 贾春增主编.外国社会学史[M].北京:中国人民大学出版社,2008:179-180.
④ 同上,184.

立了"唯意志行动论"(voluntaristic theory of action)[①]。他所研究的核心问题是人们怀有对于行动的思想,以及在某些特定情形下这些思想与人们所采取或者已经采取的行动之间所具有的关系。[②] 而帕森斯后期的社会系统理论转向,是以其于1951年出版的《社会系统》(The Social System)一书为标志,开始将关注的焦点转到社会结构以及社会结构之间的关系上来。

关于社会系统的考察,帕森斯发展并构建了他的AGIL模式,用四个具有高度抽象性与概括性的基本概念来描述一个可以研究所有行动系统的分析框架。AGIL模式是帕森斯提出的分析社会系统与社会现象的工具性理论模式,是一种庞大的旨在解释一切人类行动的系统理论。他对此解释到,对行动系统进行功能分析,就是要集中考察系统的这四项功能是如何得到满足的。随即他的理论也由通过模式变项所进行的结构分析转向了结构功能分析。[③]

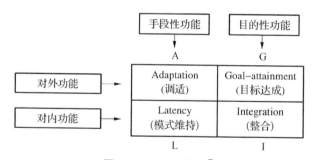

图1-1　AGIL模式[④]

如图1-1所示,AGIL模式提出了所有行动体系都必须具备的四个条件,即:调适(adaptation)、目标达成(goal-attainment)、整合

---

①　帕森斯在《社会行动的结构》一书中所论述的问题是人类在社会中的行动问题。之所以是"唯意志行动论",是由于这些行动问题都具有几个特点:一是人们为自己的行动规定主观动机,并且这是个事实;二是人们用语言符号和其他方式表现他们对行动的主观感情、想法与动机;三是他们将一些文字记载等视为行动上具有解释意义的"符号"。([美]塔尔科特·帕森斯.社会行动的结构[M].张明德,夏遇南,彭刚译.南京:译林出版社,2012:29.)

②　[美]塔尔科特·帕森斯.社会行动的结构[M].张明德,夏遇南,彭刚译.南京:译林出版社,2012:30.

③　贾春增主编.外国社会学史[M].北京:中国人民大学出版社,2008:192.

④　谭光鼎,王丽云主编.教育社会学:人物与思想[M].上海:华东师范大学出版社,2009:122.

(integration)与模式维持(latency)。

具体来说,"调适"指的社会系统必然要与环境发生关系,为了能存保持系统能够存在下去,社会系统必须具有调适功能,可以从外在环境汲取必要的资源,以满足其内部的需求,是建立在社会系统与外在环境之间的手段性功能;"目标达成"是一种期望状态,任何系统都具有目标导向,从而可以集中调集内部能量以达成目标,是一种目的性功能;"整合"是指社会系统作为一个能够发挥功能的整体,其内部各个组成部分(子系统)之间必须协调一致地联系在一起,从而维持系统的稳定性,是一种对内达成的目的性功能;"模式维持"则是指在社会系统运行过程的互动中止时期内,原有的系统运行模式可以完整地保存下来,以保证系统重新开始运转时能够恢复互动关系,但是始终要在社会规范和社会价值的支配下进行。

帕森斯将这四个功能从对外功能、对内功能、手段性功能与目的性功能四个标准来划分与解释,并且认为任何社会组织必须要满足这四个功能。而无论这个社会组织的规模是大是小,都可以将 AGIL 模式的四个方面大致理解为系统的四个层面:"A"体现出系统对外的调适功能,要由经济体系来实现;"G"体现出共同体的目标达成,要由政治体系来实现;"I"体现出社会成员间的和谐关系,要由宗教和法律体系来完成;"L"体现了维持社会系统的基本文化模式,一般由教育系统与家庭社会化方式来完成。[①]

由此可以看出,帕森斯的理论思想实现了由行动到结构的转向,并且认为无论何种社会系统,均可以用 AGIL 模式来进行解释与分析。因此可以说,无论在客观层面还是主观层面,帕森斯的理论都是旨在追求宏观层面上的结构建构。[②]

如上所述,随着社会学学科史的演进与发展,社会学家们都始终关切社会和个人之间的关系,并尝试以二者间关系作为切入点而对社会

---

① [美]兰德尔·柯林斯,[美]迈克尔·马科夫斯基.发现社会[M].李霞译.北京:商务印书馆,2014:335.

② 周怡.社会结构:由"形构"到"解构"[J].社会学研究,2000(3):55-66.

系统的结构与秩序进行考察与分析，以期更好地认识我们的社会系统、社会现象与生活世界。但是我们也可以看出，功能主义与结构主义等传统理论流派对于社会与个人之间关系的认识，均一致性地站在社会主导地位的立场，认识社会对于个人具有强制性与优先性，并形成了"强结构而弱行动"的行动观，在当时的学科话语体系中占据主流地位。

二、 强行动弱结构：解释社会学的行动观

行动与结构之间的关系，是社会理论中最为核心也是最为普遍的问题之一。正如艾伦·道(Alan Dawe)所说："在一种关于社会系统的社会学中，社会行为者被极力描述为处在社会系统的接收端。……因此社会行为完全是社会系统的产物和衍生物。与此完全相反，在一种关于社会行动的社会学中，社会系统被定义为社会行动和相互作用的衍生物，一个由积极的、有目的、有自我和社会创造力的社会成员产生的社会世界。"[①]显而易见，前者便是上文所述的功能主义与结构主义的主要观点，强调社会系统对于社会行为的控制与生产；而后者则是解释社会学的理论立场，主张社会行动的创造与再构。

解释社会学源自解释学的传统，后者是理解和阐释文献的一种特殊方法，目的是想更好地理解作者想法和文本基本结构。[②] 而马克斯·韦伯(Max Weber)则试图将解释学对于文本的理解扩展到对社会生活的理解，正如拉赫曼(L. M. Lachman)所说，"这种方法可以应用到人类互动和个体行动中。由此观之，所有历史都由互动构成，必须根据多方行动者的竞争性规划(rival plans)来解释。"[③]也正是在解释学的基础上，韦伯创立了解释社会学[④]，从而对人们的社会行动进行理解与阐释。

解释社会学的主要目的是理解并解释行动者所作出的社会行动的

---

① ［英］威廉姆·奥斯维特.新社会科学哲学：实在论、解释学和批判理论[M].殷杰，张冀峰，蒋鹏慧译.北京：科学出版社，2018：106-107.

② ［美］乔治·瑞泽尔.古典社会学理论[M].王建民译.北京：世界图书出版公司，2014：213-214.

③ Lachman L M. The Legacy of Max Weber[M].Berkeley Calif.：Glendessary Press，1971：20.

④ 周晓虹.西方社会学历史与体系（第一卷）[M].上海：上海人民出版社，2002：347.

主观意义,并且考察这种意义对行动者和社会现实的影响,关注的是个体层面的人类互动。① 解释社会学的理论代表在韦伯之后则发展为符号互动论、现象学社会学以及常人方法学等,均主张个人行动具有创造力的积极意义,强调的是"强行动而弱结构"的行动观。接下来,我们将因循这一理论脉络,进行梳理与阐释。

(一) 理解社会学:探寻社会行动的意义

同功能主义与结构主义不同,韦伯将社会学看作是一门探讨社会行动的综合性学科,把分析的中心放在个体行动者层面,探究的是行动者在特定社会历史背景下的互动过程中所采取行动的主观目的。② 韦伯认为行动者在行动过程中赋予行动以主观意义,而行动的主观意义是可以被理解的,进而行动的动因与结果也是可以被理解与解释的,从而人们可以借此来认识这个生活世界。因此,韦伯的社会学也被称作理解社会学。

韦伯提出,社会学是一门解释性地理解社会行动并对其进程与结果进行因果说明的科学。③ 因此可以说,韦伯将社会行动视为社会学的研究对象,而对社会行动进行解释性理解便是社会学的研究任务和重要方法。④

那么何谓社会行动? 韦伯认为,社会行动是指"行动者以他主观所认为的意义而与他人的行为相关,即以过去的、现在的或将来所期待的他人的行为为取向"⑤。而这个"他人",既可能是单个的个人,也可能是数目不定的许多人;既可能是熟人,也可能是陌生人。⑥

由此我们可以看出,社会行动这一概念在韦伯这里具有两个重要条件:一是行动者赋予其行动以主观意义;二是行动者的行动要与他人

---

① 金小红.吉登斯结构化理论的逻辑[M].武汉:华中师范大学出版社,2008:72-73.
② 杨善华,谢立中.西方社会学理论(上卷)[M].北京:北京大学出版社,2005:176.
③ [德]马克斯·韦伯.经济与社会(第一卷)[M].阎克文译.上海:上海人民出版社,2010:92.
④ 杨善华,谢立中.西方社会学理论(上卷)[M].北京:北京大学出版社,2005:179.
⑤ 同上,180.
⑥ [德]马克斯·韦伯.经济与社会(第一卷)[M].阎克文译.上海:上海人民出版社,2010:111.

产生联系。韦伯认为这两个条件共同构成了社会行动这一概念,二者缺一不可,否则行动者的这一行动便算不上是社会行动。例如,如果只是沉思默想、独自祈祷的宗教性表现便不是社会行动,因为该行动没有与他人产生联系。韦伯所要强调的是,只有行动者在其行动的时候,其主观态度针对的是他人的表现时,才会构成社会行动。① 可见,"意义"的理解是韦伯理解社会学的前提基础。

韦伯指出,"意义"可以分为两种:一是指在某个特定行动者的特定具体情况下实际存在的意义;二是指一种理论上的构想,认为是行动者或行动者们在某个特定行动类型中的主观意义的纯粹类型。他又进一步指出,"意义"并不是指客观上"正确的",而是一种形而上学的"真实的"意义。② 也就是说,行动者主观的认为即是社会学上的意义。③ 正如韦伯所述,社会行动之所以是可以理解的,是因为个人所赋予其行动的主观意义是可以理解的④,无论这个意义是明显的还是隐蔽的,是被忽略还是被默认的⑤。

因此可以说,探寻社会行动的意义是韦伯理解社会学的要义所在,强调将社会行动作为研究对象,以期从行动者带有主观意义和他人取向的行动中考察人们之间的关系,并对社会秩序、社会现象进行解释与分析。

(二) 符号互动论:考察社会互动的行动意义

符号互动论(symbolic interactionism)贯穿着四个彼此交织的主题:一是人们行动所处的外部世界不仅是物质的、客观的,同时也是符号的、象征的世界;二是社会处于不断地调整、演化、生成当中,而符号互动论关注的是人们对其所采取的策略;三是人们的生活与社会是通过人们的协同行动(也就是"集体行为")组织起来的;四是对经验世界

---

① [德]马克斯·韦伯.经济与社会(第一卷)[M].阎克文译.上海:上海人民出版社,2010:111-112.
② 同上,92.
③ 杨善华,谢立中.西方社会学理论(上卷)[M].北京:北京大学出版社,2005:179.
④ 同上.
⑤ [德]马克斯·韦伯.经济与社会(第一卷)[M].阎克文译.上海:上海人民出版社,2010:92.

的深入关注。① 符号互动论认为其对任意社会学现象均能提供指导。而米德(George Herbert Mead)和戈夫曼(Erving Goffman)便是符号互动论的代表人物。

首先,作为符号互动论的创始人②,米德主张以心智、自我为逻辑起点考察社会结构与变迁,将所有研究课题置于研究对象的进化变迁过程中加以综合考察,强调运用客观科学方法研究包括人类行为举止(conduct)在内的所有研究对象。

米德将理论的核心放在对社会互动中个人意识的考察上去,进而对心智(mind)、自我(self)与社会(society)这一过程进行探寻。第一,米德认为心智不是一个事物,而是一个过程、一个社会现象,是一个与自己内心的交谈过程。③ 心智可以通过想象性预演(imaginative rehearsal),使互动双方不仅赋予自己的行为以意义,而且可以寻求他人行动意义的理解。④ 正如米德所说,"只有当一个人对符号的理解与他人相一致时,人类的互动才成为可能。"⑤第二,米德将自我视作一个人们自己同自己交往的过程,即自我反省与反思。正是人们总是自我反思、自我控制,因而人们才能参与互动并掌握互动的交往工具和互动意义,从而对自己的活动进行控制。⑥ 第三,社会这一概念在米德这里是指业已组织起来,并通过泛化他人(generalized)⑦而得以规则化了的活动。人们在社会中彼此调适、协作,而调适和协作便是心智与自我这两个过程的反映。在此基础上,米德对社会结构、社会制度、社会变迁进行探究,强调社会的维持与变迁都是通过心智和自我的过程来实现的。⑧

---

① [英]布赖恩·特纳主编.社会理论指南[M].李康译.上海:上海人民出版社,2003:235-236.

② 虽然"符号互动论"这一概念是由布鲁默(H. Bloomer)于1937年在《人与社会》一文中正式提出的,但是一般认为米德才是符号互动论的创始人,因为他提出并建构了一个较为系统化的理论。

③ 文军主编.西方社会学理论:经典传统与当代转向[M].上海:上海人民出版社,2006:156.

④ 同上,157.

⑤ 侯钧生主编.西方社会学理论教程[M].天津:南开大学出版社,2010:249.

⑥ 贾春增主编.外国社会学史[M].北京:中国人民大学出版社,2008:268-269.

⑦ 泛化他人是米德的一个重要概念,是指人们在"自我"的想象性预演过程中不再将对方视作一个具体的他人,而是设想为超越个别成员特征的集体整体。因而,人们评价自己也泛化为来自一个群体的观念和态度。(文军主编.西方社会学理论:经典传统与当代转向[M].上海:上海人民出版社,2006:159.)

⑧ 侯钧生主编.西方社会学理论教程[M].天津:南开大学出版社,2010:250-251.

其次，戈夫曼提出拟剧理论（dramaturgy），研究人们在生活世界中的社会互动。与以往那些关注互动的类型、性质等方面的学者不同，他对互动的研究主要集中于日常生活中人们面对面的互动，以及在这一过程中的角色扮演与隐含意义。戈夫曼想探寻与解释的是社会现实自身是如何由人们面对面的交往中所隐含着的理解构建出来的。①

戈夫曼用观众与剧场来类比行动者及其行动所处的社会结构，认为社会是一个舞台，每个行动者都登台表演，并扮演一定的角色。在这种表演中，人们都关心并控制自己留给他人的印象，并且试图通过语言、姿态等方式来给他人留下好印象。这一过程被他称作"印象管理"。戈夫曼认为，个体的表达包括他给予（gives）的表达和他流露出来（gives off）的表达，前者指行动者用各种符号将信息传递出来，后者则表征一种广泛的行动，其信息的表达有可能是带有欺骗性的。②

正是在此基础上，戈夫曼构建了拟剧理论，将人们表演的区域分为前台与后台。前台是指人们以"一般的、固定的形式"进行表演的地方，包括"舞台设置"（setting）、"外表"（appearance）、"举止"（manner）。而后台则是为人们表演准备的、不想让观众看到的地方。人们在前台与后台的行为举止是不一样的。

社会互动是有其自身规范的表演，人们在互动中通过印象管理来给他人留下良好印象，从而试图提高自己的地位、权利。③ 因此在社会互动中，行动者会出于某种目的、根据集体意识来给他人留下良好的印象，追求一种"表现出来的自我"（self as performed），而观众也根据行动者的表演得出来对他的印象，称作"强加给他的自我"（imputed self）。戈夫曼认为，行动者所展现出来的"自我"是舞台、表演等情境的产物，是所有参与互动的演员共同活动的产物。④ 而正是通过把在情

---

① ［美］兰德尔·柯林斯，［美］迈克尔·马科尔斯基.发现社会［M］.李霞译.北京：商务印书馆，2014：384.

② ［美］欧文·戈夫曼.日常生活中的自我呈现［M］.冯钢译.北京：北京大学出版社，2008：2.

③ ［美］兰德尔·柯林斯，［美］迈克尔·马科尔斯基.发现社会［M］.李霞译.北京：商务印书馆，2014：391.

④ 贾春增主编.外国社会学史［M］.北京：中国人民大学出版社，2008：276-277.

境中互动作为戏剧过程来分析,戈夫曼才展现出了集体良知是如何被创造出来并且在社会结构中发挥其强有力的效力的。

可以看出,符号互动论以考察人们在社会中的互动过程当作研究重心,从而以此为逻辑起点,对社会结构、社会制度与社会变迁进行考察与分析。

(三) 现象学社会学:分析日常生活世界的社会互动

阿尔弗雷德·舒茨(Alfred Schutz)在结合韦伯的理解社会学与胡塞尔(Husserl)的现象学之后,他对社会行动之意义问题进行了深入思考,提出并建构了现象学社会学(phenomenological sociology)。首先,舒茨继承了韦伯对于社会行动的认识,强调社会学是探究行动理论的一门学问,其重点在于有意义的社会行动应该如何被理解或诠释。[①]其次,舒茨在胡塞尔的基础上进一步考察了个体是怎样理解那些关于社会世界的感觉材料,以及个体之间日常发生的社会关系。[②] 正如莫里斯(Monica Morris)指出,"对舒茨来说,社会学的主题是人构造或创造日常生活世界的方式。"[③]

首先,舒茨区分了生活世界与科学世界,认为"生活世界"是一个主体间性的世界,对于行动者是先在性存在,对于我们的解释和经验来说是既定的,我们对它的全部体验、解释都要建立在前人对它的经验储备的基础之上。[④] 在日常生活世界中,人们的行动规则处于社会认可的规则之下,是"合理地"行动;人们的行动还会遵从传统与习俗,是"理智地"行动;人们也会对其行动的目的、手段、结果等方面具有一定的洞察,因而也是"理性地"行动。[⑤] 因而生活世界对于行动者来说是"有意义的",我们能够对其进行体验和解释。舒茨认为,虽然生活世界对于行动者具有约束作用,但是人们在受其先在结构支配的同时,"我们必

---

① 阿尔弗雷德·舒茨.社会世界的意义构成[M].游淙祺译.北京:商务印书馆,2012:译者导论.
② 文军主编.西方社会学理论:经典传统与当代转向[M].上海:上海人民出版社,2006:167.
③ Morris M. Excursion into Creative Sociology[M]. New York: Columbia University Press, 1977:15.
④ 侯钧生主编.西方社会学理论教程[M].天津:南开大学出版社,2010:279.
⑤ [美]乔治·瑞泽尔.古典社会学理论[M].王建民译.北京:世界图书出版公司,2014:427.

须支配它、必须改变它……在这种意义上,世界是某种我们必须通过我们的行动加以修正的东西,或者是修正我们的行动的东西"①。可以说,在舒茨的理论体系中,行动者与结构是相互影响的辩证关系。生活世界源于人类行动并为人类行动所创造,与此同时生活世界也外在于行动者并具有强制性。

其次,舒茨对生活世界进行了进一步的阐释。他认为生活世界就是人们所视若当然(taken for granted)的世俗事物得以发生的世界,人们对它不去多想也不去怀疑,持一种"自然态度"(natural attitude)。生活世界具有六个特征:一是清醒(wide awakeness),行动者对其能够给予充分的注意力,可以完全了解生活世界所发生的事情;二是悬置对其的怀疑,也就是说行动者对其持自然态度,不会对它进行质疑;三是工作(working),人们通过工作来投身于外部世界的行动中,试图通过亲身活动来引发事物的预期状态。这种工作是有计划的,人们可以通过工作对生活世界进行行动,以便了解、形塑它;四是自我体验,行动中在生活世界中感受完整的自我;五是互为主体性,生活世界是一个关于社会行动的主体间性世界;六是具有时间维度,个人时间与社会时间在其中交会,个人一生的时间流逝与更大社会历史发展的时间流动产生交会,虽然我们看似只有并生活在同一个生活世界,但是每个人都能够在其中形成各自独特的生活世界。②

再次,舒茨解释了"意义"的含义,并强调要以科学方法来研究社会世界。行动者在生活世界中会了解、解释并自我解释,因而会有意识地建立意义。舒茨认为,意义(meaning)分为主观意义(subjective meaning)与客观意义(objective meaning)两个方面,前者指行动者通过心智对事实的独立建构与定义,但是它太过于特殊而导致研究者很难预测;后者是指存在于文化、集体意识中的共同意义,为集体行动者共同拥有,是舒茨的分析重点。

---

① [美]乔治·瑞泽尔.古典社会学理论[M].王建民译.北京:世界图书出版公司,2014:431.
② 文军主编.西方社会学理论:经典传统与当代转向[M].上海:上海人民出版社,2006:169-170.

因此,舒茨强调要采取"不偏不倚"的中立态度在生活世界中观察和理解人们在社会互动中所使用的方式、形成的模式以及导致的结果,并且在这一基础上观察、探寻行动者的行动过程模式,从而考察行动者在行动过程中所产生的意义。

(四) 常人方法学:诠释日常实践行动的社会秩序

作为舒茨的学生,加芬克尔(Harold Garfinkel)与其有着共同的研究兴趣与取向,因此在继承了舒茨对日常生活世界中人们实践活动研究的基础上,他提出了常人方法学(ethnomethodology)[①],旨在考察在日常实践活动中,人们是通过何种途径来看待与定义现存规则的,以及人们如何利用这些信念来描述进而构建社会秩序。[②]

传统社会学主张社会结构的主导地位,从而忽视对于人类实践的日常生活世界研究,把人们在日常实践中的"常识"视作理所当然的资源(resource)而不是研究主题(topic)。然而,常人方法学探讨的基本问题就是普通人看待社会的方式,亦即常人在日常生活中的常识推理实践(common sense reasoning practices)。也就是说,常人方法学考察的正是普通人如何在日常生活世界中运用常识性知识、思维方式来理解与解释日常情境并作出行动的方法,是从普通人的日常行动及其对行动的思考模式出发来考察社会现象。常人方法学学者认为占据社会绝大多数的普通人才是现实社会的真正构建者和诠释者。

加芬克尔认为对日常活动中常人方法的研究具有三个特征:可说明性(accountability)、索引性(indexicality)以及反身性(reflexivity)。

首先,日常生活实践是一种可说明的实践,可以为行动者观察与解

---

① 关于这一概念,目前国内大致有两种翻译方式,其一是译作"常人方法学",其二是译作"民族学方法论"或者"民俗学方法论"等。第二种译法主要是根据"ethno"这一民族学的词根,将"ethnomethodology"理解为"ethno/methodology"进行翻译,从而译为"民族学方法论"。但是,加芬克尔提出"ethno"就是指普通人、平常人,意即"everyone",进而与"method"连读,应理解为"ethnomethod/ology",表示为平常人的方法。也就是说,"ethnomethodology"应理解为"the study of everyone's method",即对常人方法的研究,因此译作"常人方法学",以区别于另一种译法。([法]布尔迪厄,[美]华康德.反思社会学导引[M].李猛,李康译.北京:商务印书馆,2015:8.)

② 文军主编.西方社会学理论:经典传统与当代转向[M].上海:上海人民出版社,2006:172.

释。在加芬克尔那里,说明(accounts)是指行动者解释日常生活实践中特定情境的方式;而说明实践(accounting practices)则是指一个人对其行为进行说明,而该说明也为其他人所接受(或拒绝),表达的是这种说明是可以被两个人共同理解与互动的,是人们理解世界的一个过程。其中,规范与规则的日常实践的可说明性的重要基础,使得日常实践活动的可说明性与可认识性成为可能。故而加芬克尔认为,"社会成员用于产生和管理有组织的日常生活事件的各种环境的活动,与成员使这些环境成为可说明的程序相一致。"①

其次,日常实践行动具有索引性,也就是说人的行动和所处情境之外的社会结构之间具有某种复杂的关联,因而可以进行说明与解释。加芬克尔认为,日常实践的可说明性在本质上即索引性表达。② 因此他重视对日常实践活动的索引性表达进行探究,认为索引性表达具有合理性。虽然索引性表达具有模糊性,但是人们用过于准确的语言对互动意义进行解释说明,有时反而会破坏互动的真实意义。因此,加芬克尔将这种索引性表达的合理性作为社会学的研究对象,认为社会学的任务就是要描述和说明索引性表达的这种合理属性。

最后,日常实践行动具有反身性。他将日常实践活动看作一个具有反身性建构的过程,强调在对行动者社会互动过程的理解中,要考察其互动模式是如何被确定为一种社会结构的。他将这一过程称为反身的标准化过程,就是要考察实践行动的意义是怎样被反身性建构出来的。与此同时,社会结构是在什么程度上以及怎样被行动者所了解与理解的。

可以看出,解释社会学一反传统的功能主义与结构主义社会学的理论立场与主张,强调对于日常生活世界中行动者的社会行动进行考察与探究,进而分析其是如何对于结构进行解释说明与影响建构的。解释社会学所强调的是一种"强行动而弱结构"的行动观,并

---

① 侯钧生主编.西方社会学理论教程[M].天津:南开大学出版社,2010:307-308.
② 文军主编.西方社会学理论:经典传统与当代转向[M].上海:上海人民出版社,2006:174.

且在符号互动论、现象学社会学与常人方法论的推广与影响下，具有重要影响。

三、 结构与行动的联结：结构化理论

二元对立的思想根深蒂固地长期存在于社会学的发展脉络中，并影响着人们对于社会系统的看待与分析。作为结构化理论（structuration theory）①的创始人，吉登斯正是旨在突破社会学长期存在的社会与个体的二元对立而提出这一独特的理论视角，以期将二元论表征下的结构与行动联结在一起，从而更好地对社会的结构化或建构的动态过程②进行剖析与阐释。

吉登斯（Anthony Giddens）是当代英国著名社会学家，是一位大师级学者。他曾于1969—1997年任教于剑桥大学，牵头组建社会学系并被任命为该校社会学会会长。1997—2003年，他担任伦敦政治经济学院（London School of Economic and Political Science）院长，随后在2004年受封为"终身贵族"，出任英国上议院议员，成为英国首相的政策顾问。吉登斯迄今为止出版著作40余部，可谓著作等身。

吉登斯早年对西方的社会学理论传统进行梳理与批判，因其对古典三大家——马克思（Karl Marx）、涂尔干与韦伯进行鞭辟入里的评析，于1971年写就《资本主义与现代社会理论》（Capitalism and Modern Social Theory）一书，而在学界崭露头角，那一年他33岁。随后，他于1976年出版《社会学方法的新规则》（New Rules of Sociological Method），初步提出结构化理论，并在1979年出版的《社会理论的核心问题》（Central Problems in Social Theory）一书中进一步丰富充实。1984年，吉登斯出版了《社会的构成》（The Constitution of

---

① 其实在吉登斯的论述中，有两个词与"结构化"这一概念有关，一是"structuration"，二是"structuring"。李康指出，前者才是吉登斯所提出的概念，后者并非为吉登斯所有，而仅仅作为一种用法来表征"结构（化）形成的过程"。但是，在具体行文中难以将二者有效区分，因此李康与李猛有时也将后者译为"结构化"。（［英］安东尼·吉登斯.社会的构成——结构化理论纲要[M].李康，李猛译.北京：中国人民大学出版社，2016：418.）

② ［英］罗布·斯通斯.核心社会学思想家[M].姚伟，李娜译.上海：上海人民出版社，2020：412.

Society)，该书则标志着他结构化理论的确立。

如前所述，社会学传统理论的行动观要么强调"强结构而弱行动"，要么主张"强行动而弱结构"。吉登斯提出结构化理论的基本假设，认为从社会行动的立场或社会结构的视角出发来研究社会的那些理论视角都是有局限的，归根结底是不充分的。[①] 因此，结构化理论强调行动既不独立于结构，又有助于结构的再生产，故而吉登斯主张要将行动与结构连接在一起对社会进行考察。

吉登斯认为，社会学关注的不是一个"预先给定的"(pre-given)客体世界，而是一个由主体的积极行为所构造或创造的世界。[②] 因此在吉登斯这里，行动与结构这一对概念在社会理论中不再相互独立且彼此约束，二者反而互为前提，彼此构成了相互依赖的辩证关系。而后他又对一系列与之相联系的概念进行重构，进而形成了结构化理论。诚如吉登斯所言，社会学"所处理的是人类行动、社会制度以及它们的相互联系的一整套论题"[③]。

（一）行动结构化：结构化理论的阐释路径

长期以来，社会学领域始终存在着"结构"与"行动"二元对立的局面，社会学家也纷纷竭尽所能地调和二者的对立关系，但其理论归宿一定程度上都难逃结构和行动的制约，进而所形成的理论体系最终又偏执于结构或行动的一端。

结构化理论的出发点是否定社会行动完全被动地受到抽象的结构制约这一命题。吉登斯从行动者的能动性入手，相信结构蕴含在社会行动者的日常实践行动中。具体来说，他认为行动既不独立于结构，也不纯粹出于行动者的个体意识，换言之，行动具有结构性特征，是结构化了的行动，故而我们将"行动结构化"作为结构化理论的阐释路径，进

---

① ［英］罗布·斯通斯.核心社会学思想家［M］.姚伟，李娜译.上海：上海人民出版社，2020：412.

② ［英］安东尼·吉登斯.社会学方法的新规则［M］.田佑中，刘江涛译.北京：社会科学文献出版社，2003：277.

③ Giddens A. Social Theory and Modern Sociology［M］. Stanford：Stanford University Press，1987, pp. vii-viii.//转引自赵旭东.结构与再生产：吉登斯的社会理论［M］.北京：中国人民大学出版社，2017：10.

而对本研究进行指导。

首先,吉登斯批判了"强结构弱行动"的行动观,认为功能主义与结构主义将结构与个人对立起来,进而将社会系统看作像生物有机体一般的骨骼系统或者像建筑物一样具有外形架构的这一观点是错误的、是不存在的。他认为现实中的社会结构都是"'在时空向度上得到有序安排'并由行动者们持续不断地再创造出来、因而具有循环往复特性的'各种社会实践'(或'行动')"①。虽然这一观点看似站在了解释社会学的立场,但实际并非如此。尽管吉登斯也强调个体行动的主观意义,但他的理解并非像解释社会学者那样将行动完全看作在行动者自我意识引导下所进行的彰显意图的活动,而是认为个体要成为有目的的行动者,"他们的活动自有其理由,如果被问及,也都能在话语层次上阐述这些理由"②。

吉登斯认为,虽然人类的日常社会行动总是伴随着一定的意图、能动性、资格以及反思监控,但是行动者的这一系列能力总是依托在社会实践中的。也就是说,行动者的意识与行动相互交织,形成相应的行动框架,"行动包含了对行动的反思性监控、理性化和动机激发的过程,这三种过程复合在一起,构成了人的有意图的行动"③。虽然行动者的行动是有意图的,但是行动者的行动也是受到结构限制的。换句话说,行动者能够按照自己的预期目的进行行动,并能通过反思性监控来调整行动路径,但是行动一旦超出行动者认识范围内的社会条件,这些未知条件使得行动者的行动会出现意外后果,而这些意外后果也会作用于接下来的实践活动,进而使得整个行动过程便如同一种"流",行动者在实践中能动地运用结构中的规则和资源,从而推动社会实践的再生产和社会制度的生成。

其次,吉登斯批判了"强行动弱结构"的行动观,认为行动并非纯粹

① 谢立中.主体性、实践意识、结构化:吉登斯"结构化"理论再审视[J].学海,2019(4):40-48.
② [英]安东尼·吉登斯.社会的构成——结构化理论纲要[M].李康,李猛译.北京:中国人民大学出版社,2016:3.
③ 杨善华,谢立中.西方社会学理论(下卷)[M].北京:北京大学出版社,2006:95.

个体性质的东西,不能通过行动的主观意图来判定人的能动作用,而行动是始终处于"结构化"或者说"例行化"之下的。虽然这一观点使得他看似又站到了功能主义与结构主义的立场,但是吉登斯也批评了这两个流派关于结构的观点。他认为,功能主义者与结构主义者通常将结构理解为社会关系或社会现象的某种"模式化",从而借助视觉图像来理解结构,认为结构类似于生物有机体的骨骼系统,进而将结构看作完全"外在于"人的行动,使得结构成为可以不依赖于其他力量就可以构成的主体自由创造,①这一观点是错误的。结构其实只是一种"虚拟秩序",作为被再生产出来的社会系统并不具有"结构",体现的只不过是"结构性特征"而已。而且作为"结构性特征"的结构也并非外在于人的行动,而是"作为记忆痕迹,导引着具有认知能力的人类行动者的行为"②。

因此在吉登斯眼中,"结构兼具使动性和制约性"③,这种理论出发点突破传统仅强调结构的静态制度形态和动态制约功能,将结构融入行动实践活动的"流"中。结构特性渗透在行动者与社会系统内部,使得行动者在互动过程中运用结构的"规则"和"资源",使得社会互动得以生产和循环。结构化理论的一个重要立场是认为,以社会的生产和再生产为根基的规则和资源同时也是系统再生产的媒介;规则和资源的提出使得结构成为社会系统的一种结构性特性,而超越了传统意义上的外在制度、规则、规范。

总之,结构化理论中的行动者在日常社会实践中,一方面在行动中融入了结构,体现出"在结构中行动"的意味;另一方面也通过行动再现结构的存在,亦即行动是"结构化了的行动"。因此,结构化理论有效地弥合了行动与结构之间的二元对立,使得行动者的行动与结构联结在一起。而在此意义上的"行动结构化"则作为结构化理论的阐释路径,使得结构化理论成为本研究的理论基础。

---

① [英]安东尼·吉登斯.社会的构成——结构化理论纲要[M].李康,李猛译.北京:中国人民大学出版社,2016:15.

② 同上,16.

③ [英]安东尼·吉登斯.社会理论的核心问题——社会分析中的行动、结构与矛盾[M].郭忠华,徐法寅译.上海:上海译文出版社,2015:77.

(二) 在结构中行动:行动的"结构性特征"

1. 行动:作为一种绵延的"流"而具有动态连续性

行动是人们探寻社会与个人间关系的重要切入点,也是人们认识与分析社会系统的重要概念。虽然学界对行动的探寻由来已久,且形成了一些经典概念与理论,如韦伯与帕森斯。但是行动这一概念在吉登斯那里,有着他独到的理解与阐释。

虽然吉登斯与前两人一样,都将行动视作其社会理论的出发点,但是他对行动的理解并非专注于类型的划分与模式的建构,而是将行动看作是一个持续不断的动态过程,认为对行动的研究就是要在其连续性的运动中剖析它的作用或结构化功能。因此,吉登斯提出,人的行动是作为一种绵延(durée)而发生的,是一种持续不断的行为流。[①] 他认为行动并非由一系列结合在一起的孤立行为(如意图、动机等)组成,而是认为"行动是作为肉体存在的人对世界中的事件过程进行的、实际的或想象的、因果性介入流"。[②] 吉登斯对此补充,"行动"(action)一方面并非是一些"行为"(act)[③]的组合,只有在我们对已经历过的经验的绵延给予话语层次上的关注时,所谓的"行动"方得以构成;另一方面,人们也不能脱离身体来探讨"行动",因为身体作为行动中自我的统合体(coherence),正是"行动"与它周围世界的中介。[④] 诚如吉登斯所述,行动概念参照了行动者的大量活动,不能脱离自主自我(acting self)这一更广泛的理论来单独加以考察。[⑤]

---

① [英]安东尼·吉登斯.社会的构成——结构化理论纲要[M].李康,李猛译.北京:中国人民大学出版社,2016:3.
② [英]安东尼·吉登斯.社会理论的核心问题——社会分析中的行动、结构与矛盾[M].郭忠华,徐法寅译.上海:上海译文出版社,2015:62.
③ 需要指出的是,吉登斯对"行动"(action)这一概念与"行为"(act)进行了区分。他强调"行动"(action)概念特指人在行为中所体现的具有持续意识的过程,将时间维度纳入了思考。而"行为"(act)则是指人在行动过程中已完成的某一行为,是已经固定的、空间化的行为。
④ [英]安东尼·吉登斯.社会的构成——结构化理论纲要[M].李康,李猛译.北京:中国人民大学出版社,2016:3.
⑤ [英]安东尼·吉登斯.社会理论的核心问题——社会分析中的行动、结构与矛盾[M].郭忠华,徐法寅译.上海:上海译文出版社,2015:62.

为什么吉登斯将行动称为一种绵延的"流"？所谓的"行动流"又有何意蕴？吉登斯之所以将行动看作绵延的持续过程，是因为他不是从行动的感性过程出发，而是强调行动者在行动过程中所蕴含的支配行动过程的意识因素的连续性。[1] 吉登斯进而对此详加阐释，指出行动是人们不断加以监控与理性化的过程，是一个将行动的反思性监控、理性化与动机激发过程视作根植于行动中的一系列过程，而这就是他所提出的行动者的分层模式（stratification model）[2]。

2. 行动者的分层模式：行动过程的具体阐释

我们可以从行动者的分层模式（如图 1-2）中看出，吉登斯将行动者的行动分为了三个过程，即行动的反思性监控（reflexive monitoring of conduct）、行动的理性化（rationalization of action）与行动的动机激发过程（motivation）。这三个过程复合在一起，就构成了人的有意图的行动。而吉登斯之所以建构行动者的分层模式，是因为他认为行动者要具有明确的目的，从而将其意识与行动交织在一起，进而能够对其行动过程进行具体阐释，并形成相应的行动框架，从而看到行动者的行动条件，体现出行动的"结构性特征"。

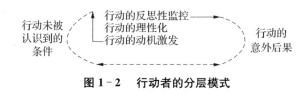

图 1-2　行动者的分层模式

首先，反思性监控指的是在行动者的行动流中体现出来的，人的行

---

①　刘少杰.后现代西方社会学理论[M].北京:北京大学出版社,2014:258.

②　需要强调的是,有些研究者将这一分层模式称为"行动的分层模式",如杨善华与谢立中、赵旭东、刘少杰(杨善华,谢立中.西方社会学理论(下卷)[M].北京:北京大学出版社,2006:94-95;赵旭东.结构与再生产:吉登斯的社会理论[M].北京:中国人民大学出版社,2017:55;刘少杰.后现代西方社会学理论[M].北京:北京大学出版社,2014:258-259.).而在李康与李猛译的《社会的结构》中则采用"行动者的分层模式"来呈现。这里认为,该模式是指行动者的行动分层模式,因此"行动的分层模式"与"行动者的分层模式"指涉一致。这里则采取在《社会的结构》中"行动者的分层模式"这一译法进行文本呈现,特此说明。([英]安东尼·吉登斯.社会的构成——结构化理论纲要[M].李康,李猛译.北京:中国人民大学出版社,2016:5.)

为所具有的作为过程的意图性(intentionality)①。吉登斯强调,行动的反思性监控不仅涉及个体对自身的行为,还涉及他人的行为,也就是说行动者不仅始终监控着自己的活动流,还期望他人也如此监控着自身。② 而这样,行动者就以理性化的方式监控着他们所进入的情境的社会特征与物理特征。因此,行动的反思性监控实质上可以理解为,人们在行动的过程中通常将自己的行为与对方行动者或者客观世界联系起来,以彼此探询对方的意图,从而对行动施加连续不断的监控过程。

其次,行动的反思性监控又是以理性化过程为基础的。吉登斯指出,行动的理性化是指行动者对自身的活动始终保持"理论性的理解",这与反思性监控一样,也是例行性的。③ 也就是说,行动者在行动的过程中始终保持着可以"通晓"行为根据的能力,能够在一定程度上对自身的活动给出相应的理由。杨善华解释到,这一过程中一般都是持续的流转,而不是行动者予以关注的一个个被分割开来的"瞬间"(moment)。④ 因此,这不意味着在这一过程中的行动者对其行为的具体部分总是能够以话语形式给出理由。⑤ 而这种以话语形式说明理由的能力,吉登斯将其称为资格能力⑥,认为行动者能够在行动中做到

---

① 这里要强调的是,意图性(intentionality)作为行动的例行化特征,并非是指行动者在其行动的过程中就总是要怀有某种目的。在吉登斯的概念体系中,意图(intention)与想要(meaning)或者打算(intending)做某事的含义完全不同,后者表示"有目的地"(purposefully)去做某事,表征出行动者为追求某一特定目标而具有较强程度的精神意识。([英]安东尼·吉登斯.社会理论的核心问题——社会分析中的行动、结构与矛盾[M].郭忠华,徐法寅译.上海:上海译文出版社,2015:63.)

② [英]安东尼·吉登斯.社会的构成——结构化理论纲要[M].李康,李猛译.北京:中国人民大学出版社,2016:5.

③ 同上.

④ 杨善华,谢立中.西方社会学理论(下卷)[M].北京:北京大学出版社,2006:95.

⑤ [英]安东尼·吉登斯.社会的构成——结构化理论纲要[M].李康,李猛译.北京:中国人民大学出版社,2016:5.

⑥ 吉登斯指出,行动者会期待对方能够具备一定的资格能力,一旦自己问及对方,他们便能够对自己的行为给出理由,而这也是根据日常行为判断行动者是否具备资格能力的主要标准。不过他也强调,不能够将行动者对自身行动所给出的理由与"规范承诺"(normative commitments)等同对待。因为行动者可以有很多不同的态度来对待社会生活,规范只是行动理性化的一部分。行动者还有很多在其行动过程中凭借话语意识察觉不到的"灰色地带"(grey areas),而这又将行动的分层模式与随后将要介绍的行动者的三个意识层面联系起来。([英]安东尼·吉登斯.社会的构成——结构化理论纲要[M].李康,李猛译.北京:中国人民大学出版社,2016:3-4.)

"从心所欲而不逾矩",便说明其具备了资格能力①。

行动者分层模式的第三个过程是行动的动机激发过程。吉登斯认为,如果说理由是指行动的根据,那么动机则是指激发这一行动的需要。并且他进一步补充到,具有资格能力的行动者几乎总是可以用话语的形式对自己的行动给出理由,但是他们并不总是能够说清楚动机,无意识层次上的动机激发过程是人的行为的一项重要特征。② 因此,行动者的行为很少出自动机的直接激发。

需要强调的是,这三个层面并不是静止的状态,它们是指持续的历程,不但被主体视为理所当然,而且是主体行动的例行化特征。③ 而正是在上述三者的基础上,吉登斯认为人的行动完全有可能产生预期之外的意外后果(unintended consequences)④,而那些非预期的后果又会反过来构成行动者将要进行的下一步行动的未被认识到的条件(unacknowledged condition),这样吉登斯就初步建立起了他的行动"流"图式。而该图式也表明,人的有意图的行动始终受到意外后果和未被认识到的行动条件的制约。⑤ 而也正是如此,这三种过程便复合在一起,构成了对行动者行动过程的具体阐释,那么行动便始终是"在结构中的行动"而具有了"结构性特征"。

(三) 作为"虚拟秩序":渗透进行动的结构

吉登斯的结构化理论旨在将人的行动观念与社会结构的分析结合

---

① 杨善华,谢立中.西方社会学理论(下卷)[M].北京:北京大学出版社,2006:95.
② [英]安东尼·吉登斯.社会的构成——结构化理论纲要[M].李康,李猛译. 北京:中国人民大学出版社,2016:6.
③ 谭光鼎,王丽云.教育社会学:人物与思想[M].上海:华东师范大学出版社,2009:425.
④ "意外后果"在结构化理论中是一个重要的概念。李康在《社会的构成》一书的译后记中交代,这一概念最贴切的译法应是"意图之外的后果"。在中文里,"意外后果"中的"意"兼具"意料"与"意图"两种含义。虽然二者均具有怀着某种目的性的意味,但是李康指出人们在日常生活中存在着一种现象,即行动者的行动会产生一些与意图相悖的后果,但是行动者可能已经预料到了这种结果的发生。比如某人意图通过努力而做成某种事情,但是他已经意料到了可能发生的失败。因此,"意图之外的后果"指的是所产生的后果并非行动者所意想到的,和行动者的意图(intention)是相悖的。而为了行文简明,因此李康将其译为"意外后果",而非更为准确的"意图之外的后果"。([英]安东尼·吉登斯.社会的构成——结构化理论纲要[M].李康,李猛译.北京:中国人民大学出版社,2016:416-417.)
⑤ 刘少杰.当代国外社会学理论[M].北京:中国人民大学出版社,2009:227.

在一起，而要实现这样的结合，就需要以下三个条件：一是要有一种关于人类行动者或主体的理论（a theory of the human agent, or of subject）；二是要对人的行动条件和结果进行说明；三是要有一种对纠缠于这些条件和结果中的结构的解释。[①] 而前两个条件在上一部分已有所交代，接下来便对结构这一概念在吉登斯那里的意涵进行深入阐释。

1. 结构：具有结构性特征的"虚拟秩序"

总的来说，人们通常将结构视作一种独立于人的行动且能够对人的自由意志和独立互动进行限制的外在之物。[②] 而吉登斯则认为，结构作为一种具有"结构性特征"（structural properties）的"虚拟秩序"（virtual order），是始终渗透进行动之中的，体现出行动是"结构化了的行动"。

吉登斯认为，结构这一概念在社会研究里指的是使社会系统中的时空"束集"（binding）在一起的那些结构性特征，因而使得千差万别的时空跨度中存在着相当类似的社会实践，并赋予它们以"系统性"的形式。[③] 随后他又进一步补充，结构作为转换性关系的某种"虚拟秩序"，是说社会系统中并不具有什么"结构"，只不过体现着"结构性特征"，同时作为时空在场的结构只是具体落实于这类事件，并作为记忆痕迹[④]，导引着具有认知能力的人类行动者的行为。[⑤] 在吉登斯的概念体系中，结构是以其结构性特征而存在的。[⑥]

---

① 赵旭东.结构与再生产：吉登斯的社会理论[M].北京：中国人民大学出版社，2017：50.

② 金小红.吉登斯结构化理论的逻辑[M].武汉：华中师范大学出版社，2008：93.

③ ［英］安东尼·吉登斯.社会的构成——结构化理论纲要[M].李康，李猛译. 北京：中国人民大学出版社，2016：16.

④ 指行动者在社会实践中生产出的那些使人们知道"如何使事情得到处理"（说或写）的知识，并进一步对结构进行再生产而作为"记忆痕迹"来引导行动者的行为。（［英］安东尼·吉登斯.社会理论的核心问题——社会分析中的行动、结构与矛盾[M].郭忠华，徐法寅译.上海：上海译文出版社，2015：71.）

⑤ ［英］安东尼·吉登斯.社会的构成——结构化理论纲要[M].李康，李猛译. 北京：中国人民大学出版社，2016：16.

⑥ 这里要说明的是，"结构性特征"与"结构属性"是对于 structural properties 这一概念的两种译法，前者呈现在李康与李猛所译的《社会的构成》一书中，后者则呈现在赵旭东所著的《结构与再生产》一书中。此处所引的是后者，即原文在这里的文本是以"结构属性"而呈现，但是为了保持行文的连贯性与概念的前后一致性，在这里将后者的译法改为前者的译法。特此说明。（赵旭东.结构与再生产：吉登斯的社会理论[M].北京：中国人民大学出版社，2017：59.）

结构始终渗透进行动者的行动之中,并且不对行动者具有强制力的约束。同时,结构将时间和空间维度交织在一起,使得行动者在社会实践中生产出那些使人们知道"如何使事情得到处理"(说或写)的知识。这些知识均可作为"记忆痕迹"来引导行动者的行为,从而进一步对结构进行再生产,发展为行动者在下一步行动中的"未被认识到的条件"。也就是说,结构本身不是具体的存在,不具有明确的时间与空间的边界,必须以知识或行动的延续才能存在。结构就像某种抽象的规则,它使得某种构造性行为成为可能的虚幻的存在。[1]

正如吉登斯所说,结构指的是各种关系脱离了时空所构成的虚拟秩序。只有在处于具体情境中的人类主体运用各种知识完成的活动中获得了具体体现,结构才能得以存在。正是通过这些活动,结构被再生产为嵌入时空跨度的社会系统的结构性特征。[2]

2. 规则与资源:结构的组成要素

随后,吉登斯用一种更具一般性的方式来使用结构这一概念,提出结构是由规则与资源组成的,且循环往复地体现在社会系统的再生产之中,进而使其成为结构化理论的总体基础。[3] 在吉登斯的概念体系中,结构指的是社会再生产过程里反复涉及的规则与资源,其中可以将规则理解为两种性质,即:规范性要素(normative elements)和表意性符码(codes of signification);资源也可分为两种类型,即:权威性资源(authoritative resources)和配置性资源(allocative resources)。[4] 同时,吉登斯强调规则并非仅有否定性意义的约束,同时也兼具建设性,能够对行动进行积极建构;他也将资源与权力这两个概念结合起来进行分析,认为资源是人的某种行动的能力。进而,资源为规则提供了条件,规则又凭借着这些条件具体体现于社会实践之中。[5] 下面将分别

---

[1] 金小红.吉登斯结构化理论的逻辑[M].武汉:华中师范大学出版社,2008:93.
[2] [英]安东尼·吉登斯.社会的构成——结构化理论纲要[M].李康,李猛译. 北京:中国人民大学出版社,2016:286.
[3] 同上,175.
[4] 同上,引言:18.
[5] 金小红.吉登斯结构化理论的逻辑[M].武汉:华中师范大学出版社,2008:94.

对规则与资源这两个方面进行逐一说明。

（1）规则的概念与类型

首先,吉登斯对"规则"这一概念进行了界定,认为社会生活中的规则是人们"在社会实践的实施及再生产活动中运用的技术或可加以一般化的程序"[①]。但是在对这一概念表述进行进一步阐释之前,我们要先对"规则"这一词语的本身进行一个本体论的强调与说明,这将对理解吉登斯的概念体系大有裨益。

吉登斯认为,人们对于"规则"的使用大致有以下四种意涵,其中的第二种才是吉登斯口中的"规则"。有关规则的意涵大致可分为以下几种情况:

① 国际象棋中将死的规则(rule)如下……

② 公式(formula):$a_n = n^2 + n - 1$

③ 张三照例(as a rule)每天清晨 6 点起床

④ 全体工人必须照章(rule)于上午 8 时上班[②]

吉登斯分别指出这四种规则意涵之间的区别。第一种规则的意涵是构成性的(constitutive),也就是说规则的意义构成性,比如国际象棋的规则便是依靠人们对其进行的意义赋予;第四种规则的意涵具有管制性(regulative),也就是说工人对于上班时间的规定,并不需要了解其意义,只需要遵从就行;第三种规则实际上指的是例行化活动,是人们形成的一种习惯,并不以规定性为前提;第二种规则指的是一种"公式",是"某种可加以一般化的程序"。正如"$a_n = n^2 + n - 1$"这一公式而言,人们在使用这一公式之时并不必要用言辞将其推导的过程表述出来,而是人们在正确的情境和方式之下,能够运用这一公式将数字序列接着写下去。[③] 而在吉登斯眼中,正是第二种规则的意涵在社会理论中最具分析效力。

---

① ［英］安东尼·吉登斯.社会的构成——结构化理论纲要［M］.李康,李猛译. 北京:中国人民大学出版社,2016:20.

② 同上,17－18.

③ 同上,17－19.

为什么吉登斯认为像公式一样的一般化程序的规则最具分析效力呢？他借用维特根斯坦（Wittgenstein）关于语言的相关论述来进行说明。维特根斯坦指出，"要理解一种语言，就意味着掌握一种技术。"①吉登斯解释到，语言在日常生活实践活动的运用中，其规则是可以根据一套方法加以运用的程序，具有实践特性，表征出行动的程序即可，"没有什么行动的过程可以被说成由某一规则所指引的，因为人们可以使行动的每一步都符合这一规则"。②

那么第二种规则又如何与行动结合在一起呢？吉登斯指出，前文所论及的作为行动者资格能力核心的"认知能力"，恰恰体现的就是行动者对社会规则的自觉意识，体现为一种实践意识。正如舒茨所说，行动者在日常活动过程中所采取的正是以具有实践意识的例行化方式来协调与行动情境之间的关系。③

按照上述理解，行动者在行动过程中只是以"默契"的方式来遵循行动的规则，进而把握社会实践的生产与再生产。行动者体现出一种实践意识，知道怎样去"做"、去"进行"，便是吉登斯口中的"规则"之意。也就是说，"'知道如何进行'通常未必清楚规则是如何构成的"。④吉登斯进一步补充：日常社会实践中那些可以用言辞的形式表征出来的法律条令、科层规章、游戏规则等，并不是规则本身，而是一种形式化规则，是对规则的法则化解释，因而不应将其看作是一般性的规则。⑤而规则的这种意涵，正深刻地符应着吉登斯在结构化理论中所阐述的"行动"的含义。正是行动者在行动过程中以"默契"的方式来遵循程序化的行动规则，因此将行动可能导致的"人人可为，可又无人为之"的意外

① Wittgenstein Ludwig. Philosophical Investigations[M]. Oxford：Blackwell，1972：81.//转引自[英]安东尼·吉登斯.社会的构成——结构化理论纲要[M].李康，李猛译. 北京：中国人民大学出版社，2016：19.

② 同上：19.

③ 同上：20.

④ [英]安东尼·吉登斯.社会理论的核心问题——社会分析中的行动、结构与矛盾[M].郭忠华，徐法寅译.上海：上海译文出版社，2015：75.

⑤ [英]安东尼·吉登斯.社会的构成——结构化理论纲要[M].李康，李猛译. 北京：中国人民大学出版社，2016：20.

后果,与结构勾连在了一起。

如前所述,吉登斯将规则理解为规范性要素与表意性符码这两种性质,具体而言,他将规则区分为规范制约型与意义构成型两种。其中,规范制约型规则指的是包括政治、经济、法律等方面在内的制度;而意义构成型规则指的是具有意义的符号,比如说行动者互动过程中的手势、语言,甚至是一声尖叫、大喊,都是具有意义的规则,能够为人们所理解并遵从。[①]

(2)资源的概念及其与权力的交织

在吉登斯的概念体系中,主体仅凭规则是不足以产生行动的,因为主体必须有能动力才可以发出行动,而能动力便需要资源,因此资源也就成了为主体完成行动的工具。[②] 资源被认为是由配置性资源与权威性资源这两种类型构成。同时他认为,"社会系统在时空方面的任何协调活动都必然涉及这两种资源的特定组合。"[③]

表1-1 吉登斯的资源类型表[④]

配置性资源	权威性资源
1. 环境的物质特征(原材料、物质能源); 2. 物质生产/再生产的手段(生产工具、技术); 3. 产品(由1和2的相互作用所创造的人造物)。	1. 对社会时空的组织(路径和区域的时空构成); 2. 身体的生产和再生产(人们在相互交往中形成的组织和关系); 3. 对生活机会的组织(自我发展和自我表达的机会的构成)。

从表1-1中我们可以得知配置性资源与权威性资源的具体含义。在配置性资源中,"环境的物质特征"指的是人们对自然界的物质依赖,也就是说人们可以从自然界中获取原材料与物质能源等必需品,从而利用大自然这个天然仓库来满足自身的需求;"物质生产/再生产的手

---

① 金小红.吉登斯结构化理论的逻辑[M].武汉:华中师范大学出版社,2008:93.

② 谭光鼎,王丽云.教育社会学:人物与思想[M].上海:华东师范大学出版社,2009:427.

③ [英]安东尼·吉登斯.社会的构成——结构化理论纲要[M].李康,李猛译.北京:中国人民大学出版社,2016:243.

④ 同上.

段"指的是人们改进了生产方式,可以采用某种生产技术来拓展自然界中可资利用的存储场所,进而促进社会关系在时空中的"延展";"产品"也就是人们通过第一种和第二种配置性资源得到的物质产品。

吉登斯指出,"如果用这种方式来描述人类历史,这部历史听起来就像是'生产力'逐渐扩张的序列。……但如果没有权威性资源的变化,配置性资源也不可能得到发展。"①从而吉登斯将权威性资源看作是重要性丝毫不亚于配置性资源的重要因素,二者均是社会变迁的"杠杆"。具体说来,在权威性资源中,"社会时空的组织"指的是在社会内部以及社会之间区域化(regionalization)②的形式,而正是借助着区域化形式,日常生活的时空路径才能够得以构成。正如上文中所阐述的人们对于大自然的物质资源具有需求,因此人们最初时期通常采取狩猎或采集的方式来收集生活资源。而在他们狩猎与采集过程中,逐渐组成了一些"共同体",进而形成了相对意义上的游牧文化,使得这些群体内部以及群体之间形成了一定的规律,使得社会系统在时空向度上被组织起来。"身体的生产和再生产"是权威性资源的第二个范畴,指的是权力通过某种管理秩序来对人们进行控制。吉登斯认为,虽然在人类历史的发展中,大自然的物质限制总是遏制着人口的增长趋势,但是在其中的一个社会中,民众的整体数量及其再生产的协调,却在某种根本意义的层面上属于权威性资源,是通过对人的管理秩序来实现的。"对生活机会的组织"表明由权威性资源所产生的权力及其作用范围,也取决于行动者能够获得的生活机会。这里的"生活机会"不仅仅指的是人们在不同社会以及不同区域中生存下来的机会,也指一系列更广泛的行动倾向于能力。

---

① [英]安东尼·吉登斯.社会的构成——结构化理论纲要[M].李康,李猛译.北京:中国人民大学出版社,2016:244.

② 林郡雯对吉登斯的区域化概念进行阐释,指出在吉登斯那里,时间并非是钟表上的度量单位,空间也并非是物理距离的表征,它们都是社会行动的一部分。区域化(regionalization)是行动的时空区化(Zoning of time-space)。吉登斯认为,时空的固定就是社会的固定,也就是说当所有人都习惯于在某个时候、某个区域做某些事时,制度便已然成立。因此,时间与空间这两个向度不仅无法割裂开来,反而它们与社会生活的例行化特性息息相关。(谭光鼎,王丽云.教育社会学:人物与思想[M].上海:华东师范大学出版社,2009:422.)

一言以蔽之，配置性资源指的是能够对物质或者其他物质现象形成支配的能力，而权威性资源则主要指的是能够对人形成支配的能力。①

吉登斯为什么要这样界定结构的概念呢？是因为他要强调主体在结构中所具有的认识力与能动力。首先，规则这一概念的意涵体现出吉登斯承认主体对于事情如何进行存在认识力，即知识的把握；其次，结构概念强调主体在社会实践中，通过重复性地援用这个知识而得以组织；最后，结构强调主体具有再生产社会实践的能动力。②

因此，结构并非外在于主体，而是为主体所援用而表征出其内在性，是被唤出来运用的（structure is ordinarily called upon to perform）。这样才能使得结构与行动的一体两面得以合理地展开。③ 正如吉登斯所说，我们对于结构的认识，不能简单地将其仅仅视作对人类能动性的限制，结构实际上也是对能动性的促进，这也就是吉登斯概念体系中的结构二重性。而要考察"行动结构化"，就是要说明结构是如何经由行动构成的，反过来行动又是如何被结构性地建构的。④

（四）表征结构性特征的教师行动

从吉登斯的结构化理论出发，行动与结构由互相对立的冲突关系转向了有机融合的联结关系。行动者一方面在行动中融入了结构，另一方面也通过行动再现着结构，体现出行动的结构性特征。也就是说，行动无法完全脱离结构而存在，结构也为行动提供了创造性的条件。

教师行动便是如此。正如吉登斯将结构从规则与资源两方面进行阐释那样，教师在学校日常工作中的行动便是与学校组织结构辩证统一的，教师行动所处的学校结构便可以从规则与资源两方面进行解构。

---

① ［英］安东尼·吉登斯.社会理论的核心问题——社会分析中的行动、结构与矛盾［M］.郭忠华，徐法寅译.上海：上海译文出版社，2015：110.

② 谭光鼎，王丽云.教育社会学：人物与思想［M］.上海：华东师范大学出版社，2009：427.

③ 同上.

④ ［英］安东尼·吉登斯.社会学方法的新规则［M］.田佑中，刘江涛译.北京：社会科学文献出版社，2003：278.

首先,吉登斯将规则分为规范制约型规则与意义构成型规则,前者指政治经济等的正式制度,后者指的是具有意义的规则,人们在行动中都体现着对规则的遵从。教师所处的学校结构便是如此,教师进入到学校场域中,便是进入了一个具有结构性特征的环境里,处于规则的弥散之下。学校结构不仅对教师制定了规范制约型规则,如学校规章制度、教师的教学工作制度、教师的评价制度等正式的学校制度;而且还具有许多意义构成型规则,如学校文化、教研文化、领导理念、办公室文化等,这些都对教师的行动具有约束与导向作用。因而,教师的行动便是一种"在结构中的行动"。

其次,教师在学校结构中也可以利用学校资源激发并践行。吉登斯将资源分为配置性资源与权威性资源,前者指那些能够对物质或者其他物质现象形成支配的能力,后者指能够对人形成支配的能力。实际上,教师在学校结构中能够接触并利用的资源便可以从这两个方面进行解构。学校不仅为教师提供相应的配置性资源(如黑板、教具、教科书、投影仪、多媒体等),而且还给教师提供权威性资源(如教师自主权),有助于教师进行教育教学行动。

可以说,结构化理论为教师行动的考察提供了理论基础,能够有效地指导对教师行动逻辑的研究。教师的行动是"在结构中的行动",是一种"行动结构化"的体现。教师是如何在学校教育过程中贯彻其公平理念、生成其行动逻辑的这一系列过程,均是在学校结构中进行的,无不在其行动中再现结构的存在。

双重径路：教师行动的公平转向

第二章

　　无论是对教育事业的改革与发展,还是对学生的学习与成长,教育公平,尤其是教育的过程公平具有至关重要的作用。在教育社会学的研究中,学校中所存在的不平等问题始终是其重点关注与致力弥合的焦点问题,也是一项重要难题。学校到底是"再生产"了学生由于家庭背景所带来的文化资本与成长经验等业已存在的不平等,还是进一步放大抑或是有效减少了这种不平等? 目前教育社会学研究对此仍处于争论状态。

　　在此基础上,有关教育公平的理解对于教师来说是重要的,教师的信念往往与其对教育公平的理解相关,两者需要处于一种步调一致的状态。因此,教师要成为教育公平的重要着力点而进行积极行动,以对抗学校教育中的整体性不平等秩序。教师是教育实践的最终实施者,故而应走到教育公平前台来彰显其作为行动者的力量。[①]

　　在我国,随着教师教育的发展与教师专业化水平的提高,无论是从国家宏观政策的导向层面,还是从教师自身专业化发展的微观实践方面,二者均正在指向教师的公平转向。换句话说,教师需要具备与教育公平相关的理念、知识与能力。这不能仅停留在构想层面,即这不是在将来所达到的一个理想状态,而是要在理论与实践的双重指引下,教师教育以及教师专业发展正需转型的发展方向。

一、 教师教育政策正在走向公平取向教师的培养

　　教师教育政策规定了教师教育培养目标,引领了教师教育所要培养教师的专业水平与发展取向。教师教育培养目标意指一定社会对各级各类教师教育的人才质量规格的总要求。[②] 长期以来,"培养什么人"的问题一直受到学界关注,且被认为是一个国家全部教育实践活动的前提性和基础性问题,是教育的首要问题。[③] 而教师作为所培养之人才的教育活动发起者,更应把"培养什么样的教师"这一问题放置在

---

① 高水红.超越"再生产":学校的教育公平实践[J].南京师大学报(社会科学版),2020(4):75-83.

② 朱旭东,胡艳.中国教育改革30年:教师教育卷[M].北京:北京师范大学出版社,2009:121.

③ 石中英."培养什么人"问题的70年探索[J].中国教育学刊,2019(1):51-57.

前提性的重要位置,因为这不仅影响教师队伍的整体素质,而且关涉到人才培养的质量。

教师教育是教育事业的工作母机,是教师队伍建设的源头活水,是先导性、基础性、关键性工作。[①] 而政策作为国家、政党为实现一定历史时期的路线和任务而规定的行动准则[②],对教师教育的发展与教师的培养具有指向性的引领作用。从这个意义上讲,教师教育政策理应成为教师教育事业改革的主要推动力。[③] 在这里,我们对教师教育政策的理解与分析既包含专门的教师教育政策,又囊括其他教育政策中有关教师教育的相关内容。

有研究指出,教育公平是政府、学界、公众共同关心的焦点问题,理应成为教育政策的重要价值追求。[④] 而从我国教师教育政策的发展与演进来看,教师教育对教师的培养目标历经四个阶段的发展历程,从最初基于社会发展的现实状况而不得不暂时搁置公平要素,直到现阶段正在走向培养公平取向的教师,不断引领教师在学校教育过程中的公平行动。

(一)公平的"虚无":新中国初期强调教师的合格胜任

1949 年 10 月 1 日,中华人民共和国成立。在新中国成立之初,我国的政治经济建设、教育事业发展主要以服务政治为导向,为适应并支持当时的政治经济建设与教育事业发展,我国对教师教育培养目标进行初步设立与探索。为尽快解决合格教师数量不足的现实问题,我国教师教育培养目标在这一时期主要强调教师的足额达标,以培养合格胜任的教师为主,难以对教师的公平行动进行政策导向。

作为新中国纲领性文件的《中国人民政治协商会议共同纲领》延续了新民主主义路线,奠定了新中国文化教育工作的基调,规定"中华人

---

① 王定华.关于实施教师教育振兴行动计划的政策与思考[J].国家教育行政学院学报,2018(6):3-9.
② 辞海编辑委员会.辞海[Z].上海:上海辞书出版社,1980:1465.
③ 祁占勇.中国教师教育政策的价值取向分析[J].当代教师教育,2012(2):6-12.
④ 李孔珍,洪成文.教育政策的重要价值追求——教育公平[J].清华大学教育研究,2006(6):65-69.

民共和国的文化教育为新民主主义的，即民族的、科学的、大众的文化教育"，而人民政府的文化教育工作，"应以提高人民文化水平，培养国家建设人才，肃清封建的、买办的、法西斯主义的思想，发展为人民服务的思想为主要任务"。① 也就是说，我们的教育工作要"给青年知识分子和旧知识分子以革命的政治教育，以应革命工作和国家建设工作的广泛需要"②。由于新中国成立后师范教育③最初主要是通过接管改造国民党政府举办的师范教育并经调整院系而逐步奠定师范教育的基本格局的④，因此在新中国成立初期，党和国家迫切需要政治立场纯洁、数量足够并且资质上能够胜任教学工作的教师队伍。

首先，国家建设的需要以及教师队伍的数量需求等方面亟需合格胜任型教师。据当时的统计，为了贯彻教育为工农服务的方针，在全国范围内普遍建立中小学、工农速成或文化补习学校至少需要增加 100 万小学教师，15—20 万工农教育教师，3 万中学教师。⑤ 因此，教育部于 1953 年 9 月 28 日在北京召开的全国高等师范教育会议就提出，要采取多种临时过渡办法，解决师资大量缺乏的问题。⑥ 而这样的师资数量缺口以及过渡策略的制定，也影响了党和国家在此时期对教师教育的政策引领。

其次，教师的培养方式与培养目标均指向合格胜任的特定教师需求。党和国家在这一时期对于教师的培养主要采取正规教育与短期训练相结合的方式，以补足合格教师的数量缺口。1949 年 12 月 23 日，教育部在北京召开第一次全国教育工作会议。时任教育部副部长钱俊瑞于 12 月 30 日在会议上总结工作报告要点时指出，"老解放区的教

---

① 何东昌.中华人民共和国重要教育文献(1949—1975)[M].海口：海南出版社，1998：1.

② 同上.

③ 我国长期使用"师范教育"这一概念。由于"教师教育"是在 2001 年 5 月颁布的《国务院关于基础教育改革与发展的决定》中提出并随后普遍使用的，以前的教师教育政策文本中并未引入"教师教育"的概念，因此这里依旧沿用"师范教育"的表述。下文亦然。

④ 俞嘉怡，荀渊.1949 年以来我国教师教育变革特征及其政策价值[J].全球教育展望，2015(4)：80-85，103.

⑤ 同上.

⑥ 何东昌.中华人民共和国重要教育文献(1949—1975)[M].海口：海南出版社，1998：246-250.

育……应以巩固与提高为主……巩固与提高的关键是师资和教材问题的适当解决。……提出了改进各地师范教育的任务,提出了加强教员轮训和在职学习的任务,借以培养众多的称职的师资。"①从新中国成立后首次全国教育工作会议就从数量与质量上强调"大批""称职"的教师培养目标便可以看出,足额达标之教师对国家建设的支持与师资匮乏现状的缓解具有紧迫性与重要性。1950年12月21日,教育部发出《关于开展农民业余教育的指示》,提出除了酌情设置专职教师外,还要"实行以民教民的方针,号召动员一切识字的人作群众教师,以教人识字作为自己的光荣任务"②。1951年8—9月,教育部在北京合并举行第一次全国初等教育会议和第一次全国师范教育会议。关于师范教育,会议指出当前的工作方针是正规师范教育与大量短期训练相结合。短期训练的方式应多种多样,以应急需,并加强现任教师的在职学习。③为了响应会议精神,教育部于1952年7月16日颁布试行《关于大量短期培养初等及中等教育师资的决定》,提出"在今后五年至十年内,为了适应大量和急迫的需要,我们培养师资的工作应以短期训练为重点。短期训练师资的方式应该多种多样,其中最主要的是由各级师范学校举办短期训练班。"④随后,1956年3—4月,教育部召开的第二次全国高等师范教育会议继续提出采取中学师资短训班等多种多样过渡性办法,培养中等学校师资,以满足今后的需要。⑤

新中国初期,党和国家基于政治路线以及发展现状的需要,出台一系列教师教育政策大力支持教师教育的发展,使得我国师资严重不足的问题得到一定程度的改善。从上述教师教育政策的指示与规定可以看出,总体来说,新中国初期教师教育政策对教师培养目标的设定在一定程度上是不得不搁置教育公平的。换句话说,合格胜任型教师是新中国初期各项事业发展所亟待补充的,足额达标的教师是党和国家所要培养的

---

① 何东昌.中华人民共和国重要教育文献(1949—1975)[M].海口:海南出版社,1998:8.
② 同上,71.
③ 同上,115.
④ 同上,162.
⑤ 同上,609.

国家建设人才,这也与当时的社会现状与政治经济发展情况是离不开的。

(二) 公平的酝酿:改革开放时期主张教师的专业发展

十一届三中全会的胜利召开标志着我国实行改革开放政策,全党的工作重心开始移到社会主义现代化建设上来。国家各项事业的发展均需强有力的人才支撑,因此党和国家高度重视教育事业的发展与人才的培养。此时,中央提出教育方面要大干快上,各级各类学校加快发展速度,扩大发展规模,提高教育质量。[①] 其实早在 1978 年 4 月,邓小平在全国教育工作会议上的讲话中就提出要尊重人才、尊重知识,必须培养具有高度科学文化水平的劳动者,必须造就宏大的工人阶级知识分子队伍。这些要求本身就是无产阶级政治的要求。而"一个学校能不能为社会主义建设培养合格的人才,培养德智体全面发展、有社会主义觉悟的有文化的劳动者,关键在教师。"[②]因此我国在这一时期对教师教育培养目标进行调整,认为仅仅是合格胜任已经满足不了社会主义现代化建设对教师的要求,党和国家呼唤具有一定专业化水平的教师队伍,以期培养更高质量的社会主义建设人才。

正如有研究指出,教师的专业化水平是其教育公平行动的重要影响因素,只有教师具有较强的专业知识和专业技能,才能够更好地为每一位学生提供表现、创造和成功的机会。[③] 因此,我们将这一时期视作教育公平的酝酿时期,也就是说随着教师专业化程度的不断提高,他们的教师知识与技能、教学过程与方法、情感态度与价值观均得到强化,更加能够给多样化的学生提供差异化的教育机会与教学过程,有助于教师产生公平行动。

首先,教师教育政策重新确立了教师教育的重要战略地位,恢复对教师的培养,强化教师队伍的质量。改革开放时期,我国对教师队伍建

---

① 曲铁华,崔红洁.我国教师教育政策的演进历程及特点分析——基于(1978—2013)政策文本的分析[J].国家教育行政学院学报,2014(12):56 - 62.

② 何东昌.中华人民共和国重要教育文献(1976—1990)[M].海口:海南出版社,1998:1607.

③ 鲍传友.课堂教学不公平现象初探[J].教育理论与实践,2001(10):46 - 49.

设的政策引领以教育部在 1978 年 10 月 12 日颁发的《关于加强和发展师范教育的意见》为标志,提出对于加强教师队伍建设,要力争在三五年内有计划地培训[①],表明党和国家急需恢复并解决"十年动荡"时期由于教师教育的破坏而造成的教师质量下降的问题。1980 年 6 月,教育部召开全国师范教育工作会议,指出"师范教育的基本任务是培养教师,成为输送合格师资的巩固基地。……在提高质量的基础上稳步发展,建立一个健全的师范教育体系"。不仅如此,会议还在教师知识、教育规律与高尚师德这三个方面对广大教师提出要求,[②]这体现出党和国家对教师培养目标的升华,在合格胜任的基础上,还需要进一步提高教师的专业素质,加强教师的专业发展。1983 年 8 月 22 日,教育部发出《关于中小学教师队伍调整整顿和加强管理的意见》,强调对于教师的考核要从政治思想表现和工作态度、教学业务能力和教学效果、文化程度三个方面进行。不允许未受教育专业训练人员和不合格人员进入教师队伍。[③] 这些政策文本都体现出我国对于教师的培养不再满足于合格胜任,而要促进其专业发展。

其次,党和国家对于教育优先发展的认识不断深化,需要培养专业化水平更高的教师队伍。1985 年 5 月 27 日,中共中央颁布了《中共中央关于教育体制改革的决定》(以下简称《决定》),强调"教育必须为社会主义建设服务,社会主义建设必须依靠教育"。《决定》的这一表述集中反映出我国对教育优先发展战略地位的认识的提高,阐明了教育的重要地位,即"社会主义建设必须依靠教育"。而教育事业的发展也要为社会主义建设服务,从而达成"提高民族素质,多出人才、出好人才"的教育体制改革的根本目的。因此,《决定》提出"建立一支有足够数量的、合格而稳定的师资队伍,是实行义务教育、提高基础教育水平的根本大计。……只有具备合格学历或有考核合格证书的,才能担任教

---

① 何东昌.中华人民共和国重要教育文献(1976—1990)[M].海口:海南出版社,1998:1649.
② 金铁宽主编.中华人民共和国教育大事记[M].济南:山东教育出版社,1995:584.
③ 何东昌.中华人民共和国重要教育文献(1976—1990)[M].海口:海南出版社,1998:2118-2119.

师"①。1985 年 11 月,国家教委在北京召开全国中小学师资工作会议。会议认为必须把师资队伍建设作为发展教育事业的决定性环节,经过 15 年或更长时间,"建设起一支有足够数量的、合格而稳定的中小学师资队伍,为形成一支宏大的,高水平的,年龄、专业和层次结构合理的中小学师资队伍奠定基础"②。为了完成《决定》与会议所提出的目标,1986 年 2 月 21 日,国家教委发出《关于加强在职中小学教师培训工作的意见》,指出"对于已经具有合格学历和胜任教学的教师,要组织他们学习新知识,学习和掌握新的教育理论和教学方法,总结教育、教学的经验,不断提高政治、文化和业务水平,并培养一批各学科的带头人和教育、教学的专家"③。1986 年 3 月 26 日,国家教委印发《关于加强和发展师范教育的意见》的通知,提出"在专业素质方面,要使学生具有较扎实的业务基础和运用知识的能力;有正确的教育思想,懂得教育规律,掌握好教师的基本功;有一定的文化艺术修养"④。可以看出,国家愈发需要与重视专业化程度较高的教师。

在这一时期,我国对于教师的培养目标与上一时期相比具有重要发展,教师队伍的培养与评价不仅要合格达标,在专业化水平方面也具有明确要求,强调教师队伍的专业发展。我国对教师教育的培养取向也产生了转变与进步,教师知识、教育规律、教学方法、师德师风等方面的强调也是较前一时期所深化与发展的。教师不仅要合格胜任,而且能够具有良好的教育思想与理念,更好地掌握与尊重学生的发展规律,具备扎实的基本功,为学生提供更好的教育机会,促进学生发展。

(三) 公平的浮现:改革深化时期引导教师的公平意识

党的十四大召开,中国社会主义改革开放和现代化建设事业进入新的发展阶段。随着经济体制、政治体制和科技体制改革的深化,教育

---

① 何东昌.中华人民共和国重要教育文献(1976—1990)[M].海口:海南出版社,1998:2285 - 2289.

② 同上,2334.

③ 同上,2372.

④ 同上,2404.

体制也要加快步伐,朝向教育现代化转变与发展。十四大报告指出,经济建设必须依靠科技进步和劳动者素质的提高。为响应国家建设的号召,1993年2月13日,中共中央、国务院印发《中国教育改革和发展纲要》,明确提出"必须把教育摆在优先发展的战略地位,努力提高全民族的思想道德和科学文化水平,这是实现我国现代化的根本大计"。这进一步奠定了教育的重要地位,不仅为今后的教育改革和发展指明了方向,也对教师提出了新的更高的要求。纲要还指出,"振兴民族的希望在教育,振兴教育的希望在教师。建设一支具有良好政治业务素质、结构合理、相对稳定的教师队伍,是教育改革和发展的根本大计。"教师要"进一步转变教育思想,改革教学内容和教学方法,……更新教学内容,调整课程结构。加强基本知识、基础理论和基本技能的培养和训练"①。可以看出,这一时期我国对教师的培养目标进一步提高,对于教师专业化程度的要求也进一步深化,并且逐步引导教师转变教学理念、更新教学方法,从而具备公平意识。

首先,教师的培养目标要求教师优化教育理念、知识与技能。这首先体现在法律的出台以及教师资格标准的制定。1993年10月31日,我国颁布了《中华人民共和国教师法》,明确了"教师是履行教育教学职责的专业人员,承担教书育人,培养社会主义事业建设者和接班人、提高民族素质的使命"②。1995年12月12日,国务院发布《教师资格条例》,进一步规范并加强教师队伍的专业发展。③ 1994年3月22日,《高等师范学校学生的教师职业技能训练大纲(试行)》的发布为学生进行教师职业基本技能训练提供了依据。④ 1996年12月5日,国家教委印发《关于师范教育改革和发展的若干意见》,提出"各级各类师范教育要启动面向21世纪的课程体系和教学内容改革……把培养和提高学生的全面素质作为教学改革的重点,加强基本理论、基础知识学习和基

---

① 何东昌.中华人民共和国重要教育文献(1991—1997)[M].海口:海南出版社,1998:3467 - 3473.
② 同上,3570.
③ 同上,3907 - 3908.
④ 同上,3624 - 3627.

本技能训练,注重文理结合和学科间相互渗透,优化学生的知识和能力结构"①。1997 年 10 月 29 日,国家教委又颁布《高等师范教育面向 21 世纪教学内容和课程体系改革计划》,强调"以教学改革为核心",提出"遵循教学规律和师资培养规律,注重素质教育,培养和造就具有现代教育思想和观念、热爱教育事业、思想品德优良、专业基础扎实、从教能力强和富有创造力的新型师资"②。这些教师教育政策的出台不仅保障了教师的专业地位,而且对教师专业性的要求也进一步提高与深化,对教师的理论、知识、技能、观念等综合素质做出了要求。

其次,素质教育的全面推进需要教师进行更加优质的教育行动。党的十五大提出跨世纪社会现代化建设的宏伟目标,对落实科教兴国战略做出了全面部署,这就要求教师进行更加优质的教育行动。1998 年 12 月 24 日,教育部颁布了《面向 21 世纪教育振兴行动计划》,实施"跨世纪园丁工程",大力提高教师队伍素质。1999 年 6 月,全国教育工作会议的召开,标志着"全面推进素质教育进入新阶段"。③ 为了满足推进素质教育对高质量教师的需要,1999 年 6 月 13 日,中共中央、国务院发布了《关于深化教育改革全面推进素质教育的决定》,提出"建设高质量的教师队伍,是全面推进素质教育的基本保证"。同时,教师"要树立正确的教育观、质量观和人才观,增强实施素质教育的自觉性;要不断提高思想政治素质和业务素质,教书育人,为人师表,敬业爱生⋯⋯"④2002 年 3 月 1 日,教育部颁布《关于"十五"期间教师教育改革与发展的意见》提出,"中小学教师要热爱教育事业,以德育人,为人师表;要树立正确的教育观、质量观、人才观和师生观,提高实施素质教育的能力和水平"⑤,进一步强调了教师行动的公平意识。可以看出,"正确的教育观、人才观""敬业爱生"与"以德育人"等话语开始出现在

①　何东昌.中华人民共和国重要教育文献(1991—1997)[M].海口:海南出版社,1998:4096.

②　同上,4292.

③　张力.2000 年中国教育绿皮书[M].北京:教育科学出版社,2000:30.

④　何东昌.中华人民共和国重要教育文献(1998—2002)[M].海口:海南出版社,2003:289.

⑤　同上,1147.

教师教育政策对教师的培养与要求中。

从上述教师教育政策对教师培养取向的相关话语表述中可以看出,为了更好地促进学生发展与适应素质教育的全面推进,我国在这一时期对教师专业发展程度的要求进一步提高,不仅深化了教师的专业性,而且引导教师要具备公平意识,进而促使教师进行公平行动。这较之前两个时期是有所深化的。

(四)公平的转向:新时期明确教师的公平素养

党的十八大指出,教育是民族振兴和社会进步的基石,要坚持教育优先发展,加强教师队伍建设。党的十九大把教育纳入民生事业,将建设教育强国看作中华民族伟大复兴的基础工程,落实立德树人的根本任务,办好人民满意的教育,努力让每个孩子都能享有公平而有质量的教育。因此教师教育培养目标在新时期有了明确的公平转向,强调教师要具备公平行动的专业素养。

首先,教师的公平使命要求他们进行公平转向。2012年8月20日,教育部转发了《国务院关于加强教师队伍建设的意见》,强调"教师是教育事业发展的基础,是提高教育质量、办好人民满意教育的关键"。要遵循教育规律和教师成长发展规律,围绕促进教育公平、提高教育质量的要求,以提高师德素养和业务能力为核心,并且到2020年,"教师队伍整体素质大幅提高,普遍具有良好的职业道德素养、先进的教育理念、扎实的专业知识基础和较强的教育教学能力"[1]。这些教师培养要求也是新时期教育公平发展对教师素质的需要,较之前几时期更加深化。2018年1月20日,中共中央、国务院发布《关于全面深化新时代教师队伍建设改革的意见》,指出"教师承担着传播知识、传播思想、传播真理的历史使命,肩负着塑造灵魂、塑造生命、塑造人的时代重任,是教育发展的第一资源,是国家富强、民族振兴、人民幸福的重要基石"[2]。教师

---

① 中华人民共和国中央人民政府.国务院关于加强教师队伍建设的意见[EB/OL](2012-09-07). http://www.moe.gov.cn/jyb_xxgk/moe_1777/moe_1778/201209/t20120907_141772.html.

② 中华人民共和国中央人民政府.中共中央 国务院关于全面深化新时代教师队伍建设改革的意见 [EB/OL].(2018-01-31).http://www.gov.cn/xinwen/2018-01/31/content_5262659.htm.

队伍的建设与发展具有重大的战略意义。随后,《教师教育振兴行动计划(2018—2022 年)》与《关于实施卓越教师培养计划 2.0 的意见》的相继出台也强调了教师的创新综合型能力,且前者指出教师要"综合素质、专业化水平和创新能力显著提升,为发展更高质量更加公平的教育提供强有力的师资保障和人才支撑"①。2019 年 7 月 8 日,中共中央、国务院印发《关于深化教育教学改革全面提高义务教育质量的意见》,从课堂教学质量与教学方式等方面,要求教师加强差异化教学和个别化指导等公平素养。②

其次,教师的公平转向也需要深化培养。2010 年 7 月 29 日,《国家中长期教育改革和发展规划纲要(2010—2020 年)》(以下简称《教育规划纲要》)的颁布为我国新时代教育事业发展的总体战略进行了全面部署。《教育规划纲要》提出,强国必先强教,有好的教师,才有好的教育。因此要提高教师专业水平和教学能力,严管教师资质,提升教师素质,努力造就一支师德高尚、业务精湛、结构合理、充满活力的高素质专业化教师队伍。③《教育规划纲要》不仅为教育事业的发展引领了方向,也为加强教师队伍建设提供了支撑。

随后,相关课程标准的颁布进一步明确并强化了教师的培养。2011 年 10 月 8 日,教育部颁布了《教师教育课程标准(试行)》,体现了国家对教师教育机构设置教师教育课程的基本要求,强调以"育人为本"为基本理念,教师教育课程应"引导未来教师因材施教,关心和帮助每个幼儿、中小学学生逐步树立正确的世界观、人生观、价值观"④。此外,《教师教育课程标准(试行)》在职前教师教育课程目标的基本要求中,不仅要求教师"具有正确的学生观和相应的行为",尊重学生的学习

---

① 中华人民共和国教育部.教育部等五部门关于印发《教师教育振兴行动计划(2018—2022 年)》的通知[EB/OL].(2018 - 03 - 23).http://www.moe.gov.cn/srcsite/A10/s7034/201803/t20180323_331063.html.

② 中华人民共和国中央人民政府.中共中央 国务院关于深化教育教学改革全面提高义务教育质量的意见[EB/OL].(2019 - 07 - 08).http://www.gov.cn/zhengce/2019—07/08/content_5407361.htm.

③ 中华人民共和国中央人民政府.国家中长期教育改革和发展规划纲要(2010—2020 年)[EB/OL].(2010 - 07 - 29).http://www.gov.cn/jrzg/2010 - 07/29/content_1667143.htm.

④ 中华人民共和国教育部.关于大力推进教师教育课程改革的意见[EB/OL].(2011 - 10 - 19).http://www.moe.gov.cn/srcsite/A10/s6991/201110/t20111008_145604.html.

权利,保护学生的学习兴趣与自信心,"尊重学生的个体差异,相信学生的发展潜力,乐于为学生创造发展的条件和机会";而且强调教师要"具有理解学生的知识与能力",掌握观察、谈话、倾听等教学方法,理解学生的发展与需要,并且要学会创设支持性与挑战性的学习环境,激发学生的学习兴趣。[①] 2012 年 2 月 10 日,教育部印发《小学教师专业标准(试行)》与《中学教师专业标准(试行)》,作为中小学教师开展教育教学活动的基本规范,对合格的中小学教师专业素质提出基本要求,将"师德为先"与"学生为本"作为基本理念,要求教师关爱学生、尊重学生,有爱心、责任心、耐心与细心,做学生健康成长的指导者和引路人;同时教师要尊重学生权益与其身心发展规律,提供适合的教育,促进学生健康快乐成长,"平等对待每一位学生","尊重个体差异,主动了解和满足有益于学生身份发展的不同需求","建立良好的师生关系","灵活运用启发式、探究式、讨论式、参与式等教学方式","善于倾听,与学生进行有效沟通",等等。[②]

可以看出,新时期的教师教育政策对于教师在学校教育过程中的公平行动进行了明确的强调。不仅要求教师要具备良好的职业道德素养、先进的教育理念、较强的教育教学能力,而且相关的标准也明确要求教师要具备"育人为本""师德为先"与"学生为本"等教育理念,在具有正确的学生观、教育观等的基础上采取相应的行动。政策从平等对待学生、尊重个体差异、建立良好关系、改善教学方式、进行有效沟通等方面对教师的行动提出倡导并进行规范,进而促使教师为发展更高质量、更加公平的教育进行积极行动。

教师教育培养目标的嬗变既是我国教育改革与发展的历史缩影,又是我国教师队伍建设进程的集中体现。从教师教育政策的演进中透视教师教育培养目标的变迁,可以看出教师教育对教师的培养目标与发展标准正在朝着公平转向,并在逐步彰显与深化。宏观层面的教育

---

① 中华人民共和国教育部.关于大力推进教师教育课程改革的意见[EB/OL].(2011 - 10 - 19). http://www.moe.gov.cn/srcsite/A10/s6991/201110/t20111008_145604.html.

② 中华人民共和国教育部.关于印发《幼儿园教师专业标准(试行)》《小学教师专业标准(试行)》和《中学教师专业标准(试行)》的通知[EB/OL].(2012 - 09 - 13).http://www.moe.gov.cn/srcsite/A10/s6991/201209/t20120913_145603.html.

政策正在引领教师去具备与教育公平相关的理念与知识、能力与素养，对于教师对教育过程公平的促进产生了积极引导与有效规范的作用。

二、 教师专业发展正在朝向具有公平知识教师的转型

教师知识(teacher knowledge)是教师专业素质的重要组成部分，也是教师作为一项专业有别于其他专业的最基本的标志[①]。可以说，教师的知识基础是教师行动的根据[②]，对教学效果有决定性的影响[③]。从这个意义上讲，教师知识可以视为教师专业发展的表征，从而借由考察教师知识的演进来探寻教师专业化水平的发展与转向。

教师知识的系统化研究始于20世纪80年代，可以分为"应然"取向的教师知识结构和"实然"取向的实践性知识两大脉络[④]。回溯教师知识的研究进程，通过对教师知识的相关研究进行纵向历时性探究，并将其中几个最具代表性的研究成果进行横向比较分析，可以发现，教师知识的内涵与指向在其演进过程中是发展变化的，且正在发生公平转向。也就是说，教师专业发展正在强调教师对于公平知识的具备与运用，期待教师能够察觉、识别并进而帮助那些由于家庭背景、文化资本等方面的弱势而处于"不利地位"的学生突破"再生产"的桎梏。

（一）聚焦公平：走向学生社会属性的教师知识结构

人们对教师知识的关注与研究由来已久，很早就意识到考察教师应该具备什么知识、如何具备这些知识等问题的重要性与必要性。但是在20世纪80年代以前，教师知识的相关研究是零散的，没有形成一定的体系而深入探究。

专业知识是教师专业素质的主要内容之一，是教师展开正常教学，

① 韩曙花,刘永兵.西方教师知识与教师专业发展研究述评[J].外国教育研究,2011(11):62-67.
② 王艳玲.教师应该具备哪些知识——近20年来美国教学"知识基础"研究述评[J].外国中小学教育,2009(8):7-11.
③ 胡春光,王坤庆.教师知识:研究趋势与建构框架[J].教育研究与实验,2013(6):22-28.
④ 王艳玲.近20年来教师知识研究的回顾与反思[J].全球教育展望,2007(2):39-43;张莉.专业共同体中的教师知识学习研究[D].长春:东北师范大学博士学位论文,2013:28;张立忠.论教师知识研究的专辑与进展[J].内蒙古师范大学学报(教育科学版),2014(3):48-51.

保证基本的教学品质的必备条件。① 进入 20 世纪 80 年代,世界教育改革的一个突出特点,是假定教学专业的"知识基础"已可确立。② 也正是从那时起,教师知识的相关问题引起了人们的广泛关注,尤其是自舒尔曼(L. Shulman)提出学科教学法知识(pedagogical content knowledge, PCK)以后,教师的教学专业知识基础得以系统构建。可以说,教师知识基础的确立与发展是教师专业化进程的基本前提。也正是舒尔曼用分类框架的形式来表征教师应该具备哪些知识的这项研究,开启了"应然"层面教师知识的研究取向。而回溯"应然"教师知识的演进可以发现,人们对有关学习者方面的认识正经历着一个由外到内、由身心发展走向成长体验、由个体生理属性走向个体社会属性的逐渐朝着教育公平而纵向深化的发展历程。

1. 遵循学生的生理规律:教师知识研究的勃兴

随着教师专业化进程的不断发展,教师应有特定的专业知识基础这一要求愈发得到人们的认可。但是对于这个"知识基础"是什么的问题,人们却没有一个清晰的认识与共识。

在教师的"知识基础"是什么,也就是在教师知识结构之应然取向的相关研究中,最具影响的当属舒尔曼所建构的教师知识框架。舒尔曼以加利福尼亚州的小学教师考试为例,对比分析了 1875 年与 1985 年教师评价测试内容后,发现 1875 年的测试范围主要限定在考察教师对学科内容知识的掌握方面,而 1985 年的测试转而侧重于教师的教学法知识,重点考察教师如何将对学科知识的理解转化为学生能够理解的方式去进行指导,目的是找出那些可以促进学生成绩提高的教师行为模式。③ 其实早在 1974 年,舒尔曼就认为,由于学科本身的不一致性会导致适用于不同学科的教学行为也有所差异,因此只有把重点放在具体领域的教学实践上,才能推进教学研究。④

---

① 马云鹏,赵冬臣,韩继伟.教师专业知识的测查与分析[J].教育研究,2010(12):70-76+111.

② 教育部师范教育司.教师专业化的理论与实践[M].北京:人民教育出版社,2003:27.

③ Shulman L S. Those Who Understand: Knowledge Growth in Teaching[J]. Educational Research, 1986, 15(2):4-14.

④ Shulman L S. The Psychology of School Subjects: A Premature Obituary[J]. Journal of Research in Science Teaching, 1974, 11(4):319-339.

　　舒尔曼认为教师的"学术性"与"师范性"没有有机地结合在一起,并与他的同事一起,将在各种教学研究中缺乏对学科问题(subject matter)关注的这一研究范式统称为"缺失范式"(missing paradigm)。此时,舒尔曼提出三类教师知识:(1)学科内容知识(subject matter content knowledge);(2)学科教学法知识(pedagogical content knowledge);(3)课程知识(curricular knowledge)。舒尔曼认为 PCK 是与可教性最密切相关的内容方面的知识,教师要将自己所掌握的学科知识转化成学生易于理解的形式的知识,教师知道使用类比、图解、举例、解释、示范等来呈现学科内容,知道学生理解的难易点。[①]

　　随后,舒尔曼对之前的教师知识结构进一步修正,认为教师知识由 7 类组成:(1)学科内容知识(content knowledge);(2)一般教学法知识(general pedagogical knowledge);(3)课程知识(curriculum knowledge);(4)学科教学法知识(pedagogical content knowledge);(5)关于学习者及其特征的知识(knowledge of learners and their characteristic);(6)教育环境知识(knowledge of educational context);(7)关于教育结果、目标和价值观的知识(knowledge of educational ends purpose and values)。[②]

　　格罗斯曼(P. L. Grossman)在舒尔曼的基础上,将教师知识归纳为 6 种类型:(1)内容知识(knowledge of content);(2)学习者与学习的知识(knowledge of learners and learning);(3)一般教学法知识(knowledge of general pedagogy),包括课堂管理组织与教学方法的知识;(4)课程知识(knowledge of curriculum);(5)教育环境知识(knowledge of context);(6)自我的知识(knowledge of self)。格罗斯曼认为,关于学习者与学习的知识包含学习理论的知识、学生的身心特征和认知发展、动机理论及运用、以及学生的背景(如性别)等。[③]

---

①　Shulman L S. Those Who Understand: Knowledge Growth in Teaching[J]. Educational Research, 1986, 15(2):4-14.

②　Shulman L S. Knowledge and Teaching: Foundation of the New Reform[J]. Harvard Educational Review, 1987, 57(1):1-22.

③　Grossman P L. Considerations of Content and the Circumstances of Secondary School Teaching[J]. Reveal of Research in Education, 1994, 1(1):179-221.

1986 年,美国教育学院协会(American Association of Colleges Teacher Education, AACTE)成立了"师资教育改革中心"(Center Change Teacher Education),并下设了许多工作小组。"知识基础行动小组"(Knowledge Base Action Group)作为其中之一,任务是建立一套初任教师必备的知识基础结构。而这个知识基础最后则公布在梅纳德·雷诺兹(M. Reynolods)主编完成的《新教师的知识基础》(Knowledge Base for the Beginning Teacher)一书中。① 雷诺兹将教师知识分为 14 个方面。值得指出的是,这里有关于学生与学习的知识是指教师要对学生学习、认知和思考方式的了解与把握,知道其成长的规律性,从而帮助学生解决学习困难,引导学生更有效地进行学习。②

通过上述梳理可以发现,虽然此时对教师所要具备的专业知识基础结构的探索工作刚刚开始,但是人们已经意识到教师要了解学生、关注学生、理解学生,教师对学生情况及规律的了解与把握是非常重要的,能够使教师更好地从学生的立场出发,帮助其更好地学习与发展。不过,这一时期人们所强调的教师对于学生的关注与了解主要集中在学生的生理及心理层面,主要从学生的成长规律、发展状况、学习与思考方式等方面理解与把握,而一定程度上缺乏对学生文化属性、社会属性层面的察觉。正如卡尔·马克思(K. Marx)所指出的那样,人的本质,"在其现实性上,它是一切社会关系的总和"③。在这个意义上讲,学生作为学习的主体,也是处于社会结构中具有社会关系属性的社会存在。而教师对学生的了解与把握仅仅从生理及心理层面出发是不够的,还需要对学生文化层面、社会层面的理解,而这也是接下来人们对教师知识发展的察觉与转向。

2. 关注学生的社会文化属性:教师知识结构的完善

在随后的研究中,人们对教师知识的认识进一步发展与完善,推动

---

① 朱旭东.教师专业发展理论研究[M].北京:北京师范大学出版社,2011:63.

② Reynolds M C. Knowledge Base for the Beginning Teacher[M]. New York: Published for the American Association of Colleges for Teacher Education by Pergamon Press, 1989:316.

③ 中共中央马克思恩格斯列宁斯大林著作编译局.马克思恩格斯选集(第 1 卷)[M].北京:人民出版社,1995:56.

了人们对于学生的理解,即:学生也是处于社会结构中具有社会关系属性的个体存在,教师对学生的认识不能仅从成长规律、发展状况、学习与思考方式等方面理解与把握,还要察觉与关注学生作为"一切社会关系总和"的社会文化属性。而在舒尔曼之后的颇具代表性的教师知识研究中,对此趋势进行进一步推动的当属罗西·特勒-比赛特(Rosie Turner-Bisset)和琳达·达令-哈蒙德(L. Darling-Hammond)的研究。

比赛特认为,20 世纪八九十年代,美国的教育改革是以不断强化政府对教育各个方面的干预和控制为特征的。而在此影响下,美国教育科学部(Department of Education and Science)在 1993 年所出台的《小学教师初级培训:新课程标准》(The Initial Training of Primary School Teachers:New Criteria for Courses)存在许多缺陷,如:(1) 过于笼统(too general)以致有些标准含混不清;(2) 这些标准无法提供一个基于教师表现的能力等级设定,以致教师的自我提升缺乏方向与目标;(3) 最重要的是,这套教师标准过于强调教师技能,以致忽略了教师作为一名专业人员所需要的知识基础。[1]

针对上述美国教育改革中所存在的问题,比赛特以舒尔曼的教师知识研究为基础,构建他的教师知识基础模型(如表 2-1 所示)。

表 2-1　比赛特教师知识基础模型概要[2]

教师知识结构	含义
学科基本知识(Substantive subject knowledge)	指一门学科的事实与概念,以及结构框架等相关知识。
学科构建知识(Syntactic subject knowledge)	指学科知识生成与建构的方式。
学科的理解与信念(Beliefs about the subject)	指教师对学科的性质、历史脉络、教学目标的认识。
课程知识(Curriculum knowledge)	超出具体学科的教学大纲、课程材料等知识。

---

① Turner-Bisset R. The Knowledge Bases of the Expert Teacher[J]. British Educational Research Journal, 1999, 25(1):39-55.

② 同上.

（续表）

教师知识结构	含义
一般性教学法知识（General pedagogical knowledge）	教学实践中获得的关于教学过程与方法的一般性知识。
教学模式/理念（Knowledge/Models of teaching）	指教师在作为学生时的经历对他形成教学方式与教学信念的影响
关于学习者认知的知识（Knowledge of learners：cognitive）	（1）儿童发展规律方面的知识；（2）关于学生学习方式、理解能力的知识，来自与学生在日常情境中的接触。
关于学习者经验的知识（Knowledge of learners：empirical）	关于特定年龄层之儿童的兴趣、行为方式、社会属性等的知识。
自我的知识（Knowledge of self）	一种自我评价与反思，是教师对自身和职业认知的综合。
教育情境知识（Knowledge of educational contexts）	关于学校、教室以及所有学习行为所处的环境的知识。
教育目标与价值的知识（Knowledge of educational ends）	教师对于教育的目标与价值的认识。

可以发现，有关学习者的知识在比赛特这里得到了丰富与细化。他将有关学习者的知识分为了关于学习者认知（cognitive）的知识和关于学习者经验（empirical）的知识。比赛特强调教师对于学生的关注，不仅要具备儿童发展规律方面的知识，还要理解学生的学习方式、理解能力，这些都来自与学生在日常情境中的接触。教师不仅要关注儿童的生理属性，也要察觉并拥有儿童的行为方式等社会属性方面的知识。比赛特推动了人们在教师知识的研究中对学生个体的社会属性、文化属性的察觉与关注。

琳达·达林-哈蒙德则是这一转向的又一促进者。哈蒙德在分析美国的教师教育课程时，出于为教学和教师教育寻找以实证研究为依据的、确凿的知识基础这一目的，以她为首的美国教师教育委员会（CTE）系统地总结了近20年关于学习、教学以及教师教育领域的实证研究成果，探讨教师教学的专业知识基础，以期为教师教育课程提供具有说服力的改革框架。① 哈蒙德认为,学生在学业成就上的差异是由教育机会的不公平而造成的,其中高质量的教师和教学方面的不公平尤为重要。② 这就对教师发起了挑战,教师在教育发展与改革领域,尤其是在促进教育公平方面的作用日益凸显、愈加重要,而这就需要教师群体自身做出改变以适应时代的要求与学生的需求。

哈蒙德指出,在当今社会,强有力教学的重要性日益凸显。如今,关于学习的标准比以往的任何时候都要高,同样地,社会对教师的要求也不断提高。教师不仅要能够维持教学秩序,向学生提供有用的信息,教师也要能使多样化(diverse)的学生群体在面对愈加复杂多样的学习材料时,能够更为有效地学习。这种趋势就需要教师具备更精深的(deeply)知识和技能去评估学生的学习能力与学习效果,教师要知道在什么时候、使用什么策略,进而要达成什么样的教学目的。教师要与来自不同文化环境的学生们一起实现他们的学习目标。③ 如前所述,当下的学生有着广泛的文化背景与成长经历,他们代表了不同的阶层背景的家庭文化、成长体验以及学习能力,教师要有更深入的知识基础以及更精进的判断能力来指导他们的决策。因此,哈蒙德的教师知识基础也可看作适应变革世界(for a changing world)的取向。④

哈蒙德认为,能够适应变动世界的教师要具备以下 5 种知识(如图 2-1 所示):(1) 关于学习者的知识(knowledge of learners);(2) 社会情境中的发展(their development in social contexts);(3) 学科知识(knowledge of subject matter);(4) 课程目标(curriculum goals);(5) 教学知识(knowledge of teaching)。⑤

---

① 王艳玲.教师应该具备哪些知识——近 20 年来美国教学"知识基础"研究述评[J].外国中小学教育,2009(8):7-11.

② Darling-Hammond, L. New Standards and Old Inequalities: School Reform and the Education of African American Students[J]. The Journal of Negro Education, 2000, 69(4):263-287.

③ Darling-Hammond, L. Constructing 21st-Century Teacher Education[J]. Journal of Teacher Education, 2006, 57(3):300-314.

④ Darling-Hammond, L. & Bransford, L. Preparing Teachers for A Changing World: What Teachers Should Learn and Be Able To Do[M]. San Francisco:Jossey-Bass, 2005:11.

⑤ Darling-Hammond, L. Constructing 21st-Century Teacher Education[J]. Journal of Teacher Education, 2006, 57(3):300-314.

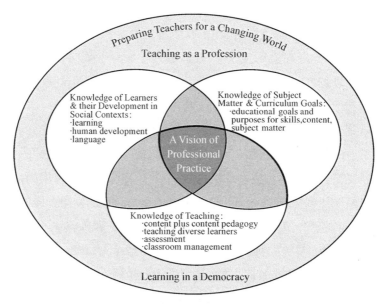

图 2-1 哈蒙德教师知识结构图

从哈蒙德的教师知识研究中可以发现，学生所具有的多元性的文化背景和成长经历成了她的关注焦点之一，并进一步被看作教师发展的重要内容与趋势之一。这样，教师可以更好地了解学生、关注学生、帮助学生，给那些有着不同阶层背景，带着不同家庭文化、成长体验以及学习能力而走进课堂的学生提供更公平的教学过程。

通过回顾应然取向的教师知识结构的相关研究可以发现，随着教育改革的推进以及教师专业化进程的发展，人们对于教师知识的认识也是随着时间的推移和研究的开展而呈现出阶段性的不同特征。

20 世纪 80 年代是教师专业知识基础得以系统建构的伊始时期。此时人们所强调的教师对于学生的关注与了解主要集中在学生的生理及心理层面，亦即从学生的成长规律、发展状况、学习与思考方式等方面的理解与把握，而一定程度上忽略了学生也是处于社会结构中具有社会关系属性的个体存在这一事实，从而缺乏对学生文化属性、社会属性层面的察觉。到了 20 世纪 90 年代，人们加强了对学生的观照与认识，将与学生有关的知识进一步细化为关于学习者认知的知识和关于学习者经验的知识。也就是说,教师不仅要知道儿童发展规律方面的知识,还要知道那些来自与学生在日常情境中接触才能得到的行为方式、理解能力、社会属性等知识,体现出基于学生日常经验取向的教师知识转向。

而到了 21 世纪初期,随着教育改革的发展以及教育观念的更新,这种以逐步观照学生文化差异与成长经验为指向的教师知识取向得到了进一步加强。随着以哈蒙德为代表的适应变动世界之教师知识结构的提出,世界各国更加注重高质量教师在教育发展与改革中的重要作用,尤其是面对那些有着不同阶层背景的学生。日益多元化的学生群体将他们的家庭文化、成长经验带进了课堂,这需要教师教学的积极应对与转变,教师要面向多元化学习者(diverse learners)进行教学也有了明确的要求。

逐步发现学生是处于社会结构中具有社会关系属性的社会存在,关注其社会文化属性,从而将这一对学生的理解引入教师的教学实践和与学生的社会互动中,不仅是教师知识的发展与转向,也是近些年教师教育领域和教师发展方面所倡扬的,并逐渐成为学界热议的问题之一。[①]

(二) 关注差异:旨于学生本位的教师实践性知识

实然取向的实践性知识是教师知识研究的另一路径,也得到了人们的广泛关注与探究。与应然取向教师知识侧重研究教师应该具备什么知识的问题不同,实践性知识强调教师知识研究以及教师教育研究,要从主要关注教师的外在行为转向教师的内在思考,从考察教师"需要具备什么知识"转向教师"已经拥有了什么知识",从探究教师"做了什

① Goodwin A L. Globalization and the Preparation of Quality Teachers: Rethinking Knowledge Domains for Teaching[J]. Teaching Education, 2010, 21(1):19 - 32;
Mills C., Ballantyne J. Social Justice and Teacher Education: A Systematic Review of Empirical Work in the Field[J]. Journal of Teacher Education,2016, 67(4):263 - 276;
Dyches J., Boyd A. Foregrounding Equity in Teacher Education: Toward a Model of Social Justice Pedagogical and Content Knowledge[J]. Journal of Teacher Education, 2017, 68(5):476 - 490.

么"转向教师"为什么这么做"。教师实践性知识是在实践中建构(in practice)、关于实践(on practice)且指向实践(for practice)的知识。[①] 陈向明认为,实践性知识是教师发展的知识基础。[②]

而回顾实践性知识的演进可以发现,在对学生的察觉与理解方面,实践性知识的发展脉络也体现出与应然取向的教师知识结构研究具有相似特点的阶段性演变进程,即:实践性知识的丰富与发展也愈发呈现出逐步观照学生社会属性的演进趋势与转向。也就是说,实践性知识的研究进程呈现出由最初的基于教师专业发展的立场,逐步迈向学生学习与发展的立场,尤其是对学生的文化差异予以关注。

1. 教师发展的立场:实践性知识研究的勃兴

对教师实践性知识的研究可以追溯到 20 世纪 60 年代,以芝加哥大学的施瓦布(J. J. Schwab)作为起点,他于 1963 年在课程与教师教育领域提出"实践"这一概念并将其放在极其重要的位置。[③] 盖奇(N. L. Gage)也在这一时期首次提出教师知识这一概念。[④] 因此,他们二人被多数西方学者认可为教师实践性知识研究的奠基者。[⑤]

一般认为,自艾尔巴兹(F. L. Elbaz)最早对教师的实践性知识开展研究以来,实践性知识的研究可以分为三个取向:一是以艾尔巴兹为代表的实践取向的实践性知识,二是以康纳利(F. M. Connelly)和克兰迪宁(D. J. Clandinin)为代表的个人取向的个人实践性知识,三是以唐纳德·舍恩(D. A. Schon)为代表的反思取向的实践性知识。[⑥]

艾尔巴兹在 1981 年对一名教学经验丰富的中学英语教师莎拉

① 陈振华.解读教师个人教育知识[J].教育理论与实践,2003(11):6-11.
② 陈向明.实践性知识:教师专业发展的知识基础[J].北京大学教育评论,2003(1):104-112.
③ 魏戈,陈向明.教师实践性知识研究的创生和发展[J].华东师范大学学报(教育科学版),2018(6):107-117.
④ Gage N L. Handbook of Research on Teaching[M]. New York: Rand McNally, 1963:1.
⑤ Fenstermacher G D. The Knower and the Known: The Nature of Knowledge in Research on Teaching[J]. Review of Research in Education, 1994, (20):3-56; Ben-Peretz, M. Teacher Knowledge: What Is It? How Do We Uncover It? What Are Its Implications for Schooling? [J]. Teaching and Teacher Education, 2011, 27:3-9.
⑥ 康晓伟.当代西方教师知识研究述评[J].外国教育研究,2012(8):84-91;赵萍.美国教师知识合法化进程演进[M].北京:北京师范大学出版社,2017:5-7;教育部师范教育司.教师专业化的理论与实践[M].北京:人民教育出版社,2003:28-29.

(Sarah)进行个案研究时发现并确信,教师以独特的方式拥有一种特别的知识,并称之为实践性知识,认为这种教师知识是理解教师对情境作出反应的一个函数。[1] 1983 年,艾尔巴兹对莎拉进行"回顾式访谈"(retrospective interviews),从莎拉的日常工作经验中归纳出五个方面的教师实践性知识,即:(1)学科内容知识;(2)课程知识;(3)教学知识;(4)教学环境知识;(5)关于自我的知识。艾尔巴兹认为,实践性知识是"教师以独特方式拥有的一种特别的知识,有关于学生、课堂、学校、环境、社会等多个方面,它被每位教师整合成个人的价值观和信念,并以教师的实际情境为取向"[2]。艾尔巴兹的这一研究侧重于教师的教学实践,因此是实践取向的实践性知识。

康纳利和克兰迪宁通过对几名教师的观察和叙事研究(narrative inquiry),发现了实践性知识的道德情感成分。他们认为,实践性知识是"教师通过教学经验所获得的实际的东西,它表达了一种从经验中获得的、在工作和生活环境中学到的、并在实际情境中展示的个人实践知识"[3]。他们强调实践性知识的个人特点,并称其为教师个人实践知识,指明个人实践知识存在于教师以往的经验、现实的教育情境以及对未来的计划与行动中,且贯穿于教师的整个教学实践过程。他们的研究也进一步走近了教师的日常生活,康晓伟指出他们意义上的实践性知识本质上是教师的个人哲学,蕴含在教师的行动实践和学校的各种仪式之中,强调教师的行动能体现某种意义,是一种"有思想的身体知识"(minded bodily knowledge)。[4]

唐纳德·艾伦·舍恩认为教师作为专业实践者,其认识过程是一个"反映—实践"的过程,即教师要重新认识问题发生的情境,将问题纳入自己原有的知识结构中进行重构,把问题重构为自己熟悉的问题情

---

① Elbaz F L. The Teacher's Practical Knowledge Report of A Case Study[J]. Curriculum Inquiry, 1981, 11:43-71.

② Elbaz F L. Teacher Thinking: A Study of Practical Knowledge[M]. London: Croom Helm. 1983: 216-218.

③ Connelly F M., Clandinin D J. Teachers' Professional Knowledge Landscapes[M]. New York: Teachers College Press, 1995:3-15.

④ 康晓伟.论康纳利和克兰迪宁的教师个人实践性知识思想[J].外国教育研究,2016(5):90-98.

境,或是用熟悉的方式解决该问题。① 舍恩指出,教师所面临的课堂教学情境通常是非确定的、无法预测的,教师可以反思自己的教学去培养他们观察、分析与决策的能力,有助于他们重新建构自己的经验。② 因此,他的这一发现被称为反思取向的实践性知识。

在我国,实践性知识的研究起步相对较晚,始于 20 世纪 90 年代中期,较早的当属林崇德、申继亮与辛涛的研究。他们将教师知识分为三个方面,即:教师的本体性知识、实践性知识和条件性知识。这是"实践性知识"首次出现在国内文献中的情况。他们认为,实践性知识是教师教学经验的积累,是指教师在面临实现有目的的行为中所具有的课堂情景知识以及与之相关的知识。③ 随后,人们又对此作了进一步修正与补充。④ 陈向明则系统构建了教师的实践性知识,认为其包含六个方面:(1) 教师的教育信念;(2) 教师的自我知识;(3) 教师的人际知识;(4) 教师的情境知识;(5) 教师的策略性知识;(6) 教师的批判反思知识。⑤ 陈向明的研究开启了我国对教师实践性知识的广泛关注与探索。

这一时期,人们对实践性知识的研究是基于教师专业发展立场的,也就是说人们期待教师实践性知识的研究能够推动教师的专业发展。正如贝加德(D. Beijaard)和威鲁普(N. Verloop)指出,实践性知识是衔接教学理论和教学实践的桥梁,是使教学成为一种专业化活动的动力。⑥ 陈向明认为教师被指出在教育改革中缺乏改革的动力和热情,其原因之一是教师的知识没有得到尊重,他们没有看到自我发展的前景⑦,这也是基于教师专业发展立场的体现。

---

① [美]唐纳德 A.舍恩.培养反映的实践者:专业领域中关于教与学的一项全新设计[M].郝彩虹等译.北京:教育科学出版社,2008:27-32.

② Schon D A. The Reflective Practitioner[M]. New York: Basic Books, 1983:46.

③ 林崇德,申继亮,辛涛.教师素质的构成及其培养途径[J].中国教育学刊,1996(6):16-22.

④ 衷克定,申继亮,辛涛.论教师知识结构及其对教师培养的意义[J].中国教育学刊,1998(3):53-56;辛涛,申继亮,林崇德.从教师的知识结构看师范教育的改革[J].高等师范教育研究,1999(6):12-17.

⑤ 陈向明.实践性知识:教师专业发展的知识基础[J].北京大学教育评论,2003(1):104-112.

⑥ Beijaard D., Verloop N. Assessing Teachers' Practical Knowledge[J]. Studies in Educational Evaluation, 1996, 22(3):275-286.

⑦ 陈向明.实践性知识:教师专业发展的知识基础[J].北京大学教育评论,2003(1):104-112.

2. 关注学生的文化差异:教师实践性知识的转向

而后,教师的实践性知识则有了一个转向,即教师要发现学生是社会结构中具有社会关系属性的社会存在,进而关注不同学生的文化差异,并对此作出积极反应。其实,实践性知识对于教师要关注不同学生的文化差异的这一强调也有着其发轫痕迹。魏戈与陈向明指出,美国教育研究协会(AERA)和欧洲教育研究协会(ECER)近几年的年会主题均围绕"社会正义"(social justice)、"平等"(equality)、"融合"(solidarity)、"全纳"(inclusion)的理念展开,这也促使教师实践性知识研究者开始思考新的维度。[①]

奥斯(D. I. B. Oss)从他自己身为巴西的一名英语教师,同时也是第二语言教师教育项目(SLTE)的独立研究员的双重身份出发,反思了他所在的南卡西亚斯市的一所公立学校中,教师实践性知识的发展与运用情况。他发现,以学生背景经验与成长环境为基础所设计的教学方案,会极大地激发学生的兴趣,提高教学效果。由于奥斯所在的学校位于城市的欠发达(vulnerable)地区,学生们遭受着暴力事件、毒品交易以及其他消极影响,学生们欠缺学习的动力。奥斯会在课程设计方面,引入那些具有与学生居住环境、巴西人特性、历史文化等相近或相似因素的例子,极受学生欢迎。[②]

陈向明等人(X. Chen, G. Wei, S. Jiang)的最近研究也开始强调教师实践性知识的"伦理转向"(ethical turn),认为教学是一种道德实践,教师不仅要有意识地掌握相关的伦理原则,而且要充分地将这些原则运用到具体的语境中,并结合自己的实践性知识。陈向明等人认为,当前教师所处困境之一是统一性与差异性的困境,即由教师对学生表现的统一评价标准以及教师对不同文化背景(如家庭、能力、对学习的准备状态、学习方式等)学生的区别对待的矛盾中所生成,简单说来,就

① 魏戈,陈向明.教师实践性知识研究的创生和发展[J].华东师范大学学报(教育科学版),2018(6):107-117.

② Oss D I B. The Relevance of Teachers' Practical Knowledge in the Development of Teacher Education Program[J]. Profile:Issues in Teachers Professional Development, 2018, 20(1):167-178.

是教师面对统一考试标准与如何"公平"地对待学生之间处于两难选择的境地。教师要在这两难空间中运用实践性知识进行道德上的思考与行动,教师要在日常教学活动中给予不同背景学生以关怀。他们认为,教师可以成为教育改革的积极推动者,教师实践性知识的伦理转向不仅标志着教师教育要从证据/能力本位(evidence/competence-based)转向道德/伦理本位(morality/ethics-based),而且他们也倡导教育要具有培养人们灵魂的超越性功能。实践性知识要使教师能够具有伦理敏感性(ethical sensitivity),帮助教师察觉并关注到不同背景学生背后所潜藏着的复杂的文化意义。①

张光陆指出,传统的教师知识研究主要是为了培养合格的专业人才,以学生的基础知识与基本能力培养为主,以促进教师在课堂中进行有效教学为目标,此种指向仅仅将教师定位为课堂的行动者,而一定程度上忽视了教师的社会功能。教师不但需要具备个体知识,而且需要具有社会知识,教师要关注不同文化背景的学生,并反思教师在课堂中的功能。② 反思也是一种社会正义实践。③

正如巴托洛梅(L. I. Bartolome)对教学方法的追问一样,他否定存在特定教学方法的"方法崇拜"思想,认为教学方法的真实效果首先主要取决于这些方法是否体现了教育学人性化的一面,教师只要能够赋予学生力量,任何方法都是可取的。④

可以说,同应然的教师知识结构发展进程的趋势与转向一样,在实然的教师实践性知识的研究进程中我们也可以发现其逐步观照学生背景文化与成长经验的演进趋势。在实践性知识的发轫时期,无论是实

---

① Chen X., Wei G., Jiang S. The Ethical Dimension of Teacher Practical Knowledge: A Narrative Inquiry into Chinese Teachers' Thinking and Action in Dilemmatic Spaces[J]. Journal of Curriculum Studies, 2017, 49(4):518-541.

② 张光陆. 学生核心素养视角下的教师知识:特征与发展[J]. 课程·教材·教法, 2018(3):62-67+80.

③ Lane S., Lacefield-Parachini N., Isken J. Developing Novice Teachers As Change Agents: Student Teacher Placements "Against the Grain."[J]. Teacher Education Quarterly, 2003, Spring: 55-68; Morrell, E. Legitimate Peripheral Participation as Professional Development: Lessons from a Summer Institute[J]. Teacher Education Quarterly, 2003, Spring:89-99.

④ Bartolome L I. Beyond the Method Fetish[M].// Darder A., Bartolome M., Torres R.(eds.) The Critical Pedagogy Reader. New York: Routledge Falmer, 2003:408-429.

践取向、个人取向,还是反思取向,实践性知识研究的初衷都是促进教师专业发展。而我国早期的实践性知识研究也持此种立场。随后进入21世纪,实践性知识研究的立场则转向了学生学习与发展的立场,呈现出逐步关照学生社会属性的演进趋势与转向,尤其是对拥有不同文化背景而表征出文化差异的学生予以关注。

　　通过教师知识的演进可以发现,其指向与立场在这一过程中是流变与发展的,并渐渐朝着公平进行转向,即:逐步观照学生的社会属性,察觉并关注学生也是处于社会结构中具有社会关系属性的个体存在。教师的职责是站在教育的立场上选择知识、组织知识、呈现知识和传授知识,同时在一定的情境下创造条件,促使和帮助学生掌握知识、理解知识、运用知识和探究知识。① 可以说,教师知识的公平转向也一定程度上体现着教育发展、教师专业化进程正在迈向过程公平的深层特征。

　　首先,教育的立场愈发以学生为中心。这一立场不仅在教师知识的演进中得到彰显,亦是我国长期以来教育理论与实践中所秉持的"公理"②,更是新时期教育事业发展的重中之重。办好人民满意的教育、落实立德树人的根本任务正是该立场的体现。学生为本也是教师专业标准的基本理念。其次,教师的标准与要求愈发提高。教师不再像以往那样,仅将学科内容知识传递给学生即可。随着教师知识的发展,教师作为掌握系统专业知识的专业人员,其专业标准与要求也越来越高,功能与责任也随之深化,要求教师掌握与公平相关的知识、理念与技能,并在微观过程公平中促进学生的共同发展。最后,对教育公平的追求愈发向纵深迈进。教师同在课堂内的学生之间,其实潜藏着不同文化背景、成长经历的碰撞与融合。逐步观照学生社会属性的教师知识发展,正是教师对此所进行的积极应对与转变。只有这样,教师才能掌握与提供更加公平的课堂教学策略,从而服务于多元化的学生群体,更好地提供公平而有质量的教育。

-----

① 石中英.当代知识的状况与教师角色的转换[J].高等师范教育研究,1998(6):53-58.
② 冯文全.对"教师是主导,学生是主体"命题的多学科视角的审视[J].教育研究,2007(10):19-24.

公平视域下教师行动表征

第三章

这一章,研究者从交代研究对象的基本情况以及描述如何进入研究现场的整个过程开始,对 BQ 中学展开调研工作。同时,通过参与观察法与半结构型访谈法,研究者还对教师的公平意识来源进行考察,对教师的公平取向行动进行深描,以展现教育公平视域下,教师行动的生动图景。

一、 进入现场及其背景介绍

(一) 进入现场前的准备工作

1. 研究对象的选择:为何选择 BQ 中学"一心一德"班①

田野现场的选择对于田野研究来说至关重要。在田野研究中,研究者必须深入到当地,在与研究对象生活的过程中和进入他们日常生活世界的基础之上,获得他们自然活动状况的第一手资料。如前所述,本研究对于研究对象的选取方面具有两条标准:一是要求所选学校的学生之间具有相对明显的文化差异,从而才能更好地考察对于具有不同文化背景与成长经验的学生的洞察、识别与公平对待;二是所选学校还要较为优质,这样该校才能够在更大的程度上拥有较为优秀的教师。教师只有具备较为扎实的知识基础、优秀的教学技能、良好的教育信念,才能够更好地察觉潜藏在学校课堂中的不平等现象,并能够进行积极行动,从而给学生提供更加公平的学习机会。故而,如此选取研究对象,才能够更加切合本研究的研究问题,更好地对教师的公平行动进行考察与分析。

正是基于上述考虑,研究者选取了 C 市 BQ 中学的"一心一德"班作为研究对象,对其进行为期 4 个月的田野研究。

(1) 为何选择 BQ 中学②

之所以选择 BQ 中学作为研究的调查对象,是经过研究者深思熟

---

① "一心一德"的班名是该班在召开家长会的过程中,班主任 D 老师所使用的一个词语,有着团结一致、向着一个目标前进之意。研究者觉得这个称谓既符合该班实际情况,又贴合本研究的问题主旨,故而在文中将该班称作"一心一德"班。

② 相关材料均引自有关 BQ(代称,后文同)中学发展历程的内部资料。

虑的。

首先,BQ 中学有着优质的教学质量。C 市 BQ 中学始建于 1962 年,是一所幼、小、初衔接一体的学校。创建之初,BQ 中学发展艰难,仅有 4 名教职工,并与 50 余名学生挤靠在一间 50 平方米的地下室,属民办中学。后来,BQ 中学于 1968 年迁至 L 区,靠着全体师生的努力盖起了一栋 200 多平方米的平房作为教室,并经由当时市教育部门命名为"BQ 中学",可谓筚路蓝缕。1997 年,BQ 中学才经由 L 区支持,改建为 4 500 平方米的、能容纳现代化教育设施的楼区。此时,学校才正式由最初的一所没有围墙的学校发展成为占地 1.6 万平方米的现代化精品中学。

BQ 中学的重要转折点是于 2002 年进行的新校舍建设与搬迁,当时 L 区委、区政府启动了"名师—名校"工程,加大力度支持 BQ 中学的建设。于是,BQ 中学于 2003 年 11 月 9 日迁到新校址(也就是目前的校址),体育馆、宿舍楼、餐厅以及阶梯教室、图书馆、微机室等各种功能教室及现代化的教学设备一应俱全。

随后,BQ 中学快速发展,不仅引进并培养出许多优秀教师,在省、市骨干评选,教师技能大赛,中考命题、中考命题人才库选拔中形成整体优势;同时,BQ 中学还培养出越来越多的优秀学子。在 L 区乃至 C 市,无论是学校建设上还是办学质量上,BQ 中学都享有一定的声誉。

其次,BQ 中学所在的 L 区经济发展水平在 C 市所有的行政区划中处于中游位置,学生的文化背景与成长经验具有较为明显的差异。L 区的前身为 C 市郊区,是 C 市重要的机械制造配套、农副产品加工和城市蔬菜副食品供应基地。

正是基于 L 区经济发展格局的定位,使得就读于 BQ 中学读书的学生大部都是农工及从事小本生意经营者的子女,因此学生的文化背景与成长经验并不是特别优越。但是随着 BQ 中学的蓬勃发展,近年来有越来越多的家长通过购买学区房的方式使得子女进入 BQ 中学就读,他们的家庭条件以及给孩子提供的学习环境相对优异。因此,

BQ 中学学生之间的文化差异相对明显。故而,本研究选择了 BQ 中学作为研究对象。

(2) 为何选择"一心一德"班

"一心一德"班是 BQ 中学七年级的一个班。由于 BQ 中学包含了九年一贯制教育阶段,学校为了学生能够更好地接受并吸收初中课程,因此其小学部六年级的学生实际上已经提前开始接触七年级课程,为他们的初中学习做准备。故而,BQ 中学的小学部直升上来的那些学生,学得相对更快一些、成绩相对更好一些。

BQ 中学七年级共计 16 个班,其中前 8 个班级的学生大多是从 BQ 中学的小学部直升上来,后 8 个班级的学生则是通过"大学区"正常招进。而研究者所在的"一心一德"班正是处于后 8 个班的序列当中,学生们的学习成绩算不上特别优秀,且学生之间的家庭文化差异较大。虽然"一心一德"班的学生综合考试成绩较之前 8 个班存在些许差距,但是在后 8 个班中却是名列前茅的。且该班教师具有丰富的教学经验、优秀的教学技能,并且教师能够在课堂教学过程以及日常的师生互动中表现出较为丰富的公平行动,对本研究的研究问题具有一定的支撑力度。故而,"一心一德"班符合研究者对于研究对象的选取标准与期待。

本研究的调查对象如下表(表 3-1)所示。虽然研究者主要以"一心一德"班为调查的田野现场,但是在 BQ 中学调研的这段时期内,也能够接触到其他教师,从他们的身上获得了调查热情与理论敏感点。因此,研究者也有针对性地找寻了一位校长与四位小学部教师,他们的具体信息如下:

表 3-1　教师信息表

姓名	学科	教龄	描述性信息
D 老师	初中语文	26 年	七年级"一心一德"班的班主任,七年级语文备课组长,具有丰富的教学经验与班级管理经验,曾多次在市级、区级教学技能比赛中获奖。D 老师也是本研究的"守门员"。

（续表）

姓名	学科	教龄	描述性信息
S 老师	初中英语	24 年	七年级另外一个班级的班主任，具有丰富的教学经验与班级管理经验。曾在 2004 年通过学校公派的方式去美国新泽西州的一所中学交流学习，是 C 市中考命题组成员之一。
W 老师	初中道法	12 年	学校的学生处主任，主抓学校的德育工作。同时还是 L 区的德育讲解员，有丰富的教学经验与德育工作资历。
J_1 老师	初中历史	7 年	
Z_1 老师	初中生物	8 年	曾经是 C 市外五县某重点中学的高中生物教师，教学知识扎实、教学经验丰富。
J_2 老师	初中数学	6 年	七年级另外一个班级的班主任，具有丰富的教学经验。曾获"L 区十佳青年教师"称号以及"L 区教学技能大赛"一等奖，是 C 市中考命题组成员之一。
D_1 老师	初中物理	10 年	
L 老师	初中化学	13 年	
S_1 老师	小学数学	18 年	小学部数学主任，具有优秀的教育理念与丰富的教学经验，曾获"C 市十佳青年教师"称号。
S_2 老师	小学语文	4 年	
Z_2 老师	小学语文	7 年	
Y 老师	小学语文	3 年	
Z 老师	初中语文	23 年	初中部教学副校长。

2. 选定"守门员"

质性研究中的"守门员"是指那些在被研究者群体内对被抽样的人具有权威的人，他们可以决定这些人是否参加研究。"守门员"的角色对于研究者在进入现场以及开展调查研究工作具有重要作用。"守门员"一般分为"合法的守门员"与"不合法的、自己任命的守门员"两种类型。陈向明认为，如果研究涉及中小学生，他们的老师以及校领导就属于"合法的守门员"，因为这些人具有社会认可的身份与权力去决定是否允许孩子参加研究。[①]

而在本研究开始前的准备工作环节,研究者经由导师介绍而联系了 BQ 中学的校长。BQ 中学的校长在获知了研究者的研究目的与研究方法等计划之后,便首先给研究者推荐了 D 老师作为研究者的"守门员"来带其进入研究现场。

D 老师是本研究所参与观察的"一心一德"班的班主任,故而研究者可以在她的班级进行长时段地学习与生活,同老师和同学们一起上课、出操、吃饭、活动……不仅如此,D 老师具有丰富的教学经验与深厚的教学资历,不仅是 7 年级的备课组组长,同时也是 BQ 中学的语文专家,经常出席学校的公开课与教研活动,并予以其他教师点评,深受领导与同事的认可与赞赏。

(二) 进入现场的过程

1. 进入现场方式

陈向明指出,研究者可以通过两种不同的方式进入研究现场:一是与被研究者取得联系,征求对方同意从而进入现场开展研究工作;二是研究者个人置身于研究现场,与当地人一起以"同吃、同住、同劳动"的方式共同生活,从而得到当地人的接纳,进而进入现场进行研究。由于本研究的研究对象是中小学教师,需要进到学校内部,尤其是教室内部与老师和同学们进行长时段地学习与生活,加之中小学受保护的特殊性质,所以一般都设有门卫、保安等职位拦截外来人员,故而研究者采取第一种方式进入研究现场。

由于导师在事前已经帮助研究者联系好了 BQ 中学的校长 Z 老师,于是在 2019 年 9 月 24 日,研究者通过短信的方式与校长取得联系。校长十分支持研究者进入教学实践场域进行一线的学习与调研工作,认为这是理论联系实践的很好途径,因此帮助研究者介绍了 D 老师,让她成为研究者的"守门员"兼研究对象,带研究者进入现场进行调研工作。

---

① 陈向明.质的研究方法与社会科学研究[M].北京:教育科学出版社,2000:151.

第二天,研究者早早地起床出门,通过地铁的交通方式抵达 BQ 中学,开始第一天的进入现场与调研工作。由于研究者所在的大学与 BQ 中学的门外均设有地铁站,因此交通十分便利,大概 30 分钟左右经由两条地铁线路便可直抵 BQ 中学。以下是研究者当天的调研日志记录片段:

2019 年 9 月 25 日,星期三,天气晴朗。我在 6:40 从宿舍出发,经由一次地铁换乘,于 7:35 到达 BQ 中学门口。一出地铁站便是 BQ 中学的围墙边缘,看着家长们纷纷领着孩子去上学①,我的心情也十分舒畅。似乎是在大学校园里比较久的缘故,乍一看到这么多小朋友背着书包、穿着校服、蹦蹦跳跳的场景,我的心情也活泼了起来,感觉空气与阳光都充满了活力,呈现出勃勃生机。在 BQ 中学围墙之外的马路上,还有一些小贩在摆地摊,卖的都是孩子们喜欢的商品,例如:幼儿图书、卡通贴纸、一些小玩具以及棉花糖、烤肠等。

到了 BQ 中学门外,有两位保安在巡逻并维持秩序。我向他们告知了来意以及说明了我已经联系了 Z 校长与 D 老师后,保安大爷并没有直接放我进去,而是让我给校长打电话,接通后才给我放行。同时,保安大爷给了我一个制作精美的"通行证"②,告诉我说以后每次来校,只要向他们展示这张通行证,他们便允许我进去。

戴好通行证后,走进 BQ 中学的校门,我发现这里的教学楼都有着十分诗意的名字:启润楼、知润楼、思润楼、行润楼、和润楼。我要去进行研究工作的教学楼便是和润楼,地处图

---

① BQ 中学的中学部要求学生早上 7 点到校并开始早自习,小学部要求学生 7:50 到校即可。鉴于研究身份,因此 D 老师认为研究者可以不参与学生的早自习,直接从第一节课开始即可。而第一节课是在 8 点开始,因此研究者一直保持在 7:50 之前到校。而此时是小学部的上学时间,因此校门外、马路上都是家长领着孩子一起上学。

② 这个"通行证"实际上是"嘉宾证",是留给那些来 BQ 中学视察工作的领导、观摩交流的兄弟学校教师、进校处理孩子事务的家长以及相关人员进校的凭证,并且有着向全校师生表明持证者的非本校人员身份的作用。

3-1 的右下角(标记★号)。

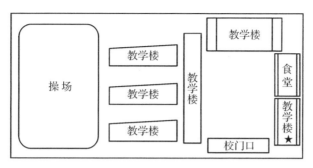

图 3-1　BQ 中学鸟瞰图

走到和润楼之后,门口还设置了一处门卫,将我拦下。在我表明身份之后,门卫通知 D 老师来门口接我,我才算是正式地进入了研究现场。D 老师把我带到备课室(她的办公室对面,由于是自习时间,所以处于闲置状态),彼此自我介绍以后,我向她介绍了我的研究计划,接着她在班级微信群里给各科老师发送了一条信息,表明我的身份之后,她开始带我走进教室……

图 3-2 所示便是和润楼的一楼布局图,也是研究者即将度过一学期的主要活动区域。右下角(标记★号)便是 D 老师的办公室(由于教授语文学科,因此在文科办公室),也是我所处的办公室。左上角(标记★号)的教室便是"一心一德"班的所在地。

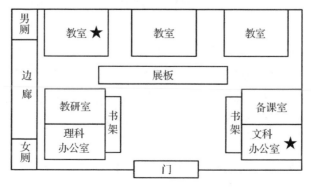

图 3-2　BQ 中学和润楼布局图

2. "局内人"身份的塑造

质性研究不仅受到研究者个人素质的影响，而且也会受到研究者与被研究者之间关系的影响。研究者不是在"真空"环境中进行研究的，因此必然与研究对象之间存在着千丝万缕的关系。① 因此，研究者到底以一种什么身份进入现场而与研究对象共同地进行日常生活与日常工作，对于质性研究来说十分重要。

"局内人"是指那些与研究对象同属于一个文化群体的人，他们享有共同的价值观念、生活习惯、行为方式或生活经历，往往对事物的看法比较一致。② 因此"局内人"相较"局外人"来说，是处于"文化主位"的、是"近经验的"，对于研究对象的行动与意义有着更加深刻的理解，不必他们详细解释便能够心领神会。③

其中，"局内人"还可以有公开与否、亲疏远近与参与程度的区别。首先，研究者的"局内人"身份是公开的，不仅对"一心一德"班的各科任老师公开，而且还对全体学生公开；其次，研究者与研究对象的亲疏关系也历经了一个由"陌生"向"熟悉"转变的过程；最后，研究者的参与程度则是"作为参与者的观察者"。

在调研过程中，研究者一直思考使用什么样的策略才可以将自己的身份朝向"局内人"塑造，从而使老师与同学们更愿意放下防备的心理来对待我，以便展示真实的课堂。总的来说，研究者使用了三种策略。

（1）策略一：以"实习生"的身份公开自己

在进入教室以前，研究者与 D 老师探讨了要以什么样的身份进入到教室中，向同学们介绍自己。研究者本打算直接表明，向同学们公开研究者身份，以符合研究方法教材中的科学调查程序。但是 D 老师认为，同学们年纪还小，研究者身份会引起他们的好奇，会进一步地问很多问题，反而会搞不清楚。倒不如说成是"实习生"，与他们共同学习、

---

① 陈向明.质的研究方法与社会科学研究[M].北京:教育科学出版社,2000:133.
② 同上,134.
③ 董小英.再登巴比伦塔——巴赫金与对话理论[M].上海:三联书店,1994.

生活一学期。因此,我听从了 D 老师的建议,以"实习生"的身份向同学们介绍自己。

　　在与 D 老师进入教室之后,D 老师向同学们介绍了研究者的身份,是某师范大学的博士生,来班级实习,与大家共度一学期,一是希望大家表示欢迎,二是告诉大家不要弄虚作假,就像平时一样展示真实的自己、真实的课堂。当然,同学们会对所谓的"博士生"产生浓厚的兴趣,D 老师便借此激励大家要好好学习。

　　在以"实习生"的身份介绍完自己之后,研究者表明,在接下来的日子会与同学们一起上课、一起活动、一起生活,希望能够很好地融入"一心一德"这个班集体,与大家成为朋友。

　　图 3-3 所示的便是"一心一德"班的班级布局。在介绍完身份之后,也就到了第一节课的上课时间。右下角的办公桌(标记★号)便是研究者的座位(此桌可以容纳两个人,右边是我的座位,左边是 D 老师的座位)。

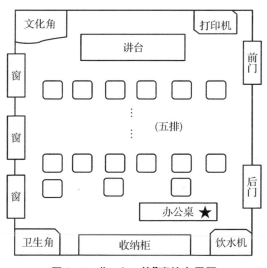

图 3-3　"一心一德"班的布局图

(2) 策略二:帮助班主任批改作业与监考

研究者塑造"局内人"的第二个策略便是帮助老师们处理一些事

务、承担一些任务,但主要的还是帮助班主任 D 老师完成一些工作。

为了积极融入"一心一德"班集体,同时也是为了与 D 老师拉近关系,从而实现由"陌生"到"熟悉"的转变,研究者在平时会主动帮助 D 老师承担一些力所能及的任务,例如批改作业、监督考试、打扫办公室等。

图 3-4 所示的便是 D 老师所在的文科办公室,也是研究者在课余时间所处的地方。左上角的办公桌(标记★号)便是研究者所在的位置,右边相邻的便是 D 老师的位置,与 D 老师隔过道相对的便是她的"徒弟"Y_1 老师的位置。由于位置相邻的便利性,因此我会尽量关注 D 老师的工作情况,总是时不时地表达自己想要帮助她的意愿与态度。起初,D 老师不太好意思将一些日常工作交给我处理。随着我与她相处久了,交流次数多了,她开始让我承担一些工作,同时偶尔她还会主动交代我一些任务。因此我一下子感觉我与她的距离被拉得更近了,对于我对一些学校、老师与学生情况的了解与咨询,她也说得多了起来、深入了起来……

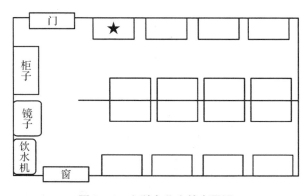

图 3-4 文科办公室的布局图

(3) 策略三:借助关键性事件拉近与同学们的距离

为了在同学们面前塑造"局内人"的身份,研究者也设法拉近与同学们的距离,希望与他们能够成为朋友,能够畅然交流与互动,从而形成和谐的友好关系。回顾下来,研究者主要经历了三个关键性事件,与同学们拉近了距离,一定程度上成了他们的"朋友"。

第一件事是学校突击检查卫生清扫工作。由于学校突击检查,因此所有班级都要动起来,一起清扫班级和走廊卫生。这么好的机会研究者当然要抓住。因此研究者积极地与他们一起清扫。由于 D 老师开会不在,清扫卫生的任务要交给班长负责,因此研究者与班长一起指挥同学进行卫生清扫,最终顺利完成。第二件事是带领同学在"大课间"出操。由于 D 老师要出席公开课的缘故,时间与学校的"大课间"冲突,因此 D 老师让我带领同学们出操。我"像模像样"地与同学们一起活动、跑步、走队列,拉近了我与他们的距离,感觉我逐渐地融入了他们,他们也对我熟悉了很多。帮助研究者塑造"局内人"身份最重要的事情是第三件事——篮球赛。BQ 中学在每学期都会分年级地举办一次全校规模的篮球赛,"一心一德"班当然也要选出三名队员参赛。由于 D 老师是一位女老师而不擅长篮球,因此我与队长一起制定战术,并观察局势随时调整,更是与同学们一起高喊"加油"。虽然最后以 2 分惜败,但是我与"一心一德"班的距离越来越近,最后他们也与我越来越熟悉,从而让我一定程度上实现了"局内人"的转变。

(三) 总结:反思进入现场的过程

可以看出,从走进现场前的准备工作,一直到真正进入现场公开身份开始进行调研工作,研究者始终保持着研究方法层面的警惕与反思。

从研究对象 BQ 中学"一心一德"班的选取,到"守门员"的选定,再到进入现场之后"局内人"身份的转变与塑造,研究者一直谨慎地拿捏着与研究对象之间的距离。研究者一是想精心选取与研究问题紧密贴合的研究对象,二是努力塑造"局内人"的身份,以期与老师和同学们拉近距离,使得他们放松警惕,能够以轻松、友善的态度对待研究者,从而让研究者能够观察到课堂中的真实情况以及老师与同学们在课堂学习与互动中的真情实感。因此,研究者在进入现场的过程中通过记录调研日记与反思日志的途径,来不断追问自己方法运用的适切性与科学性。

二、 公平意识溯源：作为行动意识存在的教育公平

任何教育行动的背后，往往都有着与之相对应的教育意识与理念作为行动的支撑。教师的公平行动亦然，教师在其公平取向的行动背后，也有着作为意识状态而存在的教育公平理念作为指导，从而影响着教师对学生群体情况、对教学过程及其效果的知觉、洞察与判断，进而影响着教师行动。因此，对教师的公平意识进行溯源，考察居于教师公平取向行动之上的公平意识的看法与来源，对于分析教师的公平行动具有重要价值。这样不仅能够帮助我们探寻教师作出公平行动的出发立场，还能够帮助我们分析教师公平行动意识的生成路径，从而让我们更好地探究教师对于教育公平的看法与行动。

这一节，我们主要运用半结构式访谈的研究方法，来回溯教师公平意识的生成脉络，进而探寻教师对于教育公平的看法与感知。

（一）学生时代：前教师教育阶段"公平意识"的孕育

对于教师的专业发展来说，很多途径都能对其专业化水平的提高起到积极的促进作用。正如劳蒂（D. C. Lortie）所说，教师关于如何在课堂中讲授某一主题的许多想法都可以在他们的记忆中找到参照，他们在"观察学徒期"（apprenticeship of observation）时，也就是他们自己作为学生期间，通过感知、参照、模仿他们的教师是如何进行教学活动的，便已经无意中形成了关于教学的认知，并形成了自己的教师知识与理念。[1]

对于教师的公平意识来说亦是如此，教师对于公平意识的认知，不仅仅是在其进入教师教育之后才会习得。在教师们处于学生时代的时候，他们便已经可以从他们当时的教师那里获得关于公平的意识与理念，准教师一直是从学生的视角来看待教学的[2]。格罗斯曼也认为，教

---

[1] Lortie D C. School Teacher: A Sociological Study[M]. Chicago: University of Chicago Press, 1975: 78 - 80.

[2] Feiman-Nemser S., Buchmann M. Pitfalls of experience in teacher preparation[J]. Teachers College Record, 1985, 87(1): 1 - 23.

师在学生时代学到的东西与被教授的方式是联系在一起的,因此他们复制了其作为学生时经历过的教学策略。① 由此可见,教师的公平意识,实际上在其学生时代便已经一定程度上得到了孕育。

1. 感知公平:作为学生的教育公平感受

教育公平感是人们在日常生活中对教育公平的直接评价,既要满足教育公平主体的内在需求,也要有能够满足其需要的实实在在的外在表现,是主观感受性与客观实在性的统一。② 人们对教育公平的感知是描述行为人心理感知的方式来契合教育公平③,是对教育事实的存在进行判断时引发的主观体验,影响着人们的行为动机④。

人们对于公平感的相关研究开始于 20 世纪 60 年代,斯达西·亚当斯(Stacy·J. Adams)率先对此进行探讨,认为一个人的公平感不取决于个人实际所得,而取决于相对所得。⑤ 亚当斯从组织行为学的视角剖析了公平感的内涵,认为人们将自身的投入与所得的比值与他人的投入与所得的比值进行对比之后,认为二者之间的比值出现了不对等情况时,便会产生不公平感。⑥ 正如翁定军所述,公平感是人们在生活或工作这一微观层面上感受到的公平。⑦ 那么从这个意义上讲,教育公平感便是人们对教育微观层面上感受到的公平程度。

教师在其观察学徒期,也就是在其学生时代,当时他的老师所采用的课堂教学、师生互动等方面的方式与技能,对他所造成的公平感知方面的影响,于他成为一名人民教师之后的公平意识与公平行动,是具有重要影响作用的。

---

① [美]帕梅拉·格罗斯曼.专业化的教师是怎样炼成的[M].李广平,何晓芳译.北京:人民教育出版社,2012:11.

② 程天君.以人为核心评估域:新教育公平理论的基石兼论新时期教育公平的转型[J].华东师范大学学报(教育科学版),2019(1):116-123.

③ 刘佳洲.教育公平感及其政策应用:思考与建设[J].人民论坛·学术前沿,2020(8):120-123.

④ 吕晓俊,刘帮成.高校大学生公平心理与行为的研究——基于教育公平感的视角[J].上海交通大学学报(哲学社会科学版),2009(6):72-78.

⑤ Adams J S. Towards an Understanding of Inequity[J]. Journal of Abnormal and Social Psychology, 1963, 67(5):422-436.

⑥ Adams J S. Inequity in social exchange[M]. New York: Academic Press, 1965:267-299.

⑦ 翁定军.阶级或阶层意识中的心理因素:公平感和态度倾向[J].社会学研究,2010(1):85-110.

（1）"辅导补课"：补偿性对待给 S 老师带来公平意识

在具体教育教学活动中，教师对学生所采取的"对待性公平"是教育过程公平实践中惯常遵循的重要思路，而"补偿性对待"则是"对待性公平"的重要方式之一，是指教师洞察学生之间的差异，对一些处于特殊情况的学生采取的学习机会上的弥补行动。正如有研究指出，教育公平要从"程序性公平"走向"对待性公平"，教师要关注学生的差异，并采取行动去最大限度地帮助那些由于个人差异而在教育过程中遭遇"不公平"的学生。[1]

在本研究的开展过程中，S 老师的一段学生时代的个人经历引起了研究者的兴趣与重视。虽然 S 老师现在已经是教龄 20 余年的成熟型教师，并且具有丰富的专业知识与教学技能，但是在她小学时期，她的老师对她所采用的一种"补偿性对待"的公平行动给她带来感动，促使她孕育了公平意识的萌芽，并且留存并彰显到现在的教育理念与教学行动中，使她受用终身。

在一次围绕着教育公平观念及其来源为主题的半结构式访谈中，研究者与 S 老师正在讨论她对于教育公平观念的看法，于是 S 老师讲述的她小学时期的一段经历，立即激发了研究者的浓厚兴趣，认为这是教育公平观念的重要来源。

S 老师：其实在我的印象当中，因为我从小学到初中、到高中，一直在农村生活，那里接触的老师很多都是乡村老师。但在我印象当中，我对老师印象最深或者是感触最深的是我小学五年级的一位老师，是数学老师。他当时对每个班的学生都没有区别对待，不管你家的条件好与不好，不管你学习好与差，他对每个学生在课堂上都是一样公平地对大家的。

我觉得对我影响很大的是，在小学有一段时间，那段时间

---

[1]　石艳,崔宇."新教育公平"观与教师教育转型[J].湖南师范大学教育科学学报,2018(5):110-116.

我生病了,然后连续两个星期没有去上课。那时候我也不知
道去了学校要主动找老师,说是给我补课,因为那时候很怕老
师,胆子很小。但是那个数学老师晚上就主动来告诉我,他说
把数学书带来,晚上我给你辅导一下功课,然后我就去了。那
个晚上,我很胆怯地去办公室门口找老师,老师就给我辅导。
那时候学的是两位数乘法,因为我在家里耽误两个星期没人
辅导,老师就给我辅导,我就特别特别感动,然后我就从那个
时候对数学的学习兴趣特别高。(1114 - YY - BKS)

可以看出,数学老师对 S 老师的那一次辅导补课,对她产生了很
大的触动,不仅让她"特别特别感动",而且使她"学习兴趣特别高"。
那么对话进行到这里,研究者对 S 老师进行了追问:数学老师一直以
来的风格是什么样的? 他是如何对待学生的? 为什么一次辅导补课
就能让 S 老师如此地深受感动呢? 这背后所体现的是一种公平意识
的来源吗?

　　S 老师:我觉得我当时在班里是一个中等水平,或者是中
等偏后的水平,学习一般般,就是努力一下,可能你就上去了,
不努力你就下去了。
　　就像我刚才说的那样,数学老师平时比较严格,而且对每
个人都没有不同的对待,加上平时我又"不太起眼"①,因此没
有感受到老师对我有什么特别的关注与照顾。也许是因为那
个年代大家都没有什么比较先进的教育理念吧,因为在农
村,每家都认识,老师们最多在生活上问问你的情况,一般
不会在学习上特别照顾谁。但是就是这样,让我觉得,数学
老师对我有了不一样的举动,我从来没有见过他给别的人
私下里辅导过功课。也许正是因为这样吧,我才感觉"不一

---

① 本土性概念,意思是指不太受重视,没有得到特别关注。

般"，十分感动。

（……）至于你说的公平意识，我觉得也可以这样说。因为我耽误了十几天没有上课，所有的进度全都落下了，课听不懂，作业也不会做。因此他的这种行为，算是对我这段耽误课的一种辅导、补课，让我能够跟上其他同学的进度。不过这段经历确实对我的启发很大，对我产生了影响，让我觉得老师应该这样照顾学生，这样帮助学生，才能够让学生学习得更好，走得更远。(1114 - YY - BKS)

从 S 老师这份充满感情的回忆中我们可以看出，学生时代的教育经历的确能够影响到一个人的一生，而一位老师在学生时代所经历的自己的老师采用的教学方式与教学理念，也会对自己以后的从教生涯产生影响。也有研究认为，"弱生援助"是教师最认可的教育过程公平的重要内涵。吕星宇在 2012 年对上海市 1 500 名中小学老师进行调查之后，发现 92.8% 的老师认为，对发展处于弱势的学生提供援助是教育过程公平的内涵。①

因此，教师在学生时代所感受的教育公平经历，对其从教之后教育公平意识的产生具有重要影响，能够促使教师形成教育公平的理念与行动。

（2）"区别对待"②：不平等的遭遇使 Z_2 老师进行公平反思

一般来说，教师根据自己的喜好而对学生进行"区别对待"，是教育不公平行为的最突出的表现。研究指出，教师根据学生的性别③、成

---

① 吕星宇.关于教师对教育过程公平的意识与行为水平的调查报告[J].教育科学研究,2014(3):42-49.

② 由于教师对学生的区别化对待一般可以分为两种截然不同的出发立场与效果,一是公平取向的"差异对待",是指教师为了促进"处境不利"学生的学习与发展,而在给所有学生提供了公平学习机会之后对其所采取的弥补行动;二是不公平取向的"区别对待",是指老师根据自己的好恶标准而对学生采用的不公平对待,是一种机会层面的不公平。为了将两种取向的"对待"进行区分,公平取向的对待我们称之为"差异对待",而非公平取向的对待我们则称为"区别对待"。研究者在这里所强调的是 Z_2 老师在学生时代遭遇了其老师的不平等对待,因此表述为"区别对待",以阐述这段不平等的经历对他今后的教育理念、教学方式等方面的重要影响。

③ 谢慧盈.关注课堂交往中的性别不公平[J].教学与管理,2006(33):70-71.

绩^①、是否担任班级职务^②、学生的家庭条件^③等方面的因素，而对学生区别对待，提供不同的学习机会，是导致教育过程不公平的重要因素。

而在本研究的开展过程中，研究者对 Z_2 老师学生时期的一段经历也进行了深入挖掘，认为 Z_2 老师在学生时代所经受的不平等遭遇，也就是他的老师对他与别的同学进行了"区别对待"，使得 Z_2 老师对教师的公平意识、公平行为与公平作用进行了深入反思。

在一次半结构式访谈中，研究者与 Z_2 老师主要围绕着他的专业发展过程与个人生活经历为主题进行探讨，想以此考察并分析 Z_2 老师的成长与发展过程。Z_2 老师对于他初中时期的一段经历留下了特别深刻的印象，这段经历对他影响至今。

原来，Z_2 老师在初中时期，学习成绩一直处于学校的中游状态，虽然也在一直努力学习，但是始终不被老师特别关注。但是，老师会对学习成绩好的学生进行额外照顾，不仅对他们给予鼓励，而且还给他们"开小灶"，让当时的 Z_2 老师觉得遭受了不平等的"区别对待"。这段学生时代的经历促使 Z_2 老师对教师的公平意识与公平效应产生了深刻反思，从而促使他在成为一名教师之后萌发了教育公平意识，并付诸行动。

> Z_2 老师：其实上了初中的时候，我一直在班里是中等偏后的那个水平。等我上初三的时候，初三不是要考高中嘛，我们整个县的重点高中，就是县中，全县 4 000 人，能考上的是前 700 名。那每个中学都把能够考上县中的学生作为他那个学校重点抓的一个视线（重点关注对象）。到了初三的时候，那么每次月考就要排名，排年级前 20 名。因为当时到了初三阶段，有一部分人"流失"了，那能留下来的就只有 100 个学生啊，要排 20 名（排在前 20 名才可以成为老师重点关注对象）。

---

① 王福显.教师课堂教学公平的实现[J].教学与管理,2005(29):4-6.
② 许红.从课堂互动视角看教育公平[J].现代中小学教育,2006(11):1-3.
③ 鲍传友.课堂教学不公平现象初探[J].教育理论与实践,2001(10):45-48.

然后我记得呀，我每次考完试之后都在 50 名左右。当时很羡慕呀！像我班上考 20 名之前的那些学生，老师总是会把他们叫到办公室去聊天。说完之后呐，前 20 名的学生回到教室里面，那个兴高采烈呀，让我们很羡慕！同时呢，在课堂当中呀，老师特别关注这前 20 名的学生。因为什么？他们（老师们）就是瞄准他们，他们就是能够上县中的那个"苗"，就重点培养。因为他们上去之后，学校会把他们作为宣传的一个……就是我们这个学校培养了多少县中的学生（宣传噱头）。那当时对于我们这种中后的学生，我们就一直不知道为什么他们能让老师这么去推崇，（在）课堂（中）这么（受）重视，而我们却不行。所以我也不怎么复习，在学校里表现得好、踏踏实实，就是完成作业呀、不违反纪律。（1206 - YW - BKS）

原来，Z_2 老师在初中时期的学习成绩一直处于学校的中游状态，虽然也在一直努力学习，但是由于成绩不是特别优异而无法得到老师的关注。如果老师能够对学生们一视同仁、平等对待也行，关键在于老师根据自己的喜好而偏爱成绩优异的学生，使得学生时代的 Z_2 老师认为他遭受了不平等的对待，因而有了一种不公平的感知。但是，经过一次与老师的对话之后，Z_2 老师变得努力了起来，逐渐提高了自己的成绩，因此也得到了老师的关怀。

Z_2 老师：有一次老师就跟我说这样一句话，我（直到）现在都还记得。他说你觉得你能不能考上县中，我觉得你不能。我当时特别不服气啊！我就很不服气。我当时没说话，完了之后我就离开了，然后我不服气，（心想）为什么都是同样的学习，为什么老师说这样的话，为什么对他们这么好，对我就这么一种态度。他说我不行，我就去给你看一看（证明自己）。从那以后啊，我每天早上五点起来学英语，宿舍同学都在睡觉，那我就去食堂里面，旁边椅子上坐着，拿着手电筒看英语，把整个英语笔记抄了一遍。

另外的话，那时候学校的老师也给学生"开小灶"，就比如说哪些同学想考县中，就提供给你们一间房子，有灯。比如晚上9点熄灯，你们可以十点回去，这个房子你可以拿着书来看啊，当时我也就过去了。然后每次周六、周天，我会在老师那里借书，看各种参考资料书。那时候没有书啊，也不买书，就把参考资料书拿回去学习。

有一次月考，我一下突击进了前20名，这时候老师对我的看法立马变了，然后就把我拉入那个20名学生的群里去，还被叫到办公室聊聊天或者谈话，就说你们都是考县中的"料"，好好总结，好好学习，怎么怎么样。他对你的态度、眼神，都不一样了。所以那个时候我就感觉到，唉，老师对我的看法不一样，我对学习的动力什么都改变了。嗯……我觉得那个对我的影响非常大吧。（1206-YW-BKS）

虽然如此，但是老师的这种"区别对待"的不公平感知让 Z_2 老师产生了深刻的反思，认为像他这种成绩处于中游且遵守纪律、踏踏实实学习的孩子，实际上是拥有着很大潜能的。老师如果对他们这样的孩子进行关注，那么便会将他们内在的潜能激发出来，促进他们的学习与成长。

所以，在 Z_2 老师成为一名小学教师之后，他认为上述经历给他特别深刻的影响，让他对公平观念有了意识。因此，他基于自己的情况，倾向于对他班上的中等学生给予更多的关怀，以期激发他们的内在潜力，从而最大限度地努力学习与健康成长。

Z_2 老师：所以经历了这个过程，我觉得我当了小学老师之后，我特别关注那个中等或者中下等的学生。这些学生我觉得不是他们笨，他们是不会学，而且他们要老师有足够的耐心去引导。所以每次这些学生一旦学习落后了，学不好的时候,我不会去立马批评他,我不会说你怎么学不好呀,不努力或者什么。我是一直在想办法,我把家长叫来,我说你一定要对孩子有信心。课堂里面可能对那些优等生或者学习好的学生,他课堂一遍(讲一遍课)就能吸纳 70％—80％,那么这样中等或者偏下的学生,他可能是接受了 20％。如果老师或者家长,我们有足够的信心、耐心去努力、去付出,给他辅导或者帮助,花更多的时间去学习,他们是能赶上的。所以那时候无论是作业批改、还是谈话、还是跟家长互动、还是课堂提问,我都会很多情况下提问中等生或者中等偏后的学生。因为优秀学生,我觉得他课堂掌握的知识量非常大,已经足够完成我的课程目标。而那些学生,可能需要老师帮助他,让他蹦一蹦,一下就能"够得着了"。所以我就愿意花费时间来帮助中等生。(1206－YW－BKS)

可见,Z₂ 老师对于学生情况的掌握有着自己独特的经验与见解,而这些都源自他在学生时代的遭遇与经历。也有研究指出班级教学容易出现"中部凹陷"的情况,也就是说教师会对优秀学生与后进生给予更多的关怀,只不过对前者是以鼓励为主,对后者是以斥责为主,而那些中等生很容易被教师遗忘,较少得到教师的关注。[①] 因此,Z₂ 老师对此进行了深刻反思,并产生了公平意识,且贯彻到他的课堂教学与师生互动中。

2. "模仿"公平:以学生时代的教师为参照标准

在前教师教育阶段,也就是说在教师曾经处于学生期间时,他们的公平意识除了来源于他们的公平感知以外,还源自他们以老师为参照标准所进行的"模仿"。正如有研究指出,教师在专业成长的初期,往往选择自己曾经的老师作为职业的参照标准,从模仿他们的某些教学方

---

① 龙安邦,黄甫全.教育过程公平的三重进路[J].全球教育展望,2019(8):62－71＋128.

式和教学风格开始。①

在一次与 S_2 老师围绕着教师专业成长为主题的半结构式访谈中，S_2 老师的专业发展经历便表露出她的教育公平意识就是来自学生时期老师的教学行为对她产生的影响。

S_2 老师：（……）可能我从小到大，虽然不是说班级最优秀的学生，但是也还算处于中上等。我是觉得我的老师对我的影响很重要，就是每个老师他不会考虑你这个那个（成绩、性格、是否担任班干部等一些个人因素），但是他会尽可能地帮助你。就是无论是在小学呀、中学、大学，包括上班之后……因为你自己也是从学生（时期）过来的，所以你会把你小时候遇到的一些事情给它转化。就是你希望得到……比如说我在小的时候，我认为我老师是一个什么样的（人），我希望我老师对我怎么样。那后来角色转变之后（我成为教师之后），我就是把我以前的想法运用到我的学生身上。比如说，其实可能小的时候已经就觉得老师很偏向啊、不公平，对这个好，对那个不好。但是（长）大了，反过来想想其实很正常，因为每个孩子都不一样，然后老师对每个孩子的关注点不一样。那我们能做到的就是尽可能地对所有学生公平，就是不要让每个孩子产生落差。所以我觉得，等上班之后的话，也可能是随着你教龄的增长，然后随着你教学经验的增多，包括你跟孩子的接触（机会增多），你就会越来越有深刻的感触。

研究者：我之前看到过一个观点，有些研究认为教师的一些教育理念、教学技能等方面，其实并不仅仅源自教师教育时期。在他们的学生时代，他们的老师如何对待他们，那么就会影响到他们是如何对待他们的学生的。

S_2 老师：对的，真的是这样。我是觉得师范类（指师范大

---

① 柳德玉.论经历在教师专业成长中的意义[J].中小学教师培训,2005(4):7-9.

学的教育)可能更多的是培养我们的一个业务方面的知识,比如说我们应该掌握哪些教学技能,包括入职的一些技能。但是对于班级管理,包括对学生的理念,更多的就是来自我们小时候我老师的影响,或者是我身边重要的他人的影响……(1107 - YW - CC)

由此可见,在前教师教育阶段,无论是教师对于他处于学生时期的公平感知,还是对于教师所运用的教学行为的模仿,都能够呈现出对于他们公平意识的孕育与生成的影响。正如格罗斯曼的研究指出,杰克、兰斯与凯特三位教师都没有经历过正式的教师教育便走上了讲台,开启了教学生涯,但是他们都依靠自己做学生时的经验,来构建他们的专业知识与教师信念。①

(二) 成为教师②:教师教育之后公平意识的形塑

教师的专业发展是一个持续不断的成长过程,虽然人们对教师专业发展的阶段有不同的认识和划分,但有一点认识却是共同的,即教师的专业发展不是一个自然的成长过程,它有赖于教师教育的配合和保证。③ 因此,教师教育要为教师的专业发展提供全程支持④,教师教育对教师的专业发展具有重要作用。因此,公平取向的教师教育,可以有效地培养教师在教育过程中走出"偏见",践行公平教育策略的理念与行动。⑤

与此同时,教师在教学生涯中,通过对其教学工作与师生互动的过

---

① [美]帕梅拉·格罗斯曼.专业化的教师是怎样炼成的[M].李广平,何晓芳等译.北京:人民教育出版社,2012:19.

② 有研究指出,每一个准备做教师的人,在踏上教学工作岗位之前,必须作出适当的专业准备,即必须具备从事教学工作的资格要求,对此一般都以教师资格证书制度来保证。而职前教师教育阶段便是这一教师的专业准备阶段。因此,作为一名"准教师",这里也将教师教育的职前教育阶段概括为"成为教师"。(唐玉光.基于教师专业发展的教师教育制度[J].高等师范教育研究,2002(5):35 - 40.)

③ 唐玉光.基于教师专业发展的教师教育制度[J].高等师范教育研究,2002(5):35 - 40.

④ 王艳玲.教师专业发展:教师教育的核心理念[J].全球教育展望,2008(10):29 - 34.

⑤ 石艳,崔宇."新教育公平"观与教师教育转型[J].湖南师范大学教育科学学报,2018(5):110 - 116.

程与结果进行深刻反思,对其教学假设、教育价值、教学模式等方面重新审视,也可以在一定程度上促进教师公平意识的生成,从而贯彻并推进课堂公平实践。[①]

1. 习得公平:教师教育课程的生成

教师公平意识的形塑也离不开教师教育的贯彻与开展。有研究指出,教师教育课程的价值取向对教师知识、技能、理念的发展具有重要价值,社会取向(social oriented)的教师教育便能够有效促进教师公平意识与知识的生成与发展。[②] 因此,从教师教育课程中习得公平,是教师公平意识生成的重要途径之一。

Y 老师是 BQ 中学小学部的一名具有 3 年教龄的新手教师。她并非从小立志要考进师范大学进而成为一名人民教师,而是高考填报志愿时误打误撞地选择了师范大学课程与教学论这个专业,进而成为一名小学教师。虽然 Y 老师工作不久,尚处新手时期,但是她的教学风格以及对于学生的态度与互动过程,已经初显公平意识。例如,她在给教学设计时、在与学生互动时、在观察学生与学生的关系时,便会持有一种公平意识的眼光来进行教学实践。在研究者与她围绕着公平观念及其生成路径为主题的访谈中,她便表明是在教师教育时期,也就是在大学时期从相关课程中习得了公平意识。

> Y 老师:其实我没想到之前会成为一名师范生,但是高考填报志愿就误打误撞地学这个专业了。其实在本科学习阶段,我学习了很多课程,尤其是我记得课程与教学论的老师之前给我们上课的时候,提到过要公平、平等地对待学生,有教无类。当时只是在脑海里形成了一点模糊的概念,想着一定可以做到,这是基本的要求。但是,当我大学毕业之后,进入小学开始工作,才发现实现起来其实挺困难的。我在的学校,

---

① 郭晓娜,靳玉乐.反思教学与课堂公平[J].现代中小学教育,2007(2):14-17.
② 戴伟芬.教育公平:当代美国教师教育课程思想的社会取向分析[J].比较教育研究,2011(8):82-85.

其实大多数学生的家庭出身并不是非常好,我觉得老师们必须平等地对待这些孩子们。我也在尽力做到公平地对待他们吧,因为这个是作为教师的一个专业素质的体现,可以把我之前在学校里学到的那些东西用在实际教学里面,但是做起来真的有难度。

(……)我现在还不是班主任,但是我教两个班孩子的数学,孩子们真的是很可爱的,也很淳朴。但是我在上课的时候就会发现,有的孩子学得很快、很好,但是有的孩子就是理解力的问题,他就跟不上。这个时候我就在想应该怎么办。不能顾此失彼,影响教学进度。所以在教学设计的时候我就考虑到这些问题了,我可能有的时候就不能照顾每一个学生了,那样也耽误学得快的学生。(1204‐SX‐CT)

接下来,研究者询问她在课堂中具体采用何种方式来贯彻与实践公平理念。

Y老师:我在课上很多时候会让他们进行小组合作,就是同桌前后四个人是一个小组。他们可以互相帮助,而且我带的那两个班的班主任之前也跟我沟通过,他们在排座的时候,也基本都是按照成绩稍好的学生跟一个成绩差一点的学生坐在一起,然后可以带带同桌。学习差一点的同桌要是有问题了,可以问,然后同桌就可以教教他。我一般不会很严厉,因为我知道学生之间的学习能力都是不同的,所以也在尽量做到这些。比如上课的时候,像应用题这种就是挺抽象的,有的孩子理解没那么快。有的孩子上课的时候或者下课的时候还会嘟囔,"老师我也想回答这个问题",举手都很积极。但是以我的了解,他肯定会,那我就不问了,还是尽量给理解力一般的孩子多一些回答的机会。我点名喊起来的孩子要是不会回答了,我会给时间让他想想,过一会儿要是想清楚了就可以再次站起来回答,这都没关系的。我不会揪着一个学生不放,说要求你必须把这个问题回答得很好,(我的)目的还是让学生学会学懂,提问只是一个比较常用的方式嘛。另外,我觉得在课堂教学之外,我不会像有的老师那样,把学生叫到办公室去补课甚至是批评什么的,我觉得最好还是在教室里进行教学吧,这样最好。有的时候我真的会拖堂一点,占用一点下课的时间,就是走到上课明显有些跟不上的学生那里,我问问他们为什么,是我没讲明白,还是他没有提前预习,还是怎么回事。加强交流还是好一点的,然后对于我以后开展教学活动,也进行一下反思。我觉得在教育教学方面,还是用孩子们能接受的方式来进行,也多沟通一些,教学相长。(1204 - SX - CT)

同时,在 Z₂ 老师的个人专业发展历程中,师范大学的课程学习也让他习得了教师要具备公平意识,才能够更好地促进每个学生的发展。与 Y 老师不同,Z₂ 老师是自己有目的地报考了师范大学的小学教育专业,并从入学起便立志成为一名人民教师,并下决心在大学期间努力学习教育理论与专业知识,将来成为一名优秀的小学教师。

> Z₂ 老师:我在师范教育阶段,老师上了一堂课,叫"班级课堂管理艺术",他提了一个人叫布鲁纳。布鲁纳觉得,如果我们给学生足够的时间,每个学生都能够把知识学到完成(学会学通)。只是(囿于)我们班级授课的时间,这种单位时间里面追求效率的前提下,我们一节课只能保证有三分之一的学生掌握了 80% 的教学内容,有三分之二的学生掌握了 50% 的教学内容,有三分之一(的学生)掌握了 20%(的教学内容),但是我们没有足够的时间去巩固(那些掌握)50% 和 20%(的学生)。那这些学生群体,如果我们拥有足够的时间去帮助他们,他们也能够实现我们的教学目标,所以全班学生都会实现我们课程的教学目标。虽然做老师,我们无法实现这个目标,

但是我的个人经历,让我在教学过程中,会尽我最大的能力去实现、去帮助这样的学生,让每个学生都得到发展。(1206-YW-BKS)

可见,无论是 Y 老师还是 Z_2 老师,他们都是有意识地想将在大学中所学的知识与技能较为良好地运用到课堂教学实践中的,并且有些公平取向的教学行动是有意识设计的。从这里我们可以看出,教师教育课程可以促使教师生成教育公平意识,因此"习得"也是教师公平意识的一个重要形塑途径。

2. 体悟公平:教学工作中的体会与感悟

教师对教学工作进行反思、体悟,是教师专业发展的重要组成部分,应贯穿于教育、教学活动的始终。[①] 教师的专业发展是一个持续不断地实践、反思的过程,换句话说,教师对已经发生的或正在发生的教育教学活动进行反思与感悟,要始终伴随着教师的终身发展。有研究指出,教师的教学反思主要是从自己的经历、学生的反馈、同事的评价和理论文献的解读中对自己的信念、知识、教学实践及其背景进行审视。[②] 因此,教师在这一过程中可以将教学活动整体当作其反思的对象而对其进行重新理解,进而感悟并赋予其新的教育意义。

正是在这个意义上,过程公平的教师意识可以从教师的教学反思中生成与发展,并由教师进一步融进教学过程当中,从而在教学实践中给学生提供更加公平的学习与发展机会。

D 老师便在教学工作的过程中,有了公平意识的反思,逐渐形成并且坚信教师要具有公平意识与公平能力,同时将其贯彻于课堂教学中,促进学习能力较弱或者"处境不利"的孩子更好地学习与成长。

在与 D 老师的访谈中,研究者得知她曾经教过一个姓佟的女孩子。这个孩子的家庭背景与成长经历有些特殊,引起了 D 老师的关

[①] 申继亮,刘加霞.论教师的教学反思[J].华东师范大学学报(教育科学版),2004(3):44-49.
[②] 赵昌木.教师在批判性教学反思中成长[J].教育理论与实践,2004(5):42-45.

注。D 老师认为她的原生家庭存在一些问题，因为孩子成长于一个单亲家庭，由母亲抚养照顾，父亲对她不闻不问。不仅如此，这个孩子面临几个困境：一是她母亲的想法有些消极，认为她与孩子都是"一样不幸运"，并且将这一观念也传递给了孩子，使得孩子也十分消极与不自信；二是父亲曾经对她与母亲有暴力倾向，导致父母婚姻产生了裂痕，而这一境遇对她也产生了很大的影响；三是这个孩子的行为举止有些怪异，比如她总把擤鼻涕的纸巾扔得满地都是，而且有时朝其他同学身上扔，还有她总是斜视他人。D 老师说，由于她教这个孩子是很多年以前的事，那个时候的人们还没有意识到这个孩子存在一定问题。

D 老师其实曾十分关注这位学生，并且通过十分积极的公平行动去帮助她学习，但是效果并不是特别理想，甚至用 D 老师自己的话来说是"失败了"。

> D 老师：我特别地关注她，就是让这个孩子尽量觉得我是很温暖的呀，很体贴的呀，没有用另类的眼光看她呀，这种感觉。……她将擤鼻涕的纸扔得满地都是，然后周围所有的同学都不愿意挨着她，谁都不想挨着她，因为她太脏了。然后我就跟孩子们做疏导工作，说"大家是同学呀，然后我们在集体里面会遇到各种各样不同性格的孩子呀"，反正就说了很多。但即便是这样，她的家长还是会觉得说（她）在这个班级里面受到了歧视，在这个班级里面特别地不开心。（1130 - YW - GBS）

D 老师随后又对其做了许多工作，从学习上与生活上帮助她，想要让她学习进步。虽说这个孩子的成绩确实有所提高，但是进步也十分有限。

> D 老师：我就特别希望这个孩子自信。比如说我们班要

是有什么颁奖之类的活动,我都让这个孩子代表班级去领奖。我希望她能够自信一些,有一种荣誉感,但是也没管用。而且这个小孩儿是理科思维,数学思维很好。可是你看她个性比较偏激,也许就影响了她文科方面的阅读吧,总之她偏科很严重,那边的思维(文科思维)不在正常线上。所以我认为我这个教育是失败了。但是我依然会通过这个孩子警醒自己,就是说你因为确实是有这样一些……可能家庭很特别的小孩儿,你应该特殊关注一下啊,然后尽量地让她与其他的孩子得到公正公平的教育。(1130-YW-GBS)

其实在 D 老师的教学生涯中,与之相类似的感悟与反思有很多,但是她特别举出了佟某的例子,因为这既是她接触的第一个这样类型的孩子,也是首先给她敲醒警钟的孩子。所以,她总是用这个孩子的例子不断地提醒自己要保持警惕,要在教学实践与师生互动中不断反思自己的公平意识与公平行为,从而促进学生们的学习与发展。

可以看出,作为意识层面而存在于教师头脑中的公平理念,是可以在教师的一生中通过不断地感知、模仿、习得与体悟中形成与发展的。我们通过考察教师公平意识的形成过程,可以了解教师是如何形成并看待公平意识的,以便我们接下来更好地考察其在行动层面的践行。

三、 公平取向的教师行动

从吉登斯的理论体系出发,吉登斯认为行动是作为一种绵延的"流"而具有动态连续性,那么也就是说,行动并非是一些行为的简单组合,而是一个绵延的连续过程。在此过程中,支配行动过程的意识因素便始终对行动的整个过程加以反思性监控。从这个意义上来说,教师的公平行动便可以从几个方面进行考察:除了对教师行动自身进行分析以外,还要对行动之前的教师信念以及行动之后的教师反思作为切入点,从而对教师行动进行综合探讨。具体说来,教师具有帮助学生突围"再生产"桎梏的公平信念,进而在此基础上将公平意识在教育教学活动中践行,并对这一整个过程进行反思。

在本节,研究采用参与观察法与访谈法相结合的方式,对 BQ 中学的课堂教学过程与师生互动进行考察。"参与观察"首先强调"参与",即研究者要深入到田野现场,深入到他所研究的对象所处的真实社会生活之中。"观察"也并非只是"用眼睛看",而是指广义的"了解",包括看、听、问、想,还有体验、感受、理解等。[①] 因此,研究者深入课堂,与研究对象共同学习与生活的同时,还要对他们进行观察,并在此基础上对教师与学生的某些行动进行进一步的即时性访谈,以对应所发出行动的意图和动机。

(一) 教师信念:助推学生突围"再生产"

教师信念(teacher's beliefs)是用以理解教师思考、教学实践和专业发展的重要概念,有助于理解教师的教学行为,设计旨在改变教师思维和行为的教师教育课程。[②] 教师如何理解他们的专业角色,如何理解教学、学习、学生、学校,他们把什么样的知识和信念带入到教育教学实践当中,无论对教师自身的专业发展还是对学生的学习与成长都具有至关重要的作用。

从这个意义上讲,教师是否拥有公平取向的信念,也就是教师是否相信自己具有帮助学生突围"再生产"桎梏的效应,对教师关于课堂教学实施、关于学生的认识以及关于教师专业的理解,具有导向价值。

1. 何谓"再生产"

"再生产"这一概念主要来源于马克思关于资本主义社会再生产的相关论述。马克思认为,"任何一个社会,如果不是有一部分产品不断再转化为生产资料或新生产的要素,它就会不能继续生产,那就是不能再生产。"[③]在马克思这里,"再生产"的意涵一开始指代经济运转过程中一个必不可少的进程。不过,随着马克思阶级分析方法在社会科学

---

① 风笑天.社会学研究方法[M].北京:中国人民大学出版社,2001:256.
② 朱旭东主编.教师专业发展理论研究[M].北京:北京师范大学出版社,2011:1.
③ 马克思.资本论(第一卷)[M].郭大力,王亚南译.北京:人民出版社,1975:626 - 627.

研究中的传播和应用，"再生产"逐渐被视为一种以阶级为基础的社会秩序保存与延续的重要机制。例如，在社会学研究中，"再生产"机制更多是指"那些被置于社会不平等体系中的社会集团，特别是那些具有垄断位置和某种社会优势的社会集团，基于维护、扩大、延续自己地位和利益的需要，使用各种方式使得自身社会位置能够持续保存并在代际间不断传递下去的机制。"①

　　学校教育如何与"再生产"联系起来？受阿尔都塞（Louis Althusser）关于资产阶级意识形态国家装置学说的影响，即宗教、教育（学校）、法律、家庭等机构是资产阶级意识形态国家装置的主要构成部分，一些学者开始从不同的视角出发考察学校教育作为社会再生产机制的具体过程，在教育社会学领域内形成了比较全面的研究成果，大致说来有以下几种："经济再生产""文化再生产"以及"抵制再生产"等。

　　"经济再生产"主要揭示了"教育系统在某种程度上通过其自身内部的社会关系与劳动场所的社会关系之间的对应，再生资本主义劳动的社会分工"②这个事实，提出了再生产理论中著名的"符应原则"。美国学者鲍尔斯（Samuel Bowles）和金蒂斯（Herbert Gintis）对 20 世纪 60 年代左右的美国学校教育与经济生活之间的关系进行了令人信服的统计分析，在戳破"教育进步有助于推进普遍的社会民主和平等化进程"的自由派改革神话之后，将影响教育不平等的深层次原因归咎于经济结构和社会分工。进一步的分析和论证表明，教育系统内部的社会关系同经济结构的社会关系之间存在结构性符应，学校教育传递的非认知因素反映了劳动分工所需要的意识形态，进而为等级制下的经济生产活动服务。尽管这项经典研究被后世研究者批评为带有明显的还原和机械色彩，但在当时的历史条件下却首次显露了教育系统与社会再生产之间的系统关联，而且为后来有关教育和社会再生产的研究提

---

① 李路路.再生产与统治——社会流动机制的再思考[J].社会学研究,2006(2):37-60.
② [美]S.鲍尔斯,[美]H.金蒂斯.美国经济生活与教育改革[M].王佩雄等译.上海:上海教育出版社,1990:220.

供了有益的灵感启发。

"文化再生产"侧重讨论学校教育通过合法化"符号暴力"的方式实现文化和社会的双重再生产功能,建构了再生产理论中的一系列概念,如"文化资本""习性"等。法国学者布尔迪厄在研究学校教育系统时一向主张,只有从学校教育系统同阶级关系结构之间的关系出发,研究才能得出更完整和全面的解释。他把教育行动界定为一种"符号暴力"①,这种"符号暴力"是指在权力关系中占优势地位的社会阶层对某一事实所强加的意义,这种"符号暴力"同时也是一种"文化资本"。学校教育系统以优势阶层代理人的身份将这种"符号暴力"合法化,借以掩盖其背后所依赖的权力关系。布尔迪厄对高等教育系统里的学生群体进行了大量的经验研究,认为院系、专业、考试、评价等一系列制度背后蕴含的价值等级都在强化学业成功者和失败者之间的对立,从而隐蔽性地完成阶层再生产的社会功能。布尔迪厄从再生产的角度对教育的功能进行了概括。他认为教育有三种功能:第一种功能是文化再生产功能,即保存、灌输、神化一个社会的文化遗产;当这个功能与传统的教学法结合时,就发挥了第二种功能,即再生产不平等的社会——阶层关系,学校强化而不是重新分配文化资本的不平等分布,这实际上就是社会再生产功能;第三种功能就是所谓的"合法化",通过把学校传播的文化遗产神圣化,教育体系使人们的注意力偏离其社会再生产功能并有助于对其社会再生产功能的误识。② 这样一来,教育就发挥了隐性和柔性统治的作用。

"抵制再生产"则从社会结构下行动者的能动性出发,描述了学校教育内部复杂的文化冲突和斗争的过程。尽管底层劳工的儿童在与学校教育传递的文化进行对抗的过程中,可以能动性和创造性地进行文化生产实践,但结果却是吊诡般地落入阶级结构再生产的困境之中。

① [法]P.布尔迪厄,[法]J.-C.帕斯隆.再生产——一种教育系统理论的要点[M].邢克超译.北京:商务印书馆,2002:13.

② [美]戴维·斯沃茨.文化与权力:布尔迪厄的社会学[M].陶东风译.上海:上海译文出版社,2012:219-220.

英国学者威利斯(Paul Willis)对一所中学里的 12 名工人阶级子弟进行观察和访谈,用"反学校文化"这一概念来指代他们反对学校权威、逃学、找乐子等通常被视为"反常"的行为模式。威利斯的主要研究目的不是去关心这种反学校文化对教育造成的消极影响,而是解释它与工人阶级文化认同之间的关联。更为重要的是,工人阶级子弟形成的"反学校文化"的重要意义不在于结果,而是凸显了文化再生产进程中不同群体之间富有张力的过程。在这个意义上,"抵制再生产"是对"经济再生产"和"文化再生产"的进一步修正。

尽管"再生产"是生产生活中的一个必要环节,但社会学研究中的"再生产"更多地指向阶级和社会结构的复制和保存。以上西方学者的研究无不表明,教育与"再生产"之间的关联似乎在不断强化,那种教育促进社会流动的信念在底层弱势群体的头脑中正慢慢消失。我国社会目前正处在剧烈转型期,学校教育在逐步走向全面深化改革的当下,需要正确看待国际教育发展面临的问题,提前重视不同群体的学生在学校教育中的不平等状况。

2. 突围"再生产":教师的作用

学生所携带的家庭文化与学校文化之间的匹配程度不同,在教育评价和教师的看法中所处的地位也不同。如果一个学生所携带的家庭文化与学校文化之间匹配程度高,那么他就更有可能成功;反之,学生则需要付出更大的努力才有可能"突围"。

那些"很匹配的学生"在进入教育系统时便已拥有了与学校文化相匹配的文化资本或习性(habitus),而这又能加深教师对其的期望值、积极正面的评价等等。这会帮助他们在教育系统内取得成功。那些"不匹配的学生"会发现,人们并不是根据他们自身所属或者说相适应的文化规范与实践特长进行评价,而是根据其他群体的文化规范与实践特长对他们进行评价。[1] 教育研究者一般不会认为学生的能力与其

---

① [英]亚历克斯·摩尔.文化资本、符号暴力与专制.[C]//薛晓源,曹荣湘.全球化与文化资本.北京:社会科学文献出版社,2005:285.

所属的社会阶层之间有联系,"但是教师却往往将两者等同起来"①。并且,学生家庭所属的阶层常常被教师用来当作给学生分类和解释学生的学习行为的依据。② 因此,通过揭示学生的阶层文化及其与主流文化之间的符应(correspondence)与疏离,可以挖掘出制约教育公平的深层而隐蔽的因素,就开启了阶层文化的教育学意义。③

因此,缺乏公平意识的教师便会很难察觉,在学生学业成就差异的背后,实际上潜藏着家庭文化与学校文化之间匹配程度的差异,进而他们更难发现上述差异与阶层再生产之间的关联。于是他们和教育系统一起阻碍着底层文化习性在学校中取得发展和成功。

所以,教师对于学生进行"再生产"的突围来说,具有十分重要的影响。教师的工作在很大程度上受到学校、社会甚至社会文化的影响。教师通过变换教学组织形式、构建教育过程以及日常教学动态组成学校的"微观政治环境"。具有公平信念与意识的教师,能够观照到教育系统内部的对待性公平,能够帮助那些处于"不利境遇"的学生冲破"再生产"的桎梏,使之不再成为一个无能为力且无法从内部解决的问题。教师可以充当一个帮助不利境遇学生突围的角色,尽可能地在教育教学中消除经济和社会等方面的外部障碍,使每个人的天赋能力得到充分发展,尽量降低历史和社会因素对学生发展造成的不利影响。教师作为教育过程中的行动者,可以通过理解自身所处的结构化情境和文化经历来理解自身;同时在每日的例行化行动中,也可以通过"实践意识"进行"反思性观照"。我们现在看到的在教育系统内部(以及作为教育系统的结果)出现的社会不平等,强烈表明教师在促进边缘化(marginalized)学生获得更平等的教育成果方面发挥着关键作用。④ 只有教师能够意识到自身具有对待性公平的责任以及

① [英]麦克·F.D.扬主编.知识与控制[M].谢维和,朱旭东译.上海:华东师范大学出版社,2002:175.

② 同上,177-178.

③ 朱新卓,王欧.教师的阶层文化与教育的文化再生产西方学者论阶层文化对教育公平的影响[J].教育研究,2014(12):133-142.

④ Mills C., Ballantyne J. Social Justice and Teacher Education: A Systematic Review of Empirical Work in the Field[J].Journal of TeacherEducation, 2016, 67(4):263-276.

公平信念,并能践行这样的意识,才能提供更加公平的学习机会,从而促进教育的微观过程公平。

3. 教师的公平信念

任何教育行为背后往往都有相应的教育信念支撑。作为对学生最有影响力的人物,教师在教育过程中对于教育、教育公平、学生等关键要素的理解以及所秉持的教育信念直接决定着学生能否享用到教育过程中的公平。换言之,教师的教育信念出现了问题和偏差,往往会成为教育实践中教育公平真正实现的障碍。[①] 而教师必须有能力去中断(interrupt)那些对学生有歧视性与有害性的教育实践。[②]

本研究发现,BQ中学的教师不仅具有教育公平意识,而且他们还一定程度上具备教育公平信念。换句话说,在他们的心目中,他们知道教师这一角色对于学生公平学习与发展的重要作用。虽然他们的这一信念还很保守,依旧停留在如S老师所说的"我只能说尽我最大努力去帮助他们缩小差距"(1114 - YY - BKS),如J_1老师所说的"老师如果多做一些努力多做一些工作的话,可能就改变了他们"(1023 - LS - BKS),如Z_2老师所说的"在我的教学过程中,我会尽我最大的能力去实现、去帮助这样的学生"(1206 - YW - BKS),诸如此类的阶段。但是我们可以看出,这些老师虽然话语表述上看起来有些"保守",但实际上他们在教育教学实践中体现出了他们的教育公平信念。

不公平难以被打破的一个原因是社会不公正本身隐藏在日常行为之中。[③] 教师要参与到学生的成长历程中去,而不仅仅是局限于学校、课堂的空间内,也不仅仅停留在交往过程中尊重、爱的表达,而是关注到学生的生活环境、文化背景,能够察觉每一名学生的成长差异,进而

---

① 董海霞.教师的教育信念与教育公平——以绿领巾事件为视角[J].当代教育科学,2015(23):6 - 8+22.

② Goodwin A L. Globalization and the Preparation of Quality Teachers: Rethinking Knowledge Domains for Teaching[J]. Teaching Education, 2010, 21(1):19 - 32.

③ Dyches J., Boyd A. Foregrounding Equity in Teacher Education: Toward a Model of Social Justice Pedagogical and Content Knowledge[J]. Journal of Teacher Education, 2017, 68(5):476 - 490.

真正参与到学生的发展过程中与其共同(together)成长。① 只有这样，教师才能彰显作为行动者的力量，从而在日常教学实践中反思教学展开的各种条件和机制，反思学生背后的各种可能和限制，才能够更好地帮助学生进行"再生产"突围。②

W 老师是政治老师，在承担 8 个班级的道德与法治课授课任务以外，她还是学生处主任，主抓学校的德育工作。虽然 W 老师还不到 40 岁，但是她具有较为丰富的教学经验与德育工作资历，是 L 区的德育讲解员，十分优秀。也许是由于所教授学科的原因，加之自己主抓德育工作，因此 W 老师在帮助学生突围"再生产"方面具有较为强烈的信念。以下来自与 W 老师和 J_1 老师的访谈。

> W 老师:(……)我觉得第二个因素就是家庭，整个的环境和教育给每个人的这种影响也是造成差异的一个原因。比如说，家长的这种教育的理念、处事的方式，包括家庭生活当中的一些习惯，等等，这些都会影响到他(学生)后天的能力水平，或者为人处世，等等，这些方面的差异。再就是我觉得是个人的这种，怎么说，和个人努力，包括学校的同伴、老师，对他的影响也可能会形成孩子的差异。我觉得这个差异，客观存在，这些我觉得都会影响他的个人。尤其是家庭中爸爸妈妈、爷爷奶奶对他的影响，家长对孩子的教育理念和教养方式真的会对孩子产生很重要的影响。比如说，家长重视孩子的教育，平时注重培养他，陪他一起看书、写字、画画，那么孩子在学校的学习能力与学习方式就会比其他同学稍强一些。如果家长放任孩子，就是说"你去玩吧，别来打扰我就行"的这种，那么孩子的学习能力很大概率是不如第一种孩子的。

---

① 崔宇,石艳.教师的社会学知识:公平视域下教师知识的转向及其实践路径[J].教育发展研究,2019(4):35 - 43.

② 高水红.超越"再生产":学校的教育公平实践[J].南京师大学报(社会科学版),2020(4):75 - 83.

但是家长那方面我们只能尽量去沟通,不能改变家长太多。有些家长还好,会按照老师的嘱托稍微改变一些;但有些家长就是想把教育孩子的责任放在学校,说自己忙、每天不容易,没有那么多精力。所以这个时候,如果老师能够看到这个孩子所处的家庭环境与学习环境,如果老师能够多帮助他一些,不仅仅是说补课的那种帮助,是要告诉、教导孩子,如何去学习,为什么去学习,养成良好的学习方式,理解父母,等等。那么我觉得,他是会进步很多的,是会更成功的。(1108 - ZZ -BGS)

J₁老师:我的初衷就是我觉得,学生的这个学习不仅是他自身的天赋或者是生理上面的学习能力带来的,也有很多是家庭环境成长经历带给他们的,但是这个成长环境已经到这个阶段,对家庭他父母也无法改变了,对家里也无能为力。其实如果老师多做一些努力多做一些工作的话,可能就改变他的。我就在想能不能就是宣扬一下,让老师们更多地参与到孩子的成长当中,和他一起成长,而不是作为一个旁观者呀,或者是一个高高在上的权威者,而是和他成为一种共同成长的朋友。(1023 - LS - BKS)

从 W 老师和 J₁ 老师两位老师的访谈我们可以得知,W 老师是坚信教师是可以通过行动来对学生由于家庭背景与文化差异等方面所带来的差异进行弥合的,她具有明确的教师信念,认为"学生会进步很多""会更成功的"。而 J₁ 老师则是认为自己多做一些努力,是"可能改变他的",同时 J₁ 老师也想带动更多老师像她那样参与到孩子的成长中,成为孩子的朋友帮助孩子突围"再生产"的桎梏。

(二) 公平行动:在实践中践行公平意识

在日常的课堂生活中,教师每一刻所做的、所说的,都具有教育实践意义,无论教育目标是什么,也不管采用何种教学方法或教学手段,它们对教与学都具有教育价值,都会产生教育效果。① 因此,考察教师的公平意识是如何践行在其教育教学与师生互动中,探寻其行动对于学生的公平学习与发展所具有的影响,具有重要价值。

1. 观照每一名学生:公平学习机会均等提供

给每一名学生提供均等的学习机会,不仅是对教育公平内涵的理解中最显著的层面,同时也是教师对教育公平最朴素的理解。自从 20 世纪 60 年代的《科尔曼报告》发表以来,用教育机会均等来指代教育公平这一概念,便得到学界认同。吕星宇对上海市 1 500 名中小学教师开展的有关教育公平的调查,结果显示将近 60％的教师更倾向于认同教育公平的内涵是平等对待。② 可以说,观照每一名学生,进而提供给他们公平的学习机会,是具有公平意识的教师都想达成的行动。

研究发现,BQ 中学的教师们也持有这一观点,都想在课堂教学与师生互动的过程中,给每一位学生提供公平的学习机会,让学生们都有机会表现自己,从而在这一层面上彼此间没有差异。

(1) D 老师:"让每一位同学都听清"

"让每一位同学都听清",是 D 老师在一次语文课堂教学中对学生所说的话。以下来自一次语文课堂的田野日记。

> 课堂上,一位学生在回答 D 老师提问的问题时声音较小,因此老师鼓励她要声音洪亮。但与我们"常识性"认知下教师是以提升课堂效果以体现学生学习积极性的情况不同,D 老师还暗含着加强学生参与度的意图,同时也是鼓励被点到名同学的声音要自信、洪亮,因此希望她的发言能够"让每一位同学都听清"。(1015 - YW - JS)

① 马克斯·范梅南.教育敏感性和教师行动中的实践性知识[J].北京大学教育评论,2008(1):2 - 20.
② 吕星宇.关于教师对教育过程公平的意识与行为水平的调查报告[J].教育科学研究,2014(3):42 - 49.

不仅如此,研究者将 D 老师对同学们说的话也同时记录下来:

> D 老师:老师希望大家回答问题时能够声音洪亮、够大,这不是为了说课堂氛围啊、课堂效果啊能够怎样怎样好,多么积极热闹,而是说这样能够让每一位同学都能听清你回答的问题。这样大家听了你的回答之后,可以与你一起思考,让大家都能思考、都能参与。因此,虽然是你一个人在回答问题,但是(效果上)让大家都思考了一遍。这样,老师也尽量给每一个人站起来表现自己的机会。(1015 - YW - JS)

可以说,"让每一位同学都听清",是 D 老师在课堂教学中的一次公平行动,是将其公平意识真正落实到课堂的一种教学方式。

(2) Z_1 老师:"争取给每一位同学表现机会"

"争取给每一位同学表现机会"是生物 Z_1 老师于 BQ 中学"涵润杯:生长课"[①]的一节生物公开课的课堂教学中所说的话。

这节课的课程内容是《单细胞生物》,Z_1 老师正在用小组教学的方式,将班级学生分为 6 个小组,并利用模具对他们进行单细胞生物体内细胞构造的讲解。以下来自一次"涵润杯:生长课"的田野日记。

> 研究者注意到老师在课堂教学中十分注重学生的公平学习机会与公平表现机会。首先,老师注重学生的公平学习机会。老师将学生分为 6 个小组,并且依靠模具来讲解草履虫的构造。她的授课方式是每个小组都要进行讨论,并对每一组都要询问并讲解。当一个小组没有疑问了,她才朝下一组走去。

---

① "涵润杯"是 C 市 BQ 中学为了优化课堂样态、打造一支"学术性与研究型"教师队伍而设立的校内教师公开课,也是一种校本教研活动,取"润育九年,涵养一生"之意,而这 8 个字也正是 BQ 中学的办学理念。"涵润杯"分为"示范课"与"生长课"两部分。顾名思义,前者是成熟型教师通过公开课来向其他教师展示"有示范意义的课",随后在评课与研讨环节教师们互相切磋、磨课,取长补短,互相提升;后者是主要面向青年教师的"赛课",意为"有生长意义的课",让青年教师以公开课的形式来进行竞赛,从而让相关专家给自己提出批评与建议,进而提升自己。

　　当时的情境是这样的,在解答完第三小组的问题后,Z_1老师已经开始解答第四组的问题了,这时第三组的一位同学突然对老师进行提问。老师并没有因为是公开课而时间紧张的原因便"放弃"该名同学,反而是立即返回解答,直至该生理解、明白。其次,研究者观察到,老师在整个课堂教学过程中共计提问25次,其中有23人获得了回答问题的机会(其中有2人回答过两次问题)。老师一边提问,一边说着:"老师争取给每一位同学表现机会,让你们展示自我。"(1017-SW-HYS)

　　"争取给每一位同学表现机会"并不是Z_1老师在公开课上为了课堂效果而进行的"作秀"行为。由于Z_1老师在这次公开课上的行动给研究者留下了深刻的印象,因此研究者在后来的班级课堂教学中也进行过多次观察统计。结果表明,无论是公开课还是班级内的课堂教学,Z_1老师均注重给学生提供公平的机会表现自己,让他们公开地展示自己,增强信心与学习动力。

　　(3) S_1老师:不设班干部

　　研究者在调研过程中偶然结识了 BQ 中学小学部的一位 S_1 老师,并且从她的班级管理与教学经验中得出,给学生提供平等的学习机会不仅在于从课堂上关注他们每一个人,还在于让学生们之间没有地位上的差异,尤其体现在学生班干部的任用方面。这样,由于学生们之间地位的平等,可以进一步促进他们学习机会的公平。

　　学校,既是学习的场所,又是生活的场所,还是社会的场所。吴康宁认为,课堂不是一个完全封闭的社会系统,而是"社会"的产物,与外部社会之间有着千丝万缕的联系。[1] 学生班干部制度由来已久,且取得了一定的积极作用。[2] 有学者认为,班干部是学生成长和教育的双重需要,对青少年的成长具有重要价值。[3] 班干部制度沿用至今,几乎

---

[1]　吴康宁.课堂教学社会学[M].南京:南京师范大学出版社,1999:8-9.
[2]　申玉宝.小学班干部制度的发展进程与反思[J].当代教育科学,2012(14):22-24.
[3]　孙俊三.班干部:成长和教育的双重需要[J].华东师范大学学报(教育科学版),2013(1):11-18.

所有的中小学教师在进行班级管理时均会设置班干部,以致有些学生班干部由于权力集中、权力滥用与权力任性而使得班干部制度产生异化。[①] 即便对班干部进行科学管理促使其价值回归,但是学生之间还是会将"班干部"与"群众"的身份差异一定程度上地带入课堂,产生学习机会不均等的后果。

正是基于此种考虑,S_1 老师在她的班级中便从不设置班干部,以促进学生之间的学习机会公平。S_1 老师 40 岁左右,有近 20 年的教龄,是六年级某班的班主任,兼数学主任,曾获"C 市十佳青年教师",有着较为深厚的资历。而她也将公平意识贯彻到班级管理的行动当中。

> S_1 老师:我觉得干部这个词儿,本身给人的印象就不是特别好,好像是小干部的那种感觉。其实干部是什么?是你要负有一定的职责在班级里面,而不是说要管着别人……因此我在班级中从来不设置班干部,又是班长,又是这个那个的委员,像给学生分了等级一样。
>
> 我的班级最多只设置小组长,做最简单的工作,例如收作业、值日等等。小组长还要定期轮换,让每个人都有着当小组长的经历,使得他们都能得到锻炼,没有班干部那种"等级"的区分。因此我觉得这样会使孩子具有更好的成长效果,他们之间的相处和学习也更加公平。(1202 - SX - CT)

可以看出,BQ 中学的老师能够较好地将其公平意识践行到实践当中,首先在给学生提供公平学习机会的层面付诸行动。

2. 差异性对待:教育公平差异原则的践行

差异对待是实现教育公平的重要原则,有助于教师进行公平的课

---

① 陈银雪.小学班干部权力的异化与回归[J].教学与管理(小学版),2020(6):11 - 13.

堂教学[①],既能够"平等"平均地给学生分配机会,又能够最大程度地帮助那些处于"不利境遇"的学生[②]。

考察 BQ 中学教师的公平教学行动,发现他们在对学生进行差异性对待的时候,呈现出两种行动模式:一是分层教学,二是特殊照顾。

(1) 分层教学

分层教学的思想产生于 19 世纪下半叶[③],可以体现为学生分层、目标分层、施教分层、作业分层、评价分层五个方面[④],对学生的全面发展与学生群体间公平发展具有积极作用[⑤]。

对 BQ 中学教师的分层教学行动进行考察,发现他们会采取分层施教、分层分组、分层作业与分层评价的方式促进课堂教学公平。

首先,数学 J_2 老师会采用分层作业的方式,根据学生学习能力的差异,对他们进行分层作业的公平行动。以下来自一次数学课堂的田野日记。

这是关于 J_2 老师如何看待作业的观点。他对学生强调,作业是知识加深与巩固课堂学习效果的(一种途径),(用以)练习并熟练掌握知识点,而不是一种用来让老师检查的工作。接着,老师与同学们约定,如果昨天各科作业留得有些多,大家可以将数学作业放到最后写。如果大家做作业到挺晚,脑袋也不太清醒,那么可以允许大家不做数学作业。因为即便这个时候做了,效果也不好。同学们可以在第二天与老师说明一下情况,然后利用课余和午休时间补上,只要在放学之前交给老师就可以。(1112 - SX - JS)

① 张丹婷.差异对待:基于个体差异的公平课堂教学[J].教师教育论坛,2017(6):48 - 50.
② 石艳,崔宇."新教育公平"观与教师教育转型[J].湖南师范大学教育科学学报,2018(5):110 - 116.
③ 叶琳,刘文霞.国外分层教学历史发展概况[J].教学与管理,2008(3):159 - 160.
④ 毛景焕.班内分组分层教学存在的问题及其优化策略[J].教育研究与实验,2000(4):45 - 47.
⑤ 毛景焕.谈针对学生个体差异的班内分组分层教学的优化策略[J].教育理论与实践,2000(9):40 - 45.

随后,研究者对 J₂ 老师进行了即时性的访谈,以证实他这样的教学行动是否隐含着公平意识。

> J₂ 老师:每个学生做题的时间不一样,擅长的学科也不一样。有些学生做得快,能较好地完成,而有些学生做题本来就慢,如果各科作业留得多,这个时候再强行要求他们完成,不太现实,且(完成的)质量也不高。因此,我给这些学生留出时间,让他们可以尽量保证质量地完成作业,这样完成度也比较高。
>
> 研究者:那我可以理解为,您是在对学生进行分层教学么? 体现了您的公平意识?
>
> J₂ 老师:你这样理解也对。有的任务,有些同学可以完成;有的任务,有些同学就很难完成。因此,倒不如减轻那些完不成任务的同学的工作量,这样还可以让他们保证一下质量。(1112 - SX - JS)

可见,J₂ 老师将公平意识践行到行动当中,采用分层作业的方式,促进学生更好地发展。而 S₁ 老师则采用分层分组的方式,对学生进行分层教学。与一般的分层分组不同,许多老师是以"帮扶结对"的方式将学生组成小组,以期小组同学之间可以互相帮助。但是 S₁ 老师则是采用同层次分组的方式,将学习能力相近的学生划为一个小组,并认为这样更能够促进学生之间的公平学习。

> S₁ 老师:我觉得分层次建立小组是很有必要的。以前我们在课堂上,总是将好的、中的、弱的放到一起去组成小组,这样的话,好的可以带领其他较弱同学。但是我认为这是值得商榷的。因为组内成员的学习能力不一致,学习能力强的学会了,都学别的(知识点)去了,那个弱的都不一定能理解,中的可能会理解。(学习能力)好的那个人,他不一定

会去等其他人，因为他学得快，就没有耐心去等，所以他们学不到一块儿去。

（……）我觉得反而就是这种分层，对于很多孩子来说是有道理的。因为对他在这个组里的自信心（的建立）有帮助。我们可以采取的一些就是，互助的就是同级别、同层次、同水平的这种学习方式，帮助他们制订一个小小的目标。（1202 - SX - CT）

可见，S_1 老师的这种分层方式可谓别出心裁，分层分组，且每组都分别设置适合该组学生的目标，这样能够不耽误学习能力强的学生的学习进度，也能够建立学习能力弱的学生的自信心，是一种公平意识的践行。

（2）补偿性对待："我会照顾你"

补偿性对待是教育公平内涵的一个重要原则，也是对待性公平的一个重要维度。人们通常使用补偿性原则来对待那些学习能力弱的学生，以尽量拉齐他们与学习能力强的学生之间的差距，进而弥合二者之间的学习成绩差距。

首先，J_2 老师对学生采用补偿性对待，利用"我会照顾你"的方式来帮助那些学习能力比较弱的学生，帮助他们提升学习的兴趣与自信。以下来自一次数学课堂的田野日记。

J_2 老师这节课的课程内容是"合并同类项"。老师在课前检查了同学们的预习情况，结果不是特别好。因此 J_2 老师告诉大家，"你们得预习，认真预习，这样才能学会、学好，这才叫学习。我会尽量照顾你，照顾那些成绩稍弱的同学……"同时他还用奥运金牌的例子来鼓励同学。"比如奥运会，人们只能记住冠军，却不太能记住第二名。因此你们也要不断努力，追求卓越，这样才能得到大家的认可、自己的认可，才能够实现自身的价值、希望、理想。"（1018 - SX - JS）

而 Z₂ 老师在学生时代的求学经历,使得他具有明确的教育公平感知,进而在他成为小学教师之后,将这份公平意识带进了他的教室,也在一定程度上体现出补偿性对待的公平行动。

> Z₂ 老师:在我当了老师之后,我特别关注那些成绩中等或者中下等的学生。我觉得这些学生不是笨,他们是不会学,而且他们要老师有足够的耐心去引导。所以每次这些学生一旦学习(成绩)落后了,学不好的时候,我不会立马去批评他们,我不会说你怎么学不好呀,怎么不努力呀或者什么。我是一直在想办法,我把家长叫来,我说我们一定要对孩子有信心,多鼓励。(1206 - YW - BKS)

由上述可知,老师对学生进行差异性对待,也是 BQ 中学教师们重要的公平行动,都隐含着他们的意图、动机,期待学生能够更公平、更好地学习与成长。

3. 文化资本的弥补

(1) 文化资本及其在教育过程中的运作

文化资本是布尔迪厄理论体系中的一个重要概念,是指借助不同的教育行动传递的文化物品,借此说明不同社会经济出身的学生在学业成就方面的差异,实际上是因为他们在文化资本的分配方面处于不平等地位,所以才导致的学业成就的不平等。[①]

布尔迪厄认为每个社会场域都有隶属于自己的正统文化,是区分场域内各行动者处于有利或不利地位的基本原则,这种不利除了与经济因素有关,还势必受到所属阶层以及家庭等多重文化因素的制约。[②]而文化资本是资本的一种形式,指的是一种权力资源,是群体保持主导

---

① 杨善华,谢立中.西方社会学理论(下卷)[M].北京:北京大学出版社,2006:170 - 171.
② 朱伟珏."资本"的一种非经济学解读——布尔迪厄"文化资本"概念[J].社会科学,2005(6):117 - 123.

地位获得地位的一种方式。① 从而他进一步认为,文化资本的投入和社会化,会影响儿童在教育体系中是否能够处于优势地位。上层阶层的文化资本从父母那里传递给孩子,使孩子理解教育系统中隐含的"游戏规则",欣赏并符合高等教育的要求,且有能力给教师留下学术才华的印象,从而有助于他们学业的成功。②

　　文化资本是如何在教育不平等的过程中运作的呢? 首先,不同阶层的家庭教养存在差异。要破解阶级运作的密码,往往要从家庭教养开始,尤其应关注儿童早期生活经历中家庭所发挥的重要作用。拉鲁(A. Lareau)对工人阶层和中产阶层的家庭教养过程展开全方位比较,通过对 12 个孩子家庭生活的细致描绘,认为工人阶层的家庭教养为自然成长,中产阶层则是协作培养,后者更容易满足学校教育的要求。工人阶层面对官僚机构时容易遭受挫折,中产阶层由于熟悉游戏规则而容易成功。③ 其次,不同阶层的家校关系存在差异。拉鲁在两所小学展开研究,对不同阶层的家校关系进行了细致比较,认为工人阶层的家校关系是断裂的,中产阶层则是互联的。为应对学校中出现的问题,中产阶层可以借助家长的社会网络展开集体行动④,而工人阶层的家长则显得被动。最后,不同阶层的子弟在学校中的表现也有所不同。卡拉尔科将关注焦点放在了学校内部,描述了课堂中的分层现象,认为儿童并不是自然而然地延续家庭优势,而是在课堂上积极主动为自己创造机会。与工人阶层子弟相比,中产阶层子弟更为果断、直接、频繁地寻求教师帮助,甚至会直接打断教师⑤,而这又源于其父辈为课堂活动

---

① Halsey A. Education: Culture, Economy, and Society[M]. New York: Oxford University Press, 1997:201.

② Bourdieu P. The Forms of Capital. Handbook of Theory and Research in the Sociology of Education[M]. New York: Greenwood Press, 1986:241 - 258.

③ Lareau A. Cultural Knowledge and Social Inequality[J]. American Sociological Review, 2015: 80(1):1 - 27.

④ Horvat E., Weininger, E. &Lareau, A .From Social Ties to Social Capital: Class Differences in the Relations between Schools and Parent Networks[J]. Journal of American Educational Research Journal, 2003:40(2):319 - 351.

⑤ Calarco J. I Need Help!: Social Class and Children's Help-Seeking in Elementary School[J]. American Sociological Review,2011,76(6):862 - 882.

所做的训练向子女传递了什么是恰当的课堂行为方式①。

（2）文化资本的弥补行动

虽然学生在学校教育教学过程中所携带的文化资本比较隐蔽，教师很难直接"观察"到他们的表征。但是研究发现，其实 BQ 中学的教师是带着洞察的眼光去看待学生所带进学校、带进课堂的文化资本的。虽然教师们没有听说过文化资本这一概念，更不知道文化资本的内涵与表现，但是他们能够察觉到学生彼此之间家庭背景、成长经历与文化之间的差异，并且认为这一差异是能够影响到学生的学习能力的。因此教师认为，学生的学习能力较弱并非是因为他的天赋不好，可能是其家庭教养方式、文化差异等方面的文化资本因素所导致的。因此，教师们的行动中实际上潜藏着对文化资本的弥补。

首先，英语 S 老师通过带学生观看她在美国公派交流时期的视频，以提高学生们对于多元文化的理解。S 老师认为，许多家庭很难给孩子提供出国游历、体验的机会，因此这些孩子对于英语学科的学习兴趣与学习能力，在一定程度上是弱于那些有过出国经历的孩子的。所以，S 老师通过播放视频，并亲自讲解，来帮助学生们了解、感知中美文化差异，从而帮助学生培养对于英语的兴趣。以下来自一次英语课堂的田野日记。

> 这节课 S 老师给同学们观看视频，内容是她本人在美国的一段教学经历。S 老师曾在 2004 年通过学校公派的方式去美国新泽西州的一所中学交流学习三个月。而这段视频所呈现的内容正是她在美国过万圣节的庆祝活动，也是她所教的最后一节课。她与美国学生们一起装扮、庆祝，场面十分热闹。老师把视频分享给班级的学生，就是想与他们一起领略美国文化，体会文化差异，从而理解多元文化与文化包容，进

---

① Calarco J. Coached for the Classroom：Parents'Cultural Transmission and Children's Reproduction of Educational Inequalities[J]. Journal of American Sociological Review，2014，79(5)：1015 - 1037.

而帮助他们提高学习英语的兴趣。(1106 - YY - JS)

随后,研究者对 S 老师这一行动的意图与动机进行了追问。

> S 老师:英语的学习是需要语言环境以及了解文化背景的。我们的学生中间,有些出过国,有些没有出过。因此我想要以这种方式帮助那些没有出过国的同学领略并了解外国文化,从而启发他、帮助他能够喜欢英语、更好地学习英语。(1106 - YY - JS)

其次,D 老师能够洞察到学生学习能力差异背后所潜藏的是其文化资本的差异。由于是语文老师,D 老师认为,学生对于阅读理解以及讨论题的理解能力与分析能力与家庭教养方式有关,其实也与父母的文化水平相关。文化水平高、闲暇时间多、愿意陪伴学习的父母,他们孩子的理解能力与学习能力就会稍强一些;反之,孩子的理解能力与分析能力就会弱一些。

正是基于这种情况,D 老师在课堂教学中不仅停留在将答案直接告知学生的层面,她十分耐心地、不断地教学生们如何阅读题干、分析题干,借此想帮助孩子提高学习能力与解题思维能力。以下来自一次语文课堂的田野日记。

> 这节课是自习课,班主任 D 老师讲解阅读题的试卷。研究者发现,D 老师在说出答案的同时,还耐心地教大家如何分析这道题的题干,让同学们知道这道题是想问出什么问题,而后想得到什么样的答案。她还在讲解答案的同时,将该题与以前学过的知识联系在一起。(1016 - YW - JS)

随后,研究者围绕这一行为对 D 老师进行了访谈。

研究者:上节课那样的讲题方式,您是一直采用的吗?

D老师:对,时间允许的时候,我都是这样讲题的。

研究者:我接下来的问题也许是作为研究者都避免不了的一种"过度解读",想从您这里知道答案。就是说,您有没有思考过,您这样的教学方式,其实也是一种促进公平的教学方式,可拉近学生之间解题方式、思维方式的差距呢?

D老师:这一点我倒是没有想过是一种公平,我只是觉得这样可以帮助学生提高他们的分析能力。每个学生的学习能力、分析思维都是不一样的。成绩好的学生,对于题干的分析要强一些,知道这道题问的是什么。而学习稍微弱一些的学生,就不是特别会分析,因此总答不到点儿上。

研究者:那您认为,这与他的家庭背景和家庭文化是否有关系呢?

D老师:我认为有关系。有些学生的家长就是教师,因此平时回家他们也爱读书,家长也会给他们讲题。有些学生还上补习班,很多课他们都提前学习过。还有些学生,家长对他们的学习不是特别关心,也没有能力、更没有时间去督促他们看书学习。所以大家的学习方式与学习能力是不一样的。

研究者:所以说,您这样的教学方式,其实是蕴含着公平方面的。您这样教学生们提高分析能力,实际上是在一定程度地弥补他们由于家庭文化所带来的差距。① (1016 - YW - BGS)

"课堂教学不是在真空中进行的,课堂教学与其'外部社会'之间存在着一种交换关系。这一关系的首要方面是外部社会对课堂教学的

---

① 研究者在这里实际上想说,D老师的这种教学方式其实是蕴含着公平取向。她教学生提高分析能力,实际上是在尽力弥补他们由于文化资本的差距所导致的学习能力与分析能力的差异。如果在访谈中提及这些概念并对其进行解释,会影响访谈的流畅度与效果,因此研究者换了一种表述方式。

'输入'。"①那些具有不同文化资本和从不同角度看世界的年轻人对于事物其他可能的样子都有自己不同的看法,教师需要真正理解他们。②

正如维莱加斯(A. M. Villegas)和卢卡斯(T. Lucas)所述,教师需要具备如下素养:肯定来自不同背景的学生的观点,看到所有学生的学习资源,而不是把差异视为需要克服的问题;了解学习者如何构建知识,能够促进学习者的知识构建;了解学生的生活情况;利用教师对学生生活的了解来设计建立在他们实际生活基础之上的教学。③ 因此,教师只有观照到学生的成长环境、文化背景,才能够触及每一名学生的个人局限,才能够真正理解他们对世界的看法,从而调整对每一名学生的教育方式以及培养目标。④

4. 精致型符码的使用

(1) 精致型符码及其形式

英国学者伯恩斯坦(B. Bernstein)自 20 世纪 50 年代中后期开始致力于建构一种连接宏观社会学和微观社会学的理论体系,而他所建构的符码理论(code theory)则被后世认为是最具原创性和解释力的学说之一。符码(code)是伯恩斯坦理解外在的权力分配和控制原则如何内化并形塑内在的个体意识和心灵的关键,用他的话讲,符码理论的研究不断尝试通过沟通原则去理解规则、实践,以及制约着意识的合法性创造、分配、再生产和变迁的机构,进而使得既定的权力分配和支配的文化类别得以合法化和再生产⑤。因此,符码可以理解为一种沟通原则,这种沟通原则深受社会分工和阶级关系的影响。符码理论的基本命题则是:社会结构决定沟通原则,也塑造了意识形态。在相互建构的

① 吴康宁等.课堂教学的社会学研究[J].教育研究,1997(2):64-72.
② [美]玛克辛·格林.释放想象:教育、艺术与社会变革[M].郭芳译.北京:北京师范大学出版社,2017:46.
③ Villegas A M., Lucas T. Preparing Culturally Responsive Teachers: Rethinking the Curriculum[J]. Journal of Teacher Education, 2002,53(1):20-32.
④ 崔宇,石艳.教师的社会学知识:公平视域下教师知识的转向及其实践路径[J].教育发展研究,2019(4):35-43.
⑤ Bernstein B. The Structuring of Pedagogic Discourse: Volume IV Class, Codes and Control[M]. London and New York: Routledge, 2003:96.

历程中,阶级具有主导力量,进而左右自我、角色和认同的建构,再塑造阶级的位置,完成其文化再制的历程。①

通过一系列研究,伯恩斯坦曾将中产阶层和劳动阶层儿童的语言表达方式分别形象地概括为"精致型符码"(elaborated codes)和"限制型符码"(restricted codes)。从语境及其表达的语义角度来看,前者是指语言表达呈现出一种脱离具体语境的准确意义,语词的选择较为明确;而后者是指语言表达流露出依赖特定语境的模糊含义,语词的选择含糊不清。伯恩斯坦的进一步分析表明,不同社会阶层儿童之间的语言表达差异并不是认知能力的差异,而是儿童领悟语境、表达语义时运用的规则的差异,这种差异说到底又是不同阶层之间的权利关系和控制原则的反映。

不同社会阶层的儿童在语言表达和抽象思维能力上存在巨大差异。精致型符码与限制型符码都是用来说明语言形式及其所引起的社会关系形态之间的关系。具体说来,中产阶级家庭的孩子所使用的语言具有系统性、逻辑性、文学性、修养性的特征,伯恩斯坦称之为精致型符码,其语句、语法更为复杂,体现着一种个人化社会关系的陈述。在这样的家庭中,孩子能够不断接受练习以说明自己的想法、动机、态度等,强调孩子运用更多的语法、语句来描述内心世界,所用的句子都是具有逻辑性的、指向情感支持与复杂概念的,例如"优美的""尊敬的""我对大自然充满了热爱"等诸如此类的表述。而劳工阶层家庭的孩子所使用的语言则更加具体化、生活化、共同性和通俗性,是为限制型符码,一般由简单、选择性低的语法和语词组合而成,常采用封闭型的沟通方式,个人很少主动表达内在情感,例如"你不能这样做""你今天必须留在家里"等简短、命令式语句。②

一方面,工人阶层因为工作环境多为集体生活,并且可替代性程度较高,从而个体作用并不明显,因而倾向于以限制型符码作为沟通工

---

① 谭光鼎,王丽云.教育社会学:人物与思想[M].上海:华东师范大学出版社,2009:272.

② Bernstein B. Elaborated and Restricted Codes: Their Social Origins and Some Consequences[J]. American Anthropologist, 1964(6):55 - 69.

具。另一方面,中产阶层的教育背景和工作条件使得他们拥有更大程度的自主性,更加倾向于强调个体意图、去语境的普遍化陈述,为了增加自己话语的可理解性,他们不得不经常诉诸精致型符码。然而,学校教育中书籍、教材以及教师所使用的语言经常是精致型符码,因此有利于中产阶层家庭通过教育系统而进行文化再制,容易取得成功。而劳工阶层的孩子却要被动地去适应学校系统中的话语符码,以符合教育系统对他的期待,因而不易成功。

(2)"更有学习劲头":用"您"称呼学生的意外后果

在 BQ 中学的课堂观察中,研究者发现了一件有趣的事。历史 J$_1$ 老师在其课堂教学中对学生用了"您"这一称谓,引发了研究者的兴趣,促使研究者对老师与学生进行了追问与追踪。以下来自一次"涵润杯:生长课"的田野日记。

> 这是一节历史课,课程内容为"秦统一中国"。研究者在老师的课堂教学中观察到,她在提问学生的时候都用"您"来称呼对方,这一下子便激发起了研究者的兴趣。老师的这一行为,到底是有意的还是无意的? 是为了在公开课中给"观众"们留下良好印象还是她一直如此? 老师对学生的这一称呼会给学生带来怎样的变化? (1015-LS-HYS)

紧接着,研究者在课后便对 J$_1$ 老师进行了即时性地访谈。

> 研究者:请问,您在课上使用"您"的这一称谓来称呼学生,我想了解您是有意这样设计,还是无意的?
>
> J$_1$ 老师:啊,你不说我都不知道,我没关注过你说的这个方面,其他人也没跟我提起过。
>
> 研究者:那您是无意的咯? 那您在公开课以外的教学以及与学生的互动中也是这样吗?
>
> J$_1$ 老师:这一点我是真的没有太关注过。不过按你这样

说,我倒是能够想起来,好像我在平时里讲课的时候也会这样说,不过应该不是每一次(都会这样)。

研究者:那您认为,您这样的"无心之举",会给课堂带来什么不一样的效果吗? 换句话说,会对学生的学习产生良好的触动吗?

J₁老师:就像我刚才说的,我一直没有关注过这个方面,因此也没有思考过这样做会对学生有什么积极作用。不过以后我会留心这一方面,看看这样做与不这样做,会给学生带来什么样的变化。(1015 - LS - BGS)

可以看出,J₁老师的这一行为并没有潜藏着意图与动机。但是研究者仍然不死心,随后便在课间休息的时候,找到了那两名与教师互动的同学进行访谈,主题是围绕着老师用"您"的称谓来称呼学生是否会对学生的学习效果产生影响。

研究者:同学你好,我想问你俩一个问题。昨天的历史公开课,老师在课上与你们交流时都使用"您"这一字眼,你们有什么特别的感受吗? 会不会觉得老师尊重你们,从而让你们更有学习动力?

马同学:我觉得还好,就是觉得老师会尊重我们一些吧,平时她对我们也挺好的。

于同学:我觉得我受到了尊重。因为我在家的时候,我爸跟我说话都不会特别温柔,都是命令的语气。但是老师会很温柔,那样说,让我觉得她关心我、尊重我,让我觉得很温暖。所以我更有学习的劲头,想在历史课上表现好。(1016 - XS - JS)

虽然是无心之举,但是可以看出老师的这一行动起到了良好的课堂效果,让学生更加喜欢学习、有了劲头,起到了促进课堂教学公平的效果。因此,在我将 J₁老师的这一行为与其他老师进行交流反馈时,他们也表示今后会注意这个方面,从这一方面出发进行公平行动。

5. 精准掌握学生情况

BQ 中学的老师们还会采用精准掌握学生情况的方式,来进一步促进其公平行动。

(1) S 老师:"每一个人的情况都要掌握"

准确掌握学情是教师开展有效教学,提高课堂教学效率的前提,对课堂效果的提高具有重要作用。只有充分地了解学生对于知识的掌握情况,教师才能够根据学生的不同学习情况来开展进一步的教学行为。因此可以说,准确掌握学情对于每个老师来说都十分重要。

虽说如此,但很少有老师会真真正正、一个学生都不落地掌握与分析学生的学习情况。但 BQ 中学则不然,老师们无论是在课上检查,还是课下"补漏",都会关注到每一名学生,强调"每一个学生的情况都要掌握"。

而研究者在多个课堂上所记录的田野日记,便充分反映出了教师们的这种公平意识与公平行动。

> 这是一节英语课,最初的环节是单词听写。S 老师一边听写单词,一边从每一名同学身旁走过,仔细观看他们的单词拼写情况,目光真的是精确到每一个人,无一例外。不仅如此,老师在检查单词准确度的同时,还注意同学们的书写美观程度,并当场便对几名同学进行了纠正。S 老师尤其强调"师傅"[①]的书写要做到准确与美观,这样才能够让"徒弟"心悦诚服,并带领"徒弟"共同进步。(1017 - YY - JS)
>
> 这是一节物理课,D₁ 老师在讲新课前对学生进行例行的学案检查。D₁ 老师不仅每一个人都检查过去,并且还将多数

---

① "师徒结对"是 S 老师长年使用的教学方式。她将学生进行一对一地"结对",成绩稍好的人做师傅,成绩稍弱的人做徒弟。这样,师徒结对就方便有问题的同学能够随时得到解答。同时,"师徒结对"的方式还能增强学生之间的责任感,培养他们的社会性。

学生的学案拿起来细致地翻看。研究者观察到他将学案每一页都翻过去，且目光有所停留，看得比较认真、仔细。同时，老师还就学案的完成情况与学生进行即时的交流。（1115 - WL - JS）

这是一节关于《诫子书》的课堂教学。D老师的教学方式并非是她自己在讲台"独角戏"一般地讲课，而是采用随机提问的方式，让学生站起来读课文中的一句，或者是多句，从学生们的回答情况来考察他们的预习情况。在学生回答的同时，她再即时性地对学生的字音、字义等知识点进行挨个排查与深入讲解。D老师这种每个人都会提问，但每人都只问一次的方式引起了研究者的注意……（1016 - YW - JS）

随后，研究者在课后围绕着D老师的这一教学行为对其进行了即时性访谈。

D老师：我（之所以）采用这样的方式是有两点（考虑）：一是这样随机提问，每个人一两句，一篇课文下来，可以让每个人都有站起来回答问题的机会，同时我也可以知道他们对于课文的熟悉情况，看看字音有没有读错的啊，有没有某些生字或者句子不知道意思的啊。第二个，我这样抽点，没有规律，可以让每个人都紧张起来，因为他们不知道下一个会点到谁，所以要一直认真听讲，跟上进度，这样点到他的时候，他才能够找对地方并及时回答。（1016 - YW - BGS）

从研究者所记录的田野日记的几个情境性片段便可看出，BQ中学的老师们十分关注给学生们提供公平的学习机会。老师们无论是针对学生的"听清""表现机会"，还是"掌握情况"，其实都落实到了课堂当中，体现出观照"每一位同学"的教育理念与教育行动。

（2）D老师："看看学生发生了什么事"

除了横向掌握每一个学生的情况之外，老师们还强调对于某个学生纵向情况的深入了解，以知晓学生在这段时间的经历，进而更好地把握学生情况，从而反馈到他的教学与互动中。

在研究者刚刚进入现场开展调研工作的第一天便发生了一件令人印象深刻的事情。由于一名同学在语文课上"溜号儿"走神不听讲，因此D老师利用大课间①的间歇时间，与该名学生进行了谈心。但是让研究者感兴趣的是，D老师并非直接在课堂上对其采用批评指责、告诫劝勉的方式，而是与其单独在走廊的角落，仔细问询原因，与学生耐心交谈。由于研究者在D老师的默许下也"旁听"了整个过程，因此知道了二者的交谈内容。

D老师并没有直接指责学生的这一课堂行为，反而温和、耐心地询问他是不是最近家里发生了什么事情，或者是不是最近情绪不好睡眠不足。老师的这一行为激发了研究者的兴趣，随后便对其进行了一段即时性访谈。

　　研究者：D老师，请问您刚才为什么没有直接在课上对这名学生的溜号儿走神行为进行纠正呢？

　　D老师：现在的孩子，自尊心特别强。如果我刚才直接在大家面前把他叫起来，虽然会让他印象更深刻一些，但是也会让他特别难堪。其实他（一直以来）不是这样的，上课比较认真。但是这两天已经有好几次这种情况了……

　　研究者：对，刚才我听您说到过，这已经是这两天的第三次了。

　　D老师：对，两天让我发现了三次，与他平时的（听课）情况不一样。所以我才把他叫到一旁，问他为什么溜号儿，看看学生发生了什么事，是不是这几天没有睡好，或者家里面发生

---

① "大课间"是指第三节课与第四节课期间的休息时间。第三节课的下课时间为10：30，第四节课的上课时间为11：00，中间间隔半小时给学生出操。实际上，这段时间也算作课间休息，但是由于时间比较长，因此老师与同学们将其称作"大课间"。

了什么事情让他分心,等等。如果是这样的话,我觉得都是可以谅解的,并且我还可以安慰他,帮他调整心态。(0925 - YW - BGS)

"看看学生发生了什么事""其实他不是这样的",这些话语真切地体现出老师对于学生的爱,对于学生的细心观察与了解。正是由于这位学生平时不是这样的学习表现,因此在"两天发现了三次"之后,D老师便按捺不住,想"看看学生发生了什么事",以便深入掌握学生的相关情况,进而帮他调整心态。

因此,精准掌握学生情况的这一教师公平行动,强调的不仅是对每一位学生的横向了解,也包括对某一位学生的深入关注,进而更好地促进其学习与成长。

(三) 反思实践:催生教师公平行动意识

学校教育活动的基本职能是促使每个学生的潜能得到应有的发展,从而使每个学生个体在学校教育过程中享有公平的教育资源。教育过程公平是需要"同等条件同等对待,不同条件差异对待;此外,还包括弱势群体帮助"①。研究发现,"教师在公平知觉维度上评价方式的公平性和满足性发展的知觉偏低,对学生学习能力差异的知觉不高;多数教师对教育公平内涵和价值的认知模糊,对教育过程公平与教育关系的理解性存在偏差。"②同时,教师对教育过程公平的内涵虽有正确理解,但缺乏对其价值的认识,在技术上也缺乏相关的方法与策略。③因此,在推行和落实学校教育过程公平时,重塑教师的公平意识成为实施学校教育过程公平的关键环节,这一定程度上取决于教师自身对教

---

① 吕星宇.关于教师对教育过程公平的意识与行为水平的调查报告[J].教育科学研究,2014(3):42 - 49.

② 王凤秋,倪玉娟,李晓.中小学教师教育公平意识现状调查研究[J].教育理论与实践,2015(26):12 - 15.

③ 吕星宇.关于教师对教育过程公平的意识与行为水平的调查报告[J].教育科学研究,2014(3):42 - 49.

育公平理念的认识及其在教育实践中的科学把握①。

　　若要重塑教师的公平意识，就需要重视教师在日常工作中对其行动所进行的反思。杜威认为教师反思应具备三种心态：虚心的态度（open mindedness）、富有责任感（responsibility）和全身心的投入（whole heartedness）。② 这三种心态是教师对于情境和个人所作反应的某种意向，共同支撑着教师的反思活动。此外，舍恩（Schon）将教师反思划分为"对行动的反思"（reflection on action）和"行动中的反思"（reflection in action）。前者是一种对于行动计划或行动后果的反思，后者是一种基于实践情境中的反思活动。舍恩对教师行动反思类型的划分，启发后续研究将教师行动反思从技术层面和实践层面展开分析，也进一步厘清了教师行动反思的特征。随后马克斯·范梅南（Max Van manen）进一步对教师行动的反思进行区分，并加入了批判反思水平，将教师的反思行动融入了道德和伦理标准的整合。

　　教师要确立公正性思想，首先应该超越意识形态的束缚，搁置社会现实的禁锢，以求形成独立的理性判断能力，在体验中保持对细节的敏感性。③ 教师对其行动的自我反思是帮助自身获取对细节敏感性的重要捷径，能够增强教师的道德感。而教师对于教师公平认识的根源就是教育活动的道德责任感，一方面源自教师固有的传统权威，即社会对教师所赋予的"太阳""灵魂工程师"的赞誉，是一种源自教师内心对"善"这一伦理责任的追求，认为"适合每个人的教育，是理想的教育，也是公正的教育"④；另一方面就是通过教师个体对教育实践的反思，以提升教师自身的教育教学技能，从而促进教师在课堂教学知识传授和育人技巧方面实现资源分配的公平。因此，教师公平既是一种教育理念，也是一种教育行动，蕴含在师生互动的诸多细节中。教育活动本是

---

① 张渝.对当前教师教育公平理念的探析[J].内蒙古师范大学学报（教育科学版），2013（4）：67-69.

② ［美］约翰·杜威.我们怎样思维·经验与教育[M].姜文闵译.北京：人民教育出版社，2005.

③ 傅淳华，杜时忠.教师教学行动的公正性反思："道德应得"的视角[J].教育发展研究，2013，33（8）：30-33.

④ 冯建军.公正：教育的内在品质[J].教育评论，2007（4）：3-5.

人与人交往的社会互动,教师和学生都具有生命价值和主观意识。教育公平的实施需要教师在细节中关注学生的动机和意向,倾听学生的声音,采取"润物细无声"的教育教学方式,这也是教师需要的一种反思。

基于上述讨论,有学者提出教师行动反思的三个层次,亦可作为过程公平取向下教师行动反思的分析维度:一是"解放性反思",一种"善"的反思,对学生和教师都是一种人性力量的解放;二是"技术性反思",一种工具性反思,是教师对其教育目的和教学手段运用的反思,以促使其采取更有效的育人手段;三是"实践性反思",一种行动方式的反思,是教师对其在动态教育情景中与学生互动方式的反思,强调以学生为本,了解学生所思所想。可见,公平取向下教师行动的三种反思(如图3-5)以一种动态的形式相互交错、相互影响,共同影响着在微观层面落实教育公平的教师行动。

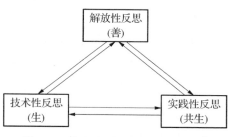

图3-5 教师行动反思的三个维度①

1. 教师公平行动的技术性反思:我是否把课上好

技术性反思的基本旨趣是通过对教学规律的发现和应用来求得最经济、最有效的教学效果②,是教师在日常课堂教学中使用最频繁的反思活动。课堂教学的一个重要目标是传递文化知识,教师经验和教学方式的运用都会影响课堂教学目标的达成情况,也影响着学生的知识掌握程度。而优秀的教师更善于分层设计教学目标,使得学生在课堂教学中更能掌握相应的知识点。

---

① 李莉春.教师在行动中反思的层次与能力[J].北京大学教育评论,2008(1):92-105.
② 同上.

在本研究中，Z₁ 老师是一名生物老师，教龄 17 年，原是 C 市某县重点高中的生物老师。据说这位老师教学知识十分精深，教学能力也特别优秀，加之是从高中降到初中来教学，因此她的课讲得层次高、扎得深。

正是这样十分突出的特点，也一定程度上可能成为其弱势所在。由于她的课程目标设置得有些高、课程内容讲得过于深刻，因此班上有些同学不太适应她的讲课方式与讲课节奏，甚至表示有些听不太懂。在一次"涵润杯"公开课的评课环节，分管初中部的校长与其他专家虽然肯定了她的教学水平与教学过程，赞扬了她的教学技能，但是也提出了类似的担忧，认为对于课堂的某一部分同学来说，她这样的授课方式会让他们较难理解与领会。后来 Z₁ 老师也积极反思，通过对其教学过程的反思与同学们的反馈，来调整自己的教学目标与教学方式，使得她的教学能够更加符合一般水平的学生，给他们提供更加公平的学习机会。同时，由于她的水平较高，因此她也可以根据学生的课堂知识学习情况，及时调整教学策略，或举一反三、或降低难度、或知识迁移，从而让一般水平的同学能够更好地理解。

2. 教师公平行动的实践性反思：我是否关注学生

教师的实践性反思是一种关注学生意向和动机的反思行动，也是一种"行动中的反思"，尤其要在教师与学生开展教学互动过程中注重能否做到"以学生为中心"，关注学生的认知水平。这也是保证学生课堂学习享受平等权利，促进课堂教学公平的关键环节。

在班级授课制的教学组织形式下，追求课堂教学效率成为教师开展教学的首要目标，也就是说教师要在单位时间内完成相应的知识点教学。由于受到学生个体认知差异、家庭环境、文化资本的掌握程度等多种因素影响，学生在课堂里的教学中互动频次具有较大差异。对于那些语词拮据的学生，他们在课堂教学互动环节中处于弱势地位，使得课堂教学容易形成一种"区隔"状态①，从而导致课堂教学中最常见的

---

① 常亚慧，赵钱森.语词：课堂教学的仲裁者[J].当代教育科学,2017(10)：14 - 17.

不平等现象。相反,如果教师能够主动反思与学生的课堂互动方式,主动关注学生的个体差异,尤其是察觉弱势学生群体的学习状态,并采取适当补偿策略,就能更好地保证他们达成良好的教学效果。

本研究中,J₁老师便是一位善于进行实践性反思的教师。她会在课堂教学中采取一些教学策略,给部分弱势学生给予一定的知识补偿。

> 研究者:那您一个一个走过去,是想精准到每一名学生的情况都想掌握吗?
>
> J₁老师:对对对,就是每一名(学生)。因为肯定是有的(学生)书(上)画得比较好,有的课堂上,嗯……就是不是特别认真的学生,就有的学生觉得自己比较聪明了,然后就是不太注重详细的知识点,然后我就是想让他们每一个学生的知识点都有(掌握),就是掌握得准确一些。
>
> 研究者:那您觉得,您这样做算是对他们教育机会均等的促进吗?
>
> J₁老师:就是……肯定对于个别同学,上课溜号儿的这些同学,督促一下子,就是希望他能以后上课认真点儿。因为我把那名单不都记下来了嘛,那我明天上课的时候,我还会看一下他的书。比如说讲完课了,然后看一下他在这一课跟没跟上。(1023-LS-BKS)

有研究发现,优秀教师主要从尊重学生的学习权利和自由、差别对待不同学生、对"弱势"学生进行适当补偿、保证学生的学习结果这四个方面实施公平的课堂教学策略。[①] J₁老师在课堂教学中善于使用丰富的教学策略指导学生学习,通过一些技巧强化学生的注意力和记忆力,

---

① 殷玉新.优秀教师课堂教学公平策略研究——以美国 68 名"年度教师"为例[J].比较教育研究,2019(1):39-44.

这样也有利于维持师生之间良好的互动关系。她尤其善于激发学生的学习兴趣,采取鼓励的方式让学生乐于学习。J₁老师在与学生的课堂互动中采用"小声交流""翻阅课本""表扬一下"等行动,体现了J₁老师对学生个体的尊重,尊重学生的学习权利和自由,这也是班级里每个学生都能够公平学习,尽可能都掌握知识点的前提保障。

> 研究者:那我看您不光翻阅,而且还跟同学们有一个小声的交流。当时的交流只是针对那些不合格的吗?
>
> J₁老师:对对,不合格的,主要是针对这些(同学)。然后画得好的,我就是会表扬他一下。比如说他这个不同的知识点,用不同的颜色、不同的笔来画。然后我就说,哎,你这画得这么好呢!然后比如说他把那个每一课的,就是有一个标签嘛,粘到书上,然后我就说你这是自己想的还是说别人告诉你的呀?然后我就是简单地跟他交流一下,表扬一下。学生嘛,老师表扬一下他会特别开心,然后他以后上课或者是画书的时候,做知识点标记的时候,他就会特别认真。(1023-LS-BKS)

3. 教师公平行动的解放性反思:老师是个良心活儿

教师的解放性反思是一种自我批判性的反思意识,正如范梅南所述,"教师以开放的意识,将道德和伦理标准整合到关于实践行为的论述中,教师不带个人偏见地关注学生发展有益的知识和社会环境的价值"[1]。在教师日常行动中,教师将教书育人视为一种"良心活",这也是教师对个体行动的一种道德伦理判断和反思,也就是教师在对教育学生方面感觉"问心无愧"的体现。尤其是在面对各种利益矛盾时,教师选择从"良心"出发,也是从基本道德伦理价值出发,并最终转化到教师促进学生发展的行动中。

---

[1] 朱旭东.教师专业发展理论研究[M].北京:北京师范大学出版社,2011:191.

D老师：我初中的班主任，我中考结束之后我去看她。她是一位特别严厉的老师，我们所有同学都怕她。但是毕业了以后，就觉得她特别和蔼可亲。老师说当时对我们说，等你们将来长大了，你们就会明白了，其实老师是良心活儿，做事情要对得起自己的良心，我就一直都记得这件事儿啊。良心活儿，一个是希望促进学生更好地共同进步。另外一个就是说，我对你们所有人都进行严格要求，就是为了你们好，让你们更好地成长。我是这么理解的。在我当老师以后，随着我工作时间的增长，我对这句话体会得越来越深。（1114‐YW‐BGS）

教育公平不仅是在数量上的客观呈现，也是一种通过比较来进行判断的主观感受。[①] 教师的公平意识一方面受到他的知识经验、工作环境、价值观的影响，另一方面则来自教师对个体行动的反思。教育公平要教师"反思自己是否在教育过程中帮助不利处境的学生逃离教育再生产的循环怪圈；反思自己在教育中是扮演着文化知识的调和者、传递者，还是扮演固化社会阶层差异、让教育实现再生产功能的行动者。"[②]

正如D老师所言，"其实老师是良心活儿，做事情要对得起自己的良心"。当教师对个人所从事的教育教学互动进行反思之后，将其定位为"良心活"，这便使得教师在面对学生的差异情况时，能够遵从教师职业道德的伦理价值进行选择。这样做也许会让教师的个人利益暂时受到损失，但是"良心活"的主观反思感受会让教师在教育教学过程中始终呵护每一位学生。

---

① 陈红,苏贵影.现代管理学[M].北京:国防工业出版社,2007:157.
② 苑璞,张宇琪.探索新教育公平观视域下教师角色的转变[J].现代教育科学,2020(1):90‐94＋99.

在结构中行动：教师公平行动的结构性特征

第四章

　　随着教育改革与发展进程的不断推进，以人为本的教育公平愈发成为我国建设教育强国与实现教育现代化的重要途径。[①] 长期以来，特别是党的十八大以来，我国始终将教育优先发展和公平发展作为执政理念和政策目标，在结构层面"多管齐下"地推进义务教育均衡发展，并形成了"从基本均衡到优质均衡""从县域均衡到市域均衡"，并"迈向省城均衡"的"三步走"战略，从而将教育公平深入推进，提质保量、全面统筹。[②]

　　如前所述，虽然我国已经在总体上解决了"有学上"的问题，正在朝着"上好学"的目标迈进。但是现代的学校还未能脱离工业化模式，学校始终像一所工厂，比较难提供个别化的方法去照顾好每个学生各方面的发展需要。[③] 这就需要我们将目光不断下沉到学校层面的微观过程公平中去，深入到学校教育内涵式公平研究，从而办好人民满意的教育，促进学生全面发展。

　　本研究中的 BQ 中学便是一所注重内涵式发展的学校，在不断强化办学质量的同时，也不忘保有温度，在以人为本办学理念的指引下，强调关爱学生的人文精神，且在学校结构层面对教师进行教育公平方面的规定与引领。但正如吉登斯所述，结构与行动是一体两面的，结构在给行动提供动力的同时也会限制行动。通过对 BQ 中学的教师进行考察发现，虽说学校结构层面会引领教师进行公平行动，且教师们也在学校教学实践中彰显出公平取向的教师行动，但是教师的行动始终是"在结构中行动"，结构在给行动提供动力的同时也对其进行了约束。

　　本章主要是因循吉登斯结构二重性的框架，对公平取向的教师行动及其所在结构的张力进行考察，从而探寻教师是如何在结构的促进与约束的双向辩证作用下实施行动的，进而为第五章教师行动逻

　　① 程天君，陈南.中国教育现代化的百年书写[J].教育研究,2020(1):125-135.
　　② 陈南，程天君.推进义务教育均衡发展"三步走"[N].中国社会科学报,2020-06-24(008).
　　③ 林智中，何瑞珠，曾荣光.香港课改二十年的现状与展望：中学教师和校长的看法[J].教育学报,2020(1):1-21.

辑的探究打下基础。接下来,我们按照吉登斯对结构内涵的理解,从规则与资源两个方面对教师行动及其所在结构之间的张力进行考察。

一、 规则与行动

吉登斯将规则分为规范制约型规则与意义构成型规则,前者指的是一种明文规定的制度,用以给社会成员提供共享的道德信仰与价值,是社会系统的"合法化";后者则是指具有意义的符号规则,也为人们所理解与遵从。而在学校结构中,规范制约型规则主要表征为学校组织的一系列正式的规章制度,用以规范与指导教师及学生的合法的行动准则与规范;意义构成型规则便主要表征为学校文化、领导理念、教研文化等弥散在整个学校"空气"中的隐性规范,虽不像前者那样具有明确的指涉范围,但是对教师依旧具有一定程度的规范作用。

本研究发现,首先在规范制约型规则层面,BQ 中学对教师的教学管理制定了许多方面的规章制度,例如教学工作原则、备课制度、教学评比制度等。虽然教师公平行动的导向在这些制度中大多都有明确规定,但是在制度的具体实施与评价中却被遮蔽起来,使得教师的行动与结构之间存了张力。其次在意义构成型规则方面,BQ 中学的学校文化、教研文化等方面虽然提倡教师要在课堂教学与学生互动中贯彻公平意识,强调教师的公平行动,但是在具体的内涵解读与实施层面又把对教师的公平期待给隐匿了起来。具体来说,无论是正式的学校制度还是隐形的文化理念,其一方面给教师提供动力并引导他们要进行公平行动,另一方面在实施与评价中又不做具体要求,因而教师不知道其公平行动的边界所在,所以教师的公平意识在行动与结构的张力中产生了迷茫。

(一) 规范制约型规则:明确与遮蔽

本研究对 BQ 中学的规章制度进行了收集与分析,发现对于教师行动,也就是对教师的课堂教学与学生互动的微观过程性规定主要集中在以下几个方面。

1. 教学工作基本原则的规定方面

教学工作质量是衡量一个学校办学质量的重要指标,大力提高教学工作质量是促进学生学习、深化学校发展的关键。因此,学校对于教学工作方面的相关制度规定是对教师教学质量的重要引领。

BQ 中学的教学工作基本原则是对教师教学过程与教学质量的重要导向,是教师在课堂教学中理念、价值、教学策略与实施手段的重要规范。

表 4-1　教学工作基本原则①

一、教学工作指导思想 　认真贯彻执行党的教育方针,坚持教育为社会主义现代化建设服务、为人民服务,把立德、树人作为教育的根本任务,全面实施素质教育,培养德智体美全面发展的社会主义建设者和接班人,努力办好人民满意的教育。 **二、教学工作管理体系** 　1. 建立与素质教育相适应的课程管理体系,以人为本,以创新教育为核心,发展学生特长,培养多方面人才。 　2. 建立以"2+2"有效教学价值观为核心的课堂管理体系,构建以学生为中心的生本课堂。 　以"2+2"有效教学价值观为导向,以学生为主体,在课堂讲授之余,给予学生充分的自主学习实践,促进学生的讨论、探究和反思。"2+2"有效教学价值观的含义是:其一是指课堂合二为一,教师与学生合作分享,相融一体,零距离接触,无障碍沟通;其二是指教师进行"二度消化"。一度消化:自己弄懂知识——学者的特征。二度消化:让学生弄懂弄透知识。 　3. 建立"四三二一"质量保证体系,全方位促进教学质量提升。 　实施"四三二一"质量监控长效机制,抓牢抓实课堂常规管理工作,向课堂 45分钟要效率,开展自主学习教育,全面提高教育教学质量。 　四查:全面的教学检查;课堂教学抽查;试卷考评测查;毕业生质量测查。 　三评:一年一次的教育教学管理工作自评;一年一次的教学质量评估;三年一轮的中考评估。 　二考:学校教育教学工作考核;教师学期结束的考核一览表的量化。 　一员:学生信息员。学生参与学校管理的每周一调查、每月一汇总的学校各方面情况的教学反馈。 　4. 建立以师生人文素养拓展计划为载体的科研培训体系,形成科研培训的监督评价机制,推动教育教学的发展。 **三、教学工作实施内容** 　1. 教学策略 　一、二、三年级:注重基础,教会学习。

---

① 来源于学校内部材料。

四、五年级：关注方法，帮助学好。 六、七年级：激发学习兴趣，培养学习能力。 八、九年级：开拓文化视野，培养探究意识。 2. 实施手段 一至六年级：重全体，保衔接。 七年级：重两头，带中间。 八年级：重高分，带两率。 九年级：重尖子，带其余。 3. 课程分类 思敏课程：语文、数学、英语、物理、化学、政治、历史、地理、生物。 艺雅课程：音乐、体育、美术、信息。 志恒（德育）课程：成长课程、励志课程、体验课程。

表 4-1 来自 BQ 中学《教学工作基本原则》的制度规定。我们可以发现，该制度虽然在"教学工作指导思想""教学工作管理体系""教学价值观"等方面体现了教师要在教学过程中进行公平行动的相关规定，如"努力办好人民满意的教育""以人为本""发展学生特长，培养多方面人才""以学生为中心"等话语表述，但是学校在教学工作实施内容的具体规定方面并没有作出明确要求。而且在"实施手段"方面的规定，随着学段的提升，学校对教师的教学要求越来越强调高分学生与"尖子"学生，一定程度上也是"唯分数论"思想的体现。

值得理解的是，面临中考的压力，学校必须提高学生的成绩才能够继续提升自身的办学质量、强化学校的口碑与声誉。但是，学校在明文规定的正式制度层面尚且不能将对学生的公平教学与公平发展摆在"明显"位置，那么学校对于教师公平行动的引领也会有所折扣。换句话说，即便教师具备教育公平的意识且拥有公平行动的意图，但是学校在教学工作实施的具体过程性方面没有明确规定的话，也会在一定程度上导致教师的"茫然"，使其不知如何去做。因此，在教学工作基本原则的制定层面，教师行动与结构之间便形成了张力。

2. 教学检查细则的引领方面

教学检查对保证教学正常运转、提高教学质量具有促进作用。有研究认为，目前我国多数学校的教学检查主要偏重于对教师的检查和评价,忽视了对学生相应的检查和评价,一定程度上割裂了教与学的完整统一性。①

表4-2是BQ中学有关教学检查的相关规定,包括对教师的集体备课检查、教案检查以及作业检查。由于听评课检查、课堂教学常规评比、优秀课评比等方面的细则均围绕着评比流程来展开,因此本研究在这里对这三个方面略过。

表4-2　教学检查细则②

一、集体备课检查

（一）备课模式

"四确定":确定时间、确定地点、确定内容、确定中心发言人。

"三统一":统一教学进度、统一教学目标、统一习题。

"二制度":人人备课制度、节节备课制度。

"一注意":注意备课程序,即个备—集备—反思备。

（二）备课要求

备教材、备学情、备方法、备程序,备习题,重点"备"学生如何学、教师如何点拨。

1. 备教材:根据课程标准的要求,深度解读教材内容,确定科学的教学目标。

2. 备学情:认真分析学生实际情况,尊重学生个体差异,选取有针对性的教学策略。

3. 备方法:分解教学目标和重、难点,结合教学内容和学情,采取有效的课堂教学方法,关注信息技术与学科教学的深度融合。

4. 备程序:整合教学资源,精心设计教学流程,形成有效的教学主线,深入浅出,层层推进。

5. 备习题:例题、习题精心筛选,使例题具有典型性、启发性,习题具有目标性、层次性和拓展性。

6. 备课组全体教师均要求参加集体备课并做到有效备课,如有特殊情况,须向年级主管校长和年级教务主任请假,并即时通知检查人员,此项列入个人备课考核依据。

7. 备课组长至少提前一周安排好中心发言人、备课内容及范围。每周一上午将集体备课记录单复印件上交给教导处主任。

8. 如因学校原因变更备课时间,学校应及时通知备课组,并安排好备课相关事宜。

9. 年级主管领导每月每学科至少参加一次本年级集体备课。

10. 检查人员要做到有备课即有检查,每次检查要做好详细记录;因学校工作未能进行集体备课的,检查人员要做好未备课原因记录,保证不漏检漏记。

11. 学年组指派专人负责备课室的开门、锁门以及安全排查工作。

（三）评价标准

教务主任、学年主任负责集体备课检查及反馈,原则上按2∶7∶1比例上交

---

①　蒋承仪.教学检查与评价[J].重庆大学学报(社会科学版),2001(5):191-193.

②　来源于学校内部材料。

（续表）

教务处。

1. 按备课常规要求检查,全体参加(因公事未参加者除外),并按时备课、保证时间,备课记录翔实、内容齐全,评为优。

2. 一学期中有1—2次未全体参加或有1—2次未按时备课或主讲材料不齐全,评为良。

3. 一学期中有3次以上未全体参加或3次以上未按时备课,主讲材料不合格,评为差。评为差的备课组长,下一学期不再聘用。

二、教案检查

（一）教案要求

书写教案,保证教案书写认真,项目齐全,储备充分;教学内容安排具体科学,教学环节清晰,可操作性强;教学设计有特色,有创新,教学风格明显;加强"三度备课",即个备、集备、反思备在教案上的体现。

（二）评比程序

实行教研组长检查制度,每月第一周进行教案检查,原则上按2∶7∶1比例进行评比,教导处每月反馈一次,评比结果公示。考评结果计入期末考核,每学期期末设优秀教案专项奖。教学校长及教务主任每月抽查一次,每次抽查两科。此项抽查体现在周工作安排上。

（三）评价标准

1. 书写规范,不缺少环节。提前量超过两周,有阶段性教学反思且有特色、有时效性、指导性,评为优。

2. 书写规范,不缺少环节。提前量超过两周,有阶段性教学反思、有时效性,评为良。

3. 书写规范,不缺少环节。提前量超过两周,有阶段性教学反思,评为合格。

三、作业检查

（一）作业要求

注重课后作业训练的有效性。根据教学内容和学生实际情况,科学安排设计作业,做到适时、适量、适度、有创新;对于所布置作业,要做到有练必选、有发必收、有收必批、有批必评、有错必纠,从而提高训练效度,减轻学生负担。

（二）评比程序

实行教务主任协同年级主任检查制度,每月最后一周检查作业,即月监测的前一天。

（三）评价标准

根据检查情况,按2∶7∶1比例分为三个等级,即优秀、良好、合格,评比结果公示。

按照备课组统一要求,布置作业,可有创新性作业

1. 作业达到规定次数,有批有改,格式规范,评为优。

2. 作业达到规定次数,有批改,格式规范,评为良。

3. 作业没有达到规定次数,有批改,格式规范,评为合格。

四、听评课检查(略)

五、课堂教学常规评比细则(略)

六、优秀课评比细则(略)

从表4-2中可以看出BQ中学对教师集体备课、教案、作业检查这三个方面的要求与标准,体现了《教学检查细则》对教师行动的引领与规范。

首先,"集体备课检查"对教师的备课要求进行了11个方面的细致规定,并且明确要求"备学情",重点"备"学生如何学、教师如何点拨,强调教师要"认真分析学生实际情况,尊重学生个体差异,选取有针对性的教学策略。"但是在"评价标准"处,并没有对教师课堂教学的实施过程设置细致性指标,只是强调了对教务主任、学年主任与备课组长有关事务性的相关规定,如按时备课、材料齐全等。

本研究中的D老师是七年级语文学科的备课组长,从她的备课过程中就可以明显感受到教师行动与制度结构之间的张力。在研究者询问她在集体备课的时候,是否会关注到课程实施的过程性公平的评价指标时,D老师明确表示"这个必须是有的……我们备课的时候就要考虑到班级学生的学习情况,上课的时候也一定要考虑不同学生之间的层次的区别"(1016-YW-BGS)。D老师会强调对于学习能力不同的学生设置不同的课程目标,同时在课堂教学的过程中也要采用针对性的策略促进不同学习能力学生的学习,比如简单的问题让学习能力稍弱的学生来回答,引导并帮助学生提高分析能力等。虽然学校对此没有作出明确规定,但是D老师作为备课组组长,一直对组员这样要求,并以身作则。

其次,学校对于教案检查的相关规定,虽然作出了关于"教学设计有特色、有创新,教学风格明显"等方面的规定,但是并没有将备课要求中的"尊重学生个体差异,选取有针对性的教学策略"明确凸显出来。与此同时,教案检查在评价标准上也没有设置详细指标,只是说明了反思要"有特色""有时效性",并没有在微观过程环节突出对学生公平学习机会的相关引领。

最后,对于作业的检查方面,虽然要求教师要根据学生实际情况科学设计并安排作业,教师也在实际行动中体现了分层作业的设置与分层评价的理念,但是学校制度对于作业的评价标准却是仅有次数方面、批改方面以及格式方面的规定,没有对这些进行细致性的指标设置。

　　教师评价对教师的专业发展具有重要价值,对教师的教学行动与教学理念具有导向性的引领作用,是教师进行教学改革的重要动力,具有指挥棒的作用。[①]

　　3.教师教学考核细则的导向方面

　　教师的教学考核与评价对提高教师教学能力与课堂教学效果具有促进作用。BQ中学教师教学考核细则的制定也是以最大限度地调动教师工作积极性和创造性为出发点的。因此可以说,教师教学考核对教师的行动具有导向作用。

表4-3　教师教学考核细则[②]

　　为了最大限度地调动全校一线教师工作的积极性和创造性,充分发挥全校教师在实现学校整体工作跨越式发展中的积极作用,不断提高教育教学质量和办学效益,特制订教学考核方案。

一、考核原则

　　对教师的考核,坚持实事求是、公正、公平、公开的原则,学校各项考核、评比细则,经过教工大会讨论通过后方可执行,教职工要严格按照考核的内容履行岗位责任,完成岗位目标。

二、考核依据

　　考核内容以L区质量监测及期中、期末统考成绩为准(各学科在区质量监测中均获第一名),分期中、期末两次成绩进行考核。

三、考核内容

　　1.考核成绩的比例分配

　　成绩考核分三部分:平均分、及格率、优秀率。平均分占考核成绩的30%,及格率、优秀率各占考核成绩的35%。期中成绩占总考核成绩的30%,期末成绩占总考核成绩的70%。

　　2.考核成绩等次的划分

　　以全校一线上课教师期中、期末所得的总考核成绩的分值排序为准,成绩的考核分为优秀、达标、不达标三个等次。具体比例如下:优秀35%,达标45%,不达标20%。

　　3.成绩考核的具体算法

　　学科任课考核成绩(总考核分数的40%)

　　教师考核总成绩=底数+(期中所得分值+期末所得分值)

---

　　①　白新欢.教师评价的导向及其对教学改革的影响[J].华南理工大学学报(社会科学版),2010(1):83-87.

　　②　来源于学校内部材料。

底数＝40～全校最高教师个人分值（期中所得分值＋期末所得分值）
班主任考核成绩（总考核分数的 10％）
班主任考核总成绩＝底数＋（期中班级总分值＋期末班级总分值）
底数＝10～全校最高班主任班级总分值（期中班级总分值＋期末班级总分值）
总分值（班级总平均分＋班级总及格率＋班级总优秀率）
对于在区质量监测中获取第二的学科，每人在总分中扣除 10 分，低于第三名
不计分。
四、考核方法
　1. 成立以校长为组长的考核小组，教导处主任各负责对应的年级，由教导处
干事对考核人员进行全方位、科学的跟踪考核。
　2. 按照学校相应的考核标准对一线教学的教师进行考核。期末按评比细则
汇总划分档次。
　3. 学校考核领导小组以考核汇总结果为依据，对教师教学目标完成情况进行
综合评定，划分出档次。
五、考核结果的使用
考核结果作为教职工聘任、评定职称、评选先进、晋升职务、晋升工资的依据。

　　表 4-3 呈现了 BQ 中学的《教师教学考核细则》，可以明显看出该
细则对于教师的评价实际上是以学生的考试成绩为核心的。《教师教
学考核细则》所规定的考核依据与考核内容均是围绕着区质量检测与
期中、期末的统考成绩为准，进而对教师的教育教学进行核定与评价。

　　虽然 BQ 中学的教师都会在平时十分重视对学生教育过程公平方
面的关注与落实，且进行了积极的行动，取得了一定的效果，但是这些
工作更大程度是老师的"良心活"，而没有纳入学校对其教学工作的考
核中去。哪怕教师在平时对学生公平学习机会的提供方面做了再多工
作，只要没有体现在学生学习成绩的提高范畴内，也很难让学校相关领
导得知教师的工作内容与工作程度。因此，这对教师的公平行动产生
了一定的约束。

　　（二）意义构成型规则：提倡与隐匿

　　意义构成型规则作为一种隐性规范弥散在整个学校"空气"中，主
要体现在学校文化、领导理念、教研文化等方面。与规范制约型规则一
样，虽然意义构成型规则对教师的规定与导向并没有形成明文规章制

度而留存并贯彻下来,但是它对教师仍然具有十分重要的影响,对教师的理念、行动等方面具有引领与导向作用,能够激发教师的工作活力与创造性。

本研究发现,意义构成型规则在 BQ 中学里始终存在,且随着学校的发展与变迁也得到不断的调整与更新,以适应学校各阶段的现实情况与目标规划,同时又对学校的发展与变革起到积极的促进作用。在 BQ 中学的意义构成型规则当中,"人文情怀""以学生为本""仁爱思想"等理念始终得到提倡与彰显,对教师公平理念的养成与公平行动的激发具有积极影响。但是我们也发现,虽然学校的意义构成型规则一直强调教师要对于学生进行微观过程公平层面的关注,但是在具体实施中并没有给教师起到一个很好的引领作用。换句话说,这些规则并没有告诉教师要具体如何操作,要关注哪些方面,教师如此行动之后是否会得到领导赞赏,等等。

因此,教师的公平行动还是在一定程度上处于意义构成型规则的结构之中,虽然结构对于教师的公平行动有所提倡,但同时又将这些公平倾向在具体实施层面中"隐匿"了起来,使得教师不知如何贯彻、如何执行,一定程度上降低了教师行动的积极性。甚至对于那些积极性不高的教师,由于规则没有明确的制定与导向,他们便将意义构成型规则对他们的引领悬置起来,而不在行动中积极践行,从而一定程度上对教师行动起到了约束作用,与之形成张力。

1. 学校文化的浸润方面

学校文化建立于学校集体与团队共享的基础之上,是学校群体的行为、制度、规范、礼仪以及群体所认同的潜规则、潜意识和潜假设的集合体。[1] 而学校文化建设历来是学校必须承担的一项重要且富有全局性的工作,也是学校的一种隐性课程建设[2],对教师工作与学生学习具有浸润般的促进作用。顾明远指出,学校文化具有统率作用、规范作

---

① 谢翌,马云鹏.重建学校文化:优质学校建构的主要任务[J].华东师范大学学报(教育科学版),2005(1):7-15.

② 叶澜.试论当代中国学校文化建设[J].教育发展研究,2006(15):1-10.

用、激励作用，是学校的灵魂。其中，统率作用是指学校文化中蕴含的核心价值观会体现在全校师生的思想、感情和行为中；规范作用是指文化为师生所共同认可，从而被全校师生所遵守；激励作用是指优秀文化氛围会驱使教师努力教与学生努力学，不断创造新的经验和成绩。[①]因此，学校文化对于教师价值观念的建设与引领具有重要作用。[②]

　　BQ 中学在其发展历程中，对学校文化形成了自己的理解，即"学校文化是一所学校具有的优良传统、价值取向和行为规范的总和，是一种无所不在的自律遵循和行为指导。"[③]BQ 中学分别在四个阶段探索、形成并更新其学校文化，以形成对教师发展与学生成长的促进作用。如表 4-4 所示，便是 BQ 中学校园文化发展的演进历程，不仅随着学校发展阶段而分别确立不同的校园文化主题，还对其内涵、当前主要问题以及发展校园文化的具体措施进行了细致的思考与阐释，形成了独具风格的文化建设思路，对学校的发展、教师的成长、学生的学习具有重要的促进作用。

表 4-4　BQ 中学校园文化建设的演进历程[④]

历程	主题	内涵	主要问题	具体措施
第一阶段（2010 年）	提高自主意识	确立师生为人处世基本的"德性""价值观"和"人生哲学"	1. 教师团队背景多元化。 2. 学生自主发展意识有待提高。 3. 学校办学秩序有待规范。	1. 确立办学理念、校风校训和学风。 2. 开展教师团训交流活动，增进交流和理解，以多种载体使教师确立共同的价值观、职业观、幸福观和归属感。 3. 以活动为载体开展品德教育：低年级进行规范养成、习惯养成管理；高年级开展自律培养，加强自我管理，培养责任意识。

----

① 顾明远.论学校文化建设[J].西南大学学报(人文社会科学版),2006(5):67-70.
② 石中英.学校文化的核心:价值观建设[J].教育科学研究,2005(8):18-21.
③ 来源于学校内部材料.
④ 来源于学校内部材料.

历程	主题	内涵	主要问题	具体措施
第二阶段 （2011—2012 年）	人文情怀养成	培养师生有科技学识、人文心、爱国情怀和世界观四种修养	1. 教师需要对不断变化的教学理念和学生情况予以接受和理解。 2. 学生需要通过情感提升，进一步培养学习规范、友爱互助等修养。 3. 学校在原有办学基础上走向内涵发展。	1. 全面开展教师培训：师徒带教、教师研究班、以"四杯赛"公开课为载体的各层次研讨交流、学历学习、参加继续教育培训。 2. 邀请高校和教育领域知名专家开讲座，传授有关教学、育人、为师的多元理念。 3. 开展分层教学，强调因材施教，各个年级形成分层教学策略。 4. 学生形成小组管理模式。 5. 扩展课外实践：建立多种社团，拓展发展空间；开展学科活动，提升学习兴趣。
第三阶段 （2013—2014 年）	人文精神形成	进一步培养普遍的人类自我关怀，表现为对人的尊严、价值、命运的维护、追求和关切，对一种全面发展的理想人格的肯定和塑造	1. 教师需要不断自我提升、拓宽视野、积极改革。 2. 学生在具有良好规范和修养的基础上拓宽视野、多元化发展。 3. 学校需形成民主、系统、有序的管理体系，走向特色发展。	1. 教师拓展：在师徒带教、教师研究班、公开课交流、学历学习、参加继续教育培训的基础上，着力开展课题研究、互动交流、外出实践考察，开展小组合作学习和教学模式探究。 2. 学生拓展：校本教材学习、人文游学、社团实践、以信息员为代表的自我管理制度、阳光基金捐款。 3. 形成"润"系列滋养课程，包括思敏课程、志恒课程、雅艺课程。 4. "2＋2"师生共融的有效课堂教学理念。 5. 学校管理制度完善：教职工代表大会制度、年度意见提案、校务公开、制订中长期发展规划、教学等各个部门制度形成与完善等。
第四阶段 （2015 年）	学校文化升华	由"自主发展 人文见长"的学校文化升华为"润育文化"。"润物细无声"，"润"是滋润，慢慢地滋养；"育"是指人文教育。"润育"是将人文教育一点一点地渗透于学生、教师的行为举止、思想内涵中，最终形成 BQ 中学独特气质的具有文化底蕴的育人文化。		

从 BQ 中学的校园文化建设历程中可以看出,一方面,学校文化的主题不断地在向人文性层面深入拓展,强调对学生的全面发展、自主发展进行培养。从 BQ 中学的文化建设主题可以看出,随着学校发展历程的演进,学校文化也从"人文情怀"向"人文精神",再向"润文化"深层迈进,不断深入。而学校文化的内涵也逐渐体现出对学生尊严、价值、理想的保护、追求与关切,强调学生的全面自主发展。但是另一方面,学校文化发展的具体措施中难以见到促使教师养成公平意识并进行公平行动的文化统领与导向。

学校文化对于教师的专业成长具有指引作用,学校文化的内涵与愿景对教师理念和行动的激发具有促进作用。[①] 从这个意义上说,BQ 中学的校园文化在具体实施过程中规约性的缺失,一定程度上对教师公平理念的形成与公平行动的引领会起到一定的制约作用。具体来说,虽然学校文化逐渐朝着人文精神不断深化,但是并没有对教师行动提出操作性的说明与引领,容易使得教师与学校文化之间因距离过大而产生割裂感,不利于教师的公平行动开展。

2. 教师群体文化的影响方面

意义构成型规则虽然作为一种隐性规则文化在学校氛围中存在,但是指代的不仅是学校结构的文化层面,也可以表征为教师群体之间形成的隐性文化或者规范信念,例如教师共同体文化、办公室文化、教研室文化,等等。因此,教师群体之间的文化能够影响到个体对某件事情的态度与行为,也是一种隐性的文化力量,属于意义构成型规则的范畴,进而使得规则对教师的行动既有促进,也有约束性。

在本研究中,随着研究者调研工作的开展,教师群体之间的关系以及他们之间形成的文化氛围,也逐渐在研究者面前浮现、展开。在上述教师文化当中,总是有着一些"重要他人"(significant others)[②]的存在

---

①　杨全印.学校文化的表现及其对教师的影响[J].教师教育研究,2011(2):55-58.

②　"重要他人"是指来自生活中对个体有重要影响力的人的社会压力,会改变个体的信念或者行为。"重要他人认为个体应该还是不应该在某个问题中表现出某种行为的看法",会使得个体受到主观层面的隐性规范的影响,进而使得个体相信、并尊重重要他人的意见来调整自己的态度与行动。(Ajzen I, Fishbein M. Understanding Attitudes and Predicting Social Behavior[M]. NJ: Prentice-Hall, 1980:249-259.)

能够对"局部"文化氛围产生影响,进而一定程度上调整、甚至改变其他人的态度、理念与行动。

首先,研究者在与 D 老师的交往中也结识了她的"徒弟"Y_1 老师——一名刚刚参加工作的新教师。碰巧的是,研究者在 2019 年 9 月进入现场开展调研工作,而 Y_1 老师也是在那个时候参加工作,且是 BQ 学校校友。Y_1 老师是一名语文老师,2019 年的应届毕业生,本科、硕士皆就读于师范大学汉语言文学专业。加之与 D 老师之间的关系,因此我们三人经常一起交谈、吃饭。D 老师可谓是 Y_1 老师的重要他人,经常传授她一些心得体会与教学经验。让研究者印象深刻的是,D 老师还总是教她如何与学生互动、与家长交往,要关注到每一位学生,让他们学习得更好。正如 Y_1 老师所说,"如果不是'师父'教我,我不能有那么深的关注学生的意识。"

其次,研究者认为所处的"文科办公室"并没有形成像其他学校或者其他办公室那样"热闹"的办公室文化。办公室文化是一种组织文化,是教师们在工作过程中逐步培养形成,并蕴含着教师共同遵守的基本目标、价值观念、理想信念和行为准则,以及由此形成的管理模式和行为模式[①],对教师的教学风格、教学理念、教学智慧的形成有重要的促进作用[②]。但是研究者在办公室学习与调研 4 个月,发现教师们在办公室内的互动并不是特别多,办公室往往都比较安静,学生敲门进入的声音都显得格外"响亮"一些。正如 Y_1 老师所说,"其实我在办公室其他老师那里学到的东西不太多,我在办公室反而不是特别敢说话,因为大家都不说话,比较静,我一说话就显得很突兀。"

可见,在学校规则与教师行动二者的关系中,无论是明文规定的制约型规则,还是弥散于文化层面的意义构成型规则,对 BQ 中学教师公平理念的形成与公平行动的践行均具有促进作用。但与此同时,规则也在一定程度上对教师行动起到了一些约束作用,因此二者之间形成了张力。

---

① 卢余群.浅谈高校办公室文化的建设[J].嘉兴学院学报,2002(2):102-104.
② 母松灵.教师办公室文化建设的意义与策略[J].江西教育学院学报,2011(3):117-119.

二、 资源与行动

从结构的另一个层面,也就是资源层面来说,吉登斯将资源看作是两种类型构成的,其一是配置性资源,其二是权威性资源。并且吉登斯认为这两种资源是行动者在社会系统中的任何协调活动都必然要涉及并利用到的。简单说来,配置性资源是指行动者能够对物质或者其他物质现象形成支配的能力,而权威性资源则指的是行动者能够对其他人形成的支配能力。

(一) 配置性资源:利用与限制

学校组织结构中的配置性资源主要是指那些帮助教师完成其教育教学活动的,能够对物质或者其他物质现象形成支配能力的资源。[①]

吴康宁认为,课堂教学由于其历史继承性和作为特殊社会活动的自身规定性而具有现实的社会基础,需要从物质层面、制度层面与文化层面加以审视。而课堂教学的物质基础是指那些构成课堂教学的各种物质因素的综合,是规限课堂教学的"硬约束",也可从三个层面加以分析:一是基础性物质,如课堂教学所必需的校舍、黑板、桌凳、教科书等;二是辅助性物质,指各种辅助教学的机器,如录音机、投影仪等;三是智能性物质,如多媒体、计算机等。[②]

但是由于吉登斯概念体系中的配置性资源还有着对物质形成支配能力资源的意蕴,因此我们也可将时间维度纳入教师行动的分析中,因为时间的分配也是教师所具备的重要基础性资源。同时,由于计算机技术的发展,现代的学校课堂中对录音机、电视机的使用已愈发减少,故而我们不对此维度进行分析。本研究对教师可以利用的配置性资源的分析就从上述维度出发,以考察处于学校结构中的教师行动对它们

---

① 安东尼·吉登斯.社会的构成——结构化理论纲要[M].李康,李猛译.北京:中国人民大学出版社,2016:243.

② 吴康宁主编.课堂教学社会学[M].南京:南京师范大学出版社,1999:17-18.

的利用过程。

1. 基础性资源

基础性资源是那些使课堂教学得以实施的最基本的物质因素,是课堂教学赖以存在的前提。① 课堂教学是发生在一定的时空范围内的活动,因此时间和空间是教师可以利用的首要资源。在"一心一德"班中,教师们可以利用的基础性资源主要是教室空间,包括黑板、桌凳、教科书、收纳柜等,以及学校结构内的时间。

图4-1是"一心一德"班教室空间的布局图,中间的"小方框"代表了学生的桌椅摆放与座位安排,可见学生们都是"单人单桌"地分布在教室中央。其他的基础性资源的布局可从图上清晰得知,这里不加赘述。

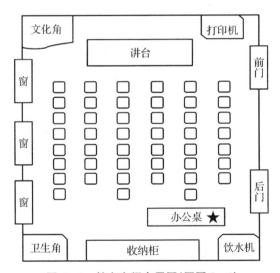

图4-1 教室空间布局图(同图3-4)

本研究认为,教师们对于教室空间与时间的利用,均体现出他们有意与无意地对学生公平学习与发展的促进。

(1)教室物理空间的编排有助于教师的公平行动

吴康宁认为,教室的空间形态具有两种区分:一是教室的屋里空

---

① 吴康宁主编.课堂教学社会学[M].南京:南京师范大学出版社,1999:18-19.

间,表征为教室的规模、大小、课桌椅的多寡与摆放方式等,是一种"客观空间";二是指教师与学生之间的人际空间,难以用量化指标来衡量,是一种"主观化了的客观空间"。① 而课堂教学的物理空间对于教师的课堂角色具有强化作用,狭小封闭的教室空间往往促成教师对学生的关照、与学生互动,而宽敞开放的教室空间能够促进教师对学生公平行动的实现。②

从图 4-1 的教室空间布局图中我们可以看出,无论在课上还是课下,宽敞开放的教室空间都能够让教师对学生进行观察与关注,既能够帮助教师像福柯(Michel Foucault)笔下的"全景敞视建筑"那样观察学生的课堂表现情况,又能够给教师提供足够的场所与学生进行互动,有助于教师更好地给学生提供公平的学习机会。

(2)课桌的设计及排放方式有助于加强学生交往

课桌的设计及其排放方式承载着特定价值观的教育者运用物质的理念。与常见的两人并排设计的"秧田式"③课桌设计与摆放不同,"一心一德"班的课桌摆放均为单人单桌,而"秧田式"的课桌摆放使得学生之间肩并肩,彼此空间有限,因此大多时候只能目视前方,妨碍学生之间交流,也不利于师生交流,因为这样的摆放致使桌与桌之间的过道空间有限,使得教师在其中行动不方便。

但是"单人单桌"的课桌摆放设计便突破了"秧田式"的局限,使得学生之间转身、回头更加方便,有助于学生之间的交流。与此同时,这样的课桌摆放方式使得过道距离变宽,有助于教师与学生之间互动。因此教师这样利用课桌的方式有助于掌握学生情况,方便师生互动,促进教师的公平行动。

(3)时间表的安排与利用对教师的公平行动产生影响

时间表的安排与制定是学校保持有序教学活动的重要基础,学校

---

① 吴康宁.课堂教学时空构成的社会学分析[J].教育研究与实验,1996(2):63-68.

② 吴康宁主编.课堂教学社会学[M].南京:南京师范大学出版社,1999:22.

③ 有研究指出,我国中小学中最常见的课桌设计是两人课桌,桌与桌之间的摆放要求横成行、竖成列,是为"秧田式"。(王晓柳,李宁玉,郝京华,吴康宁.建立集体性教学模式的尝试[J].南京师大学报(社会科学版),1989(1):2-9.)

的一切教学活动均是按照时间表来执行。

如表4-5所示,虽然学生的上课时间每天都排得很满,从早上6:50到校一直到下午17:00离校。但是教师仍然有几段比较自由的时间可以用来帮助学习能力较弱的学生,对他们进行补偿性对待,如每天的大课间,或者午休与自习时间。换句话说,教师还可以利用这些时间来对学生进行知识扩展,有助于他们的学习与发展。

表4-5　BQ中学作息时间表

时间	内容
上午	
6:50—7:50	早自习
7:50—8:35	第一节
8:45—9:30	第二节
9:45—10:30	第三节
10:30—11:00	大课间
11:00—11:45	第四节
11:45—12:45	午休
下午	
12:45—13:25	第五节
13:40—14:20	第六节
14:30—15:15	第七节
15:25—16:10	第八节
16:10—17:00	自习

学校的时间表制定虽然留出了一些时间供教师支配,让他们可以利用时间资源对学生进行公平行动,但是结构层面的学校仍然会安排一些事务性工作给教师,有时使得他们"疲于奔命",而减少了对学生的关注时间与精力。

BQ中学便是在这个意义上,从时间的利用层面对教师的公平行动进行约束的。在研究者的观察中,学校总是在"大课间"时间进行教师会议,经常将会议的时间从 10:30 持续到 12:00 多,不仅影响了教师的时间安排计划,也削弱了他们对学生的关注精力。

2. 智能性资源

智能性资源是指社会活动中能够模仿并表现出来的种种智能特征的物质因素,包括多媒体、计算机网络系统等,可以将文本、图像、声音、视频等方面结合在一起,通过编程设计进行综合处理而完成各种信息的组合,从而将有些难以想象的知识点或教学难点呈现出来,使学生易于接受。[①]

本研究发现,教师可以利用学校结构所提供的智能性资源帮助自己完成教学,从而有助于那些理解能力稍弱的学生强化理解,掌握知识,通过教师的行动来缩小他们与其他同学在这一方面的距离。以下来自一次"涵润杯:生长课"的田野日记。

> 这是一节数学课,课程内容是"数的进制"。由于这节课的内容十分抽象,很多同学难以理解,因此 J_2 老师通过使用多媒体的方式带领大家逐渐吸收并掌握知识,帮助了那些对数理图形理解比较弱的同学,促进了课堂教学公平。
>
> 首先,J_2 老师通过多媒体展示了一个"二维码"的"二进制"编程过程。由于大家对于"二维码"十分熟悉,因此这种方式激发了学生的兴趣。随后,J_2 老师将课程难度逐渐由"二进制"向上提升,但是同学们大多也都学会了相关知识,达成了 J_2 老师的教学目标。(1031 - SX - HYS)

(二) 权威性资源:强制与民主

权威性资源是资源的另一个类型,指的是行动者能够对其他人形成的支配能力,是行动者在结构中行动所必需运用的资源。正是由于

---

① 吴康宁主编.课堂教学社会学[M].南京:南京师范大学出版社,1999:27 - 28.

行动者对资源的运用反映出结构对其行动的促进,吉登斯才说结构并非外在于主体,而是为主体所援用而表现出其内在性的。

在学校的教育教学过程中,教师能够发挥的具有控制作用的权威性资源,多数集中在班级中对学生的权力关系,表现为控制抑或弱化,从而呈现出教师是权威型还是民主型的图景。

吴康宁认为,课堂教学是社会制度在学校教育中得以展开的主要阵地,是个体社会化的重要途径,因而课堂中也渗透着权力的控制作用,从而在客观上使课堂教学呈现出社会学特征。他进一步将课堂教学的控制结构分为静态与动态两个层面,前者是指课堂组织的静态结构控制,在我国的课堂中主要表征为班干部制度;后者所强调的动态控制过程主要体现在教师对学生的直接控制过程。①

本研究对 BQ 中学教师在教室中所能够运用的权威性资源的分析也从静态与动态两个层面出发,以考察教师在教室的教育教学过程中对学生的控制程度,进而探析教师的行动效果。

1. 静态控制结构:班干部制度的利用

社会控制制度是指社会系统为了保持自身的稳定性而对其成员施加的制约,并借此调节与规范成员的社会行动,控制社会活动的运行方向,是社会秩序得以实现的基本保证。② 而班级课堂教学作为一种制度化的社会活动,其静态的组织结构主要靠班干部机制的运转及其功能的发挥。

虽说是静态控制结构,但是在班干部制度的运行中也渗透了教师对教室的控制权力。因为从我国的班级组织结构的现状来看,班干部制度得以合法化的前提是,作为班级组织结构的其他成员必须服从于这一社会组织的意识形态,承认其权威性与合法性,并且通过成员们的遵从而使这一合法结构得以进一步巩固。但是实际上,班干部制度的运转体现了教师权力的运作。只有教师权力的不断彰显,班干部才能够为其他成

---

① 吴康宁主编.课堂教学社会学[M].南京:南京师范大学出版社,1999:33-36.

② 同上,33.

员所认可并服从，这一组织结构的规则也才能够受到大家的遵从。

"一心一德"班也利用了班干部制度，来维持教室秩序以及课堂纪律。不同的是，很多学校与班级的班干部在其权力使用与运作时，都体现着一种"制止性"的命令色彩；但是"一心一德"班的班干部制度则体现出了他们权力的积极性层面，表现出他们通过权力的使用与运作而对其他同学产生积极行为的导向性影响。

"一心一德"班会任用一些学生成为班干部，但是他们的权力运作模式很有趣。该班的班干部并不会使用"不允许""不能""你应该"等命令型指令，而是通过一种"有趣"的方式使得他们的权力"默默"生效，并得到其他同学的认可与遵从，进而将这一制度进一步巩固。

从图 4-2 可以得知"一心一德"班的班干部权力运作模式。这两张纸条上所写的内容都是在某一节课的课堂上，对某些同学听课状态的反馈情况，纸条直接被贴在讲台上或者黑板上，以"展览"的方式供大家观看。这些纸条不仅有提出批评的情形（左图），还有对某些同学的表扬（右图），体现出权力运作的消极与积极的两个层面。左图是关于体育课的上课情况，班干部对两位同学进行批评，因为两位同学都不遵守课堂纪律。右图是班干部对两位同学提出的表扬，因为他们发言积极且声音洪亮，起着权力的积极生成作用。

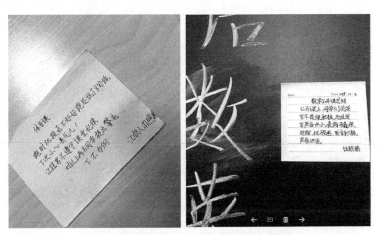

图 4-2　班干部对于同学听课情况的总结

2. 动态控制过程：教师权力的直接使用

教室的动态控制过程实际上是指教师对学生的直接控制过程，可以从两方面加以考察与分析，一是控制对象，二是控制方式。

首先是控制对象方面。教师在教室内的权力控制主要区分为：是实行对所有学生都同一标准、同一属性控制的普遍主义原则，还是根据学生的个体差异而采取不同的控制标准。

从"一心一德"班的教师对学生的态度来看，教师大多是采取第二种原则，即根据学生的差异而调整他们的权力控制力度（强或弱）、控制的性质（正向或负向）以及控制所表现的情感（肯定或否定）等。对于不同特征的学生，使用不同的策略会产生不同的效果，因而会对其产生不同的作用。如果教师的策略采用得当，则会对学生产生积极效果，促进他们更好地成长与学习；如果教师的策略采取不当，则会对学生产生消极效果。而上述选择，是受到教师的教育观、学生观以及社会价值观影响，从而影响到教师的权力使用方式与程度，进而影响教师控制效果，进而对学生产生公平或者不公平的作用。

其次是控制方式层面。一般来说，教师在教室中的控制方向会因人而异、因事而异、因情境而异。教师依据其权力使用特征，在教室中对学生的控制可分为正式控制与非正式控制、显性控制与隐性控制、强制性控制与非强制性控制等。这些都是教师所能够运用的权威性资源，体现在教师行动中。

三、 行动的结构化：学校结构中的教师行动

在现实的教育场域中，教师行动始终处于学校结构的弥散之下。换句话说，教师行动是在学校结构中进行的行动，无法孤立地脱离学校结构来单独看待教师行动。教师能否积极将公平理念践行于行动，不仅取决于教师自身的能动性，而且也受到学校结构的影响。在吉登斯眼中，"结构兼具使动性和制约性"①，也就是说，学校结构对教师行动既

---

① ［英］安东尼·吉登斯.社会理论的核心问题——社会分析中的行动、结构与矛盾［M］.郭忠华，徐法寅译.上海：上海译文出版社，2015：77.

有规范性的制约作用,也具有生成性的促进作用。因此从结构化理论出发,教师行动是一种"在结构中的行动",是一种"行动结构化"的体现。教师在学校教育过程中如何践行其公平理念、生成其行动逻辑的这一系列过程,无不体现着结构的影响、再现着结构的存在。

从这个意义上讲,BQ 中学的教师在其行动中都体现着学校结构对他们的影响、再现着学校结构的相关规定,无论是管理制约还是生成促进。

从结构化理论出发,BQ 中学的学校结构也可从"规则"与"资源"两个方面进行解构与分析。BQ 中学秉持着以人为本的办学理念,凝练"润"文化,强调关爱学生的人文精神,对教育公平方面实际上起到了一定的制度引领与文化导向作用。如上所述,在 BQ 中学的相关制度规定与文化理念,以及相关资源的条件提供方面,实际上蕴含着有关教育公平的促进意涵,从而对教师的教育教学过程进行公平取向的规定与引导。

但是我们也发现,首先,学校结构的规则层面虽然对教师行动具有公平取向的引领,但有时并不具体。因此在规则对公平的明确与遮蔽、提倡与隐匿之间,有的时候反而并不能很好地促进教师行动。其次,学校结构的资源层面虽然对教师行动提供条件,但是教师在支配资源时也会受到限制。因此,教师行动实际上是"在结构中行动",具有结构性特征,是一种"行动的结构化"。

让我们不禁深思的是,教师在教育教学行动中,难道仅仅在学校进行明确规范引领提倡与资源提供的方面才能很好地彰显公平取向,而在学校并未明确提倡的方面便不会积极行动吗?答案显然是否定的。教师在规则的明确与遮蔽、提倡与隐匿以及资源的利用与限制、强制与民主中,能够发挥积极的能动性,从而表现出一定的行动原则,进而形成行动逻辑。

但是回过头来,教师行动始终是在学校结构中进行的行动,不能脱离结构而孤立地看待。因此,学校结构中的教师行动体现出结构性特征,是一种"行动的结构化"。

第五章

教师的公平行动逻辑

教师行动有着其内在的行动逻辑。教师自身的行动逻辑是其在日常工作场域中所进行行动的内在依据，行动逻辑不仅是教师行动的根本遵循，也能够促进教师生成并实施行动。教师的行动逻辑是教师在与学校组织结构的互构中形成的，换句话说，教师的行动是在学校结构的规限下所具备的有限行动权力，但教师也能够发挥其行动的积极性，在结构中进行行动的同时蕴含并体现着一定的内在逻辑，从而使得教师行动在与学校组织结构的互构过程中隐含着一定的逻辑。

教师的公平行动自然也有着其内在逻辑。对过程公平取向的教师行动进行内在逻辑的考察，不仅有助于我们探究教师公平行动所需具备的个体前提要素，考察教师公平行动的现实表征，还有助于我们分析教师行动所处的环境、条件以及结构支持，从而更好地对教师行动进行促进与提升，进而更好地提升教师在学校教育过程中的教学行动，提供更加公平而有质量的教育。

一、行动的个体前提

考察行动的逻辑前提是探究个体行动逻辑的首要环节，教师在进行公平行动时必然有着其个体的逻辑前提。我们认为，坚定的教师信念、扎实的教师知识以及良好的教师道德是教师进行公平行动的逻辑前提。

（一）坚定的教师信念：动力来源与内在支撑

教师能够进行公平行动的首要前提便是他们具有与公平相关的教育信念，也就是说，他们对学生的理解与期望、对教学的设计与安排、对教师功能与责任的认识与看待都有着其主观倾向与意义建构。教师如果能够具有促进教育公平的信念，那么就会充满动力地在教育教学实践中践行其公平信念，就会坚信他们行动所具有的积极意义，便会更好地激发其公平行动。

1. 走向意义探寻的教师信念

教师信念（teacher's beliefs）在教育学以及教师教育领域都是一个

十分重要的概念,不仅有助于我们理解教师的教学实践、思考方式与专业发展,而且有助于我们分析教师的教学行为[①],以期探寻教师行动背后的意义。

教师信念的相关研究始于 20 世纪 90 年代[②],早期则是在 20 世纪 50 年代到 70 年代以教师态度(teacher's attitudes)与教师观念(teacher's conceptions)等概念进行探讨[③]。教师信念的研究主要经历了三个发展阶段:第一阶段的教师信念主要关注教师教学行为的设计与安排,考察的是教师的教学行为与学生学习之间是否具有联系;第二个阶段开始关注教师的内心世界,探究教师教学行为背后的观念、思维、判断与反思等等;第三个阶段则转向了对教师教学意义及其来源的探讨。[④] 正是在这个基础上,人们对教师信念这一概念的理解与阐释也逐渐走向了对教师主观世界的意义探寻、贯彻与坚守。

欲了解教师信念的概念内涵,须先对信念这一概念进行阐释。信念是一个十分复杂且容易混淆的概念,对其有一个清晰且统一的界定比较困难。[⑤] 但是学界目前认可度较高的则是心理学家罗克奇(M. Rokeach)的界定,他认为信念就是简单的,有意识或下意识的主张,一般在个人表述信念前都加上"我相信"。[⑥] 换句话说,信念就是人们"相信"他的行为是具有指向性的,是有意识、有意义的。正如理查德森(V. Richardson)所说,信念的基本理解是作为人们心理上所持有的相信是真实的理解(understanding)、前提(premises)或主张(proposition)。[⑦]

而教师信念则是在此基础上,是指教师个体信以为真的、以个人逻辑和心理重要性为原则组织起来的"信息库",并作为教师在其教育实

① 朱旭东.教师专业发展理论研究[M].北京:北京师范大学出版社,2011:1.

② 肖正德.基于教师发展的教师信念:意蕴阐释与实践建构[J].教育研究,2013(6):86-92.

③ 朱旭东.教师专业发展理论研究[M].北京:北京师范大学出版社 2011:1.

④ Calderhead J. International Experience of Teaching Reform[M].// In Richardson. Handbook of Research on Teaching, 2001:777-802.

⑤ 谢翌.教师信念:学校教育中的"幽灵"[D].长春:东北师范大学博士学位论文,2006:15.

⑥ Rokeach Milton. Beliefs, Attitudes, and Values: A Theory of Organization and Change[J]. Revue Française De Sociologie, 1968,11(3):202-205.

⑦ Richardson V. Handbook of Research on Teaching(4ᵗʰ Eds.)[M]. Washington, D C: American Educational Research Association, 2002:102-119.

践活动中的参考框架。① 换句话说，教师信念是指教师个体要"信以为真"的，是"相信"的，并且要贯彻在其教育实践活动中的，是其教学实践的参考框架。正如佩詹斯(F. Pajares)所述，教师信念是指教师在教学情境与教学历程中，对教学工作、教师角色、课程、学生、学习等相关因素所持有且信以为真的观点，其范围涵盖教师的教学实践经验与生活经验，构成一个互相关联的系统，从而指引着教师的思考与行为。② 塔巴尼克(Tabachnick)与蔡克纳(Zeichner)也持此种观点，认为教师信念包括教师对工作目标、儿童的概念、课程的信念以及教师在教室中表现和其信念相一致的行为。③ 有研究在梳理了国内外对于教师信念的相关研究之后，得出国内外研究对于教师信念的理解的一致性观点，肯定了教师信念是指教师自身对教育及与教育有关的实践和理论问题的主观性认识。④

后来，也有研究将文化概念引入了对教师信念的认识，认为教师在贯彻其教学信念时蕴含着他们对学生文化的理解。汉密尔顿(M. L. Hamilton)认为信念的观点必须包含文化的因素，也就是说人们必须知道如何解释他们的经验，这包括个人的信念和对于大家共享的习俗、传统和典型产物(artifact)的信念。⑤ 正如吉布森(L. S. Gibson)所说，一个人所拥有的信念代表与反映了他们所属社会群体的文化系统，又深刻地体现在他们的活动中。⑥ 波特(A. C. Porter)与弗雷曼(K. J. Freeman)也持此种观点，认为教师信念指的是教师对其自身教学的一种取向(orientation)，是教师对学生、对学生的学习过程、对学校以及

---

① 谢翌，马云鹏.教师信念的形成与变革[J].比较教育研究,2007(6):31-35+85.

② Pajares F. Teacher's Beliefs and Educational Research: Cleaning up a Messy Concept[J]. Review of Educational Research, 1992,62(3):307-332.

③ Kagan D M. Implications of Research on Teacher Belief [J]. Educational Psychologist, 1992,27(1): 65-90.

④ 金爱冬，马云鹏.国内外教师信念问题研究综述[J].延边大学学报(社会科学版),2013(1):75-83.

⑤ Hamilton M L. Think You Can: The Influence of Culture on Beliefs[M]. // Research on Teacher Thinking: Understanding Professional Development[C]. London: The Falmer Press, 1993:87-98.

⑥ Gibson L S. Teaching as an Encounter with the Self Unraveling the Mix of Personal Beliefs, Education Ideologies, and Pedagogical Practices[J]. Anthropology & Education Quarterly, 1998, 29 (3): 360-371.

教师自身在社会中的角色、以及教学过程等方面的信念。[①] 也有学者将教师信念再次提升高度,认为教师信念是根植于教师教学认知基础上的理念,是高度概括的个人教学思想或理论,是教师个体对生命意义的理解和体验。[②]

可以说,教师信念对教师的教育实践和学生的身心发展两方面都有着十分重要的影响。[③] 首先,教师信念影响教师的教育实践。有研究认为教师信念可以引导教学实践,也就是说,教师所持有的信念能够影响其进行相应的教学行动,如果教师将学生视作被动的学习者亦或主动的学习者,那么这种信念会促使其在课堂教学实践中采取不同的教学策略。[④] 也有研究认为教师信念与教师的教学实践是相互影响的关系,教师信念不仅能够影响教学实践,教学实践也能促进其信念的改变,因此教师信念与教学实践是互为因果的。[⑤] 可以说,教师信念并非一个固定不变的先验体系,而是教师可以在其教学工作中逐渐生成的,并且能够影响教师教学实践,是一种教师通过对其教学进行反思而改变的多种观念的综合。[⑥] 教师的批判性反思便是影响教师信念的重要因素。[⑦] 凯特(H. W. Kight)通过对 6 名历史教师进行研究,发现教师信念不仅影响了他们的教学行为与策略,而且他们对课堂教学的批判性反思也促进了他们信念的改变。他们不仅通过课堂教学将自己的价值观念传达给学生,而且他们与学生互动的反思也影响了他们对课堂教学实施的信念,从而一定程度上改变了课堂教学策略。[⑧] 正如布克曼(M. Buchman)指出,教师信念可以分为自我导向(self-oriented)与

---

① Andrew C Porter, Donald J Freeman. Professional Orientations: An Essential Domain for Teacher Testing[J]. The Journal of Negro Education, 1986:284 - 292.

② 李家黎,刘义兵.教师信念的现实反思与建构发展[J].中国教育学刊,2010(8):60 - 63.

③ 俞国良,辛自强.教师信念及其对教师培养的意义[J].教育研究,2000(5):16 - 20.

④ Hsiao-Ching S. The Interplay of A Biology Teacher's Beliefs, Teaching Practices and Gender-based Student-teacher Classroom Interaction[J]. Educational Research. 2000,42(1):100 - 111.

⑤ 吕国光.教师信念及其影响因素研究[D].兰州:西北师范大学博士学位论文,2004:32.

⑥ 金爱冬,马云鹏.国内外教师信念问题研究综述[J].延边大学学报(社会科学版),2013(1):75 - 83.

⑦ 吕国光.教师信念及其影响因素研究[D].兰州:西北师范大学博士学位论文,2004:32.

⑧ Kight H W. Preservice Elementary and Middle Grades Teachers' Beliefs about Mathematics[D]. University of Georgia State,1991:129 - 131.

角色导向(role-oriented)两种类型,前者是指教师的教学行为都是基于其自身的感受而无法做到自我超越,后者则是指教师可以根据社会期望与相关标准来不断地修正与调整自己的教学行为,是能够做到自我超越的。①

其次,教师信念能够影响学生的身心发展。教师信念不仅会影响教师知觉与处理班级中信息与问题的方式,而且在很大程度上影响教学目标以及定义教学任务的方式,并且影响教师的行为方式与教学效能感,进而影响到教师如何看待学生以及如何对待学生。② 当教师认为他们班级的学生"总是有好有坏,教师不可能把每一个学生都教成好学生"时,他可能逐渐失去对那些学习能力较弱学生的耐心,因此这些学生很有可能受教师期望的影响而产生不良的学习反应;如果教师能够肯定地认为"我一定能教好学生","我的学生一定能成才",那么他便很有可能对学习能力具有差异的学生采取不同的教学策略与对待方式,从而这些策略与方式便会同学生的自我期望相互作用,产生良好的效果。③

如果教师具有积极的热爱学生的教育信念,那么就等于他成就一名学生,所以教师要尊重学生、热爱学生,进而引导学生自信心的建立,促进他们发展与成功。④ 正如拜耶(L. E. Beyer)指出,教师只有具备这些教育理念,他们才能够及时地干预学生的学习与生活,才能够更好地帮助他们构建美好的未来,使他们具有成就感、责任感以及道德义务感。⑤

2. 公平信念是教师行动的动力与支撑

教师信念不仅能够影响教师的教育教学实践,还能够影响学生的

①　Buchmann M. The Use of Research Knowledge in Teacher Education and Teaching[J]. American Journal of Education，1983，92(4)：421 - 439.

②　姜美玲.课程改革情境中的教师信念与教学实践——对一位高中语文教师的叙事探究[J].教育发展研究,2005(14):97 - 105.

③　辛涛,申继亮.论教师的教育观念[J].北京师范大学学报(社会科学版),1999(1):14 - 19.

④　肖正德.基于教师发展的教师信念:意蕴阐释与实践建构[J].教育研究,2013(6):86 - 92.

⑤　Beyer L E. The Value of Critical Perspectives in Teacher Education[J]. Journal of Teacher Education，2001，52(2)：151 - 163.

身心发展,因此坚定的教师信念是教师行动的逻辑前提,而具有公平理念的教师信念则是教师进行公平行动的逻辑前提。

本研究发现,BQ 中学的教师具有一个朴素且崇高的教育公平信念,并且他们也将这些信念十分坚定地贯彻在他们的教育教学实践中,那就是他们都希望班级的学生们能够更好。

首先,坚定的教师信念是教师进行公平行动的动力来源。在前文对 J₁ 老师的访谈中,J₁ 老师曾经说过一句令研究者印象十分深刻的话:"老师如果多做一些努力、多做一些工作的话,可能就改变了他们"(1023 - LS - BKS)。研究者也对此进行了追问,也就是说,J₁ 老师为什么能够产生这样的想法?为什么她觉得老师多做一些努力、多做一些工作,就能够改变学生呢?

> J₁ 老师:我就是从这个学校毕业的,小学就是在这个学校读书的。我觉得,既然我学到知识了,我就要把我所学到的全心全意地教给学生,尽我所能。就是这样的一个信念支撑吧,就是我能做到的,一定要让我们的孩子(变得)更好。即便我累点儿,我也觉得无所谓。当你看到学生学会并且解决了一个问题,(看到了)他从不会到学会的那个过程,你就会特别兴奋、特别高兴,就会有一个满足感、成就感在里面。(1023 - LS - BKS)

可以看出,J₁ 老师就是从 BQ 中学毕业的,除了拥有着深厚的故土情怀与母校情结之外,她觉得教会学生能使他们更优秀。也正是这样的教育信念,构成了 J₁ 老师进行公平行动的动力来源;也正是这样的信念支撑,使得她产生了"老师如果多做一些努力、多做一些工作的话,可能就改变了他们"的信念,并将这一信念付诸行动。

其次,坚定的教师信念是教师进行公平行动的内在支撑。在对 J₁ 老师的访谈中,研究者也与她交流、探讨了她在教学工作中进行公平行动的历程。研究者十分好奇,虽然 J₁ 老师拥有公平行动的信念,并且也一直贯彻在自己的行动中,但是她是否遇到过困难呢? 也就是说,她的公平行动是否遭受过阻碍,使得她的行动达不到预期的结果,从而一定程度上动摇过她的内心。J₁老师是这样回答的:

> (……)其实你说的情况吧,我也遇到过。我教的上届学生中有一个男生,学习不太认真,不喜欢学习。但是这个男生的家长,十分想让他通过努力学习考取好大学(的方式)而出人头地。然而,这个男生的家长文化程度不高,不太会教育孩子,虽然都是(出于)望子成龙的心理,想让他好好学习,但是呢,这个学生不太配合,还是不喜欢读书。其实我了解到这个情况以后,我是十分站在家长这一方面(立场)的,因为我也是想通过我对他的关心、引导,让他能够在将来过得更好。可是我一次次地跟他谈、对他额外关注,效果不太明显……其实那个时候我是有些崩溃的,我觉得我多做一些努力是能够帮助孩子进步的,我一直这样认为,但是那个时候我(产生)怀疑了。同事也来劝我,说这个孩子也许就是比较懒散、不上进,你努力了就好,不用强求,再把自己逼坏了……不过我还是坚持了下去,我就觉得我全心全意地对待学生,多多少少都会(让他们)改变一些。(1023－LS－BKS)

坚定的教师信念的确称得上是公平行动的内在支撑。J₁老师正是因为拥有着这样坚定且执着的信念,使她在遭遇困境时依旧毫不改变,坚持自己的行动。正如兰德尔·林赛(Randall · B. Lindsey)所说,"如果你能设想它,你便会相信它。如果你相信它,你最终便会付诸实践"①。教师应该意识到他们在社会由一个时代转向下一个时代的过程中所发挥的作用,真正的改变是发生在社会每一个个体身上的,教师应当清楚他们所重视、所设想的东西与他们的信念之间的直接联系,

---

① [美]兰德尔·林赛.教育公平[M].卢立涛,刘小娟,高峰译.上海:华东师范大学出版社,2015:180.

最终人们的行动是要源自他们对什么是真实的信念的。[①]

(二) 扎实的教师知识:教学基础与行动依据

教师知识不仅是教师实施教育教学的重要基础,同时也是教师进行日常行动的重要依据,是构成教师实践行为的所有知识和洞察力[②]。对于教师来说,教师知道什么知识、教师需要知道什么知识以及教师如何运用知识,这些对教师的专业成长、课堂教学实践以及学生的学习与发展具有重要作用。[③]

正如麦克迪尔米德(G. W. McDiarmid)所述,教师对学科知识理解得越丰富,就越能够确保具有不同学习兴趣与文化背景的同学拥有更加平等的学习机会;教师越了解他所教的学科,那么他便越能够找到更好的办法来促进不同学生的公平学习机会。[④] 换句话说,教师所具备的专业知识愈加扎实、愈加精深,那么他便能够更加游刃有余地掌控自己的教学目标、教学内容、教学方式等,进而基于学生的不同学习情况而进行及时调整。因此,如果要给学生提供更加公平、更加优质的学习机会与课堂教学,那么扎实的教师知识便是进行公平行动的重要基础与行动依据。

1. 教学基础:教师知识影响教师的教学公平

一般来说,如果某一职业被认定为一门专业,那么这个职业应该满足的重要条件之一就是它是以一套学术性知识和专业性经验为基础的。[⑤] 正如马云鹏所说,教师知识是教师展开正常教学,保证基本教学品质的必备条件。[⑥] 因此,教师知识是教师教学的重要基础,能够直接

---

① [美]兰德尔·林赛.教育公平[M].卢立涛,刘小娟,高峰译.上海:华东师范大学出版社,2015:180-181.
② [荷]尼克·温鲁普,简·范德瑞尔,鲍琳·梅尔.教师知识和教学的知识基础[J].北京大学教育评论,2008(1):21-38.
③ 李琼,倪玉菁.西方不同路向的教师知识研究述评[J].比较教育研究,2006(5):76-81.
④ McDiarmid G W. Teacher Education: A Vital Part of the Equity Issue[J]. State Education Leader,1993,12(1):11.
⑤ Sockett H. Education and Will: Aspects of Personal Capability[J]. American Journal of Education,1988,98(2):195-215.
⑥ 马云鹏,赵冬臣,韩继伟.教师专业知识的测查与分析[J].教育研究,2010(12):70-76+111.

影响到教师的教育教学水平,进而影响到学生所获得的学习机会及其自身的学习情况。

正如我们在第二章中所论及的那样,人们对教师知识的关注与研究由来已久,且研究者们构建了很多教师知识的分类框架以表征教师作为一门专业而应该具备的知识基础。虽然已有研究呈现出丰富的教师知识结构框架,但是我们必须承认的是,无论教师知识的类型如何划分,教师知识始终与教师的教学水平与专业能力密切相关,教师知识的扎实与否将直接影响到教师的教育教学水平。因此,我们在这里不囿于对教师知识分类的详细阐述,而是直接表明作为教师教学基础的专业知识是能够直接影响到教师的教学水平,进而能够影响到学生公平学习机会的获得。

戈德哈伯(Goldhaber)与布鲁尔(Brewer)的研究发现,教师在所教科目上的专业能力对学生的学习效果具有较大影响。[①] 教师不仅要知道学科内容知识,还要知道如何将这些知识呈现给具有差异的不同的学习者。因此,教师为了达到这一目的,应该具备良好的课程知识,了解学生在学习时会碰到的具有普遍性的问题,进而更好地促进学生学习,将促进学生积极进取作为重要的教学目标。[②] 可以说,教师只有具备了扎实的教师知识,才能够良好地掌握自己的教学目标、教学内容、教学方式等,进而根据多样化的学生进行差异调整。而处于不同发展阶段的教师由于其具备的专业知识具有差异,因而他们之间也表现出不同的教学调整能力。

有研究指出,专家型教师的专业知识结构与新手型教师的专业知识结构,无论在数量上还是质量上都有显著的不同。[③] 教师知识的发展是一个从无到有、从良到优的过程,处于不同发展阶段的教师所具备的知识要素与知识结构也具有差异性。该研究将教师的发展阶段

---

　　① Goldbaher D D., Brewer D J. Dose Teacher Certification Matter? High School Teacher Certificayion Status and Student Achievement[J]. Educational Evaluation and Policy Analysis, 2000, 22(2):129 - 145.

　　② Shulman L S. Knowledge and Teaching: Foundation of the New Reform[J]. Harvard Educational Review, 1987, 57(1):1 - 22.

　　③ 衷克定,申继亮,辛涛.论教师知识结构及其对教师培养的意义[J].中国教育学刊,1998(3):53 - 56.

划分为新手型教师、熟手型教师以及专家型教师三个阶段，认为新手型教师的知识结构处于片面发展阶段，虽然有着较好的专业知识、知识视野与学习能力，但是很难做到在课堂教学中自觉、灵活地应用这些知识，因而在指导学生学习时很难做到有的放矢，故而难以保障其教学的效率和质量；而熟手型教师的知识不断完善，能够相对从容地做到因材施教与应对课堂突发事件，提高教学效率与教学质量，但是面对多样化的学生差异有时也捉襟见肘；教师知识最为全面的发展阶段是专家型教师，他们熟悉学生在不同成长阶段的心理水平、学习需要与常见问题，能够有的放矢、因材施教，按照学生的实际需要进行指导与帮助。① 所以说，教师知识是教师的教学基础，能够影响教师的教学公平。

Z 老师是 BQ 中学初中部的教学副校长，执教学科是初中语文，超过 23 年的教龄，教学水平与经验十分丰富。在一次"涵润杯"语文课的评课环节中，Z 老师不仅强调教师的学科内容知识与学科教学法知识，而且强调要精准掌握学生学情，以调整教师的教学进度与教学方式。于是，研究者对其进行了即时性的访谈，进一步探索她对于上述理念的理解与阐释。

> Z 老师：其实在上师范学校所学的那些知识吧，都是专业课的专业知识，我觉得一定是有影响的。就是说一个人素质的高低，跟这个人的文化程度一定是密切相关的。也就是说，文化知识对开启一个人关于生命、生活的认识十分重要，对这个问题的认识也是非常必要的。所以我觉得在师范学校学的那些专业知识真是非常重要。因为只有你学到那些知识、那些课程，你才能懂得如何教书、如何上好课。如果你连最基本的课都讲不好，那么其他方面你也很难兼顾。如果你的课上

---

① 朱淑华，唐泽静，吴晓威.教师知识结构的学理分析——基于对西方教师知识研究的回溯[J].外国教育研究，2012(11)：118-126.

得好,游刃有余、经验丰富,那么你才能够关注到其他方面,就像你说的公平一样,你才能够更好地关注到学生们的表现、学生们的差异,才能够更好地兼顾这些,才能够根据学生们的学习差异来调整我们上课的目标设置与进度安排。(1112 - YW - HYS)

可以看出,Z老师认为教师知识对于教师的教学水平具有重要影响,只有具备扎实的教师知识,教师才能懂得"如何上好课",才能兼顾到课堂教学中的公平层面。所以说,教师只有不断提高与夯实自己的知识基础以及优化知识结构,才能够具有更加丰富的教学手段,提高自己的教学能力和人格魅力,进而在课堂上面对多样差异的学生群体时,能够根据情境来及时调整自己的教学目标与教学策略,从而帮助学生共同进步。

2. 行动依据:教师行动还需具备公平知识

卡特(K. Carter)认为,教师知识是教师在处理特定事件中的知识整体,因此构成了教师行动的基础。[①] 换句话说,教师所具备的专业知识必然会对他关于教学的看法及其对教学方法的选择造成影响,进而通过他的教学实践与教学行为使之外化。[②] 因此,教师知识一定程度上可视作教师公平行动的重要依据,教师只有具备与公平相关的教师知识,才能够知道为了什么行动、凭借什么行动以及采用什么方式行动。正如霍华德(T. C. Howard)与阿莱曼(G. R. Aleman)所说,尽管教师已经具备了比较扎实的教师知识,但是我们相信如果教师们能够在此基础上进一步地将这些知识与对学习和文化复杂性的理解相结合,教师便能够更好地应对多样化的学习者。[③]

首先,公平的教师知识有助于教师理解在不平等的系统化生产过

---

① Carter K. Teachers' Knowledge and Learning to Teach[M]. //W. R. Houston. Handbook of Research on Teacher Education. New York: MacMillan: 291 - 310.

② 左银舫.中小学教师知识观与教学观研究[J].心理科学,2004(2):353 - 354.

③ [美]玛丽莲·科克伦-史密斯,[美]沙伦·费曼-尼姆塞尔,[美]D.约翰·麦金太尔主编.教师教育研究手册(上卷)[M].范国睿等译.上海:华东师范大学出版社,2017:166.

程中微观权力的运作机制①,从而让教师知晓他们为何要进行公平行动。吴愈晓指出,虽然我国教育事业的发展已经取得一系列重大成就,但是学生教育获得的城乡和阶层差距却呈现出扩大趋势,这主要体现在家庭背景与学校过程这两个教育微观机制中。首先,由于家庭背景差异而使得学生教育获得呈现较大差异,且其通过家庭对子女教育的经济和时间投入方面、文化资本方面(文化再生产与文化流动)以及社会资本方面(父母参与、教养方式、家庭结构与居住安排)不断得到形塑与合理化;其次,学校的阶层隔离(segregation)②也使得具有城乡和阶层差异的学生教育在学校微观教育过程中得到进一步强化。③

而公平的教师知识则会使得教师洞察这一学校教育的微观权力运作机制,进而促使教师在更加广阔的背景中思考他们传授的学科内容知识。这个背景除了包括对教育的理解之外,还包括那些必须在学校教育过程中进行平衡的学校功能,既要弥合不同境况的学生所具备的教育机会之间的差异,又要为他们提供更加平等的学习机会。④ 如果教师缺乏与公平相关的教师知识,那么他便很难察觉学生所处的不平等的系统化生产过程,也就难以生成进行公平行动的意识。所以,公平知识是教师行动的重要依据。

> D老师:虽然我们是区里的学校,但是不得不说,我们学校有些孩子的家庭条件并不算好。而这样的孩子的生活空间是比较闭塞的,家庭环境条件的限制实际上让他们很少有机会去接触外面的世界,因此相比于其他一些(家庭条件)较好

---

① Walter C Parker. Teaching Democracy: Unity and Diversity in Public Life[M]. New York: Teachers College Press, 2003:154.

② "隔离"是一个社会学概念,指的是社会成员由于阶层的差异与固化而分别居住在不同的区域,而非同处于一个区域内。而学校的阶层隔离则是隔离概念在学校层面的延伸,是指学生由于阶层的差异而聚集在不同的学校,从而导致了学生之间隔离,进而通过"同辈群体效应"(peer group effect)来影响学生的学业表现。

③ 吴愈晓.社会分层视野下的中国教育公平:宏观趋势与微观机制[J].南京师大学报(社会科学版),2020(4):18-35.

④ Linda Darling-Hammond, John Bransford. Preparing Teachers for A Changing World: What Teachers Should Learn and Be Able To Do[M]. San Francisco: Jossey-Bass,2005:35.

的孩子,实际上他们是有些自卑的。我们也对(这一部分孩子的)家长进行了解,知道他们大多都是打工族,一方面要维持家庭生计,一方面还要照顾孩子。但是他们对孩子的照顾只能限于温饱,在精神方面,还有学习方面、行为习惯的养成方面都是很缺失的,尤其是他们并没有意识到世界对于孩子们来讲是一个最大的学堂。家长没有意识到这一点,这一块儿就是他们家庭教育的缺失,然后造成了孩子的眼界也有些不足……(1130 - YW - GBS)

其次,公平知识会让教师知道如何进行公平行动。教师除了要具备了解不同年龄、不同背景的学生在学习过程中已有经验的知识以外[①],还要具备理解并应对那些与学生学习成长文化背景相关的知识[②],这些是至关重要的,能够指导教师如何开展行动。

在以往教师知识相关研究的分类框架基础之上,林·古德温(A. L. Goodwin)提出了教师的社会学知识(sociological knowledge)这一概念,意指教师要具备有关多元化、文化相关性和社会正义(diversity, cultural relevance, and social justice)的知识。[③] 教师要将促进社会良性运行和协调发展的立场带进教室,带入与学生的日常交往中,将自身视为积极的行动者,关注并重视学生的背景经验与成长经历,察觉潜藏在背后的文化差异与不平等问题,以自身的教育活动促进每一个学生发展。具体而言,教师首先可以重新设计教学方案,在全面掌握学科内容知识的基础上,进一步理解学科的核心概念、结构与本质,并据此因材施教,根据学生的多样化差异而灵活调整教学策略,为具有差异的学生提供不同的学习路径;其次,生成共同(together)成长的师生关系,

---

① Shulman L S. Those Who Understand: Knowledge Growth in Teaching[J]. Educational Research, 1986,15(2):4-14.

② Erickson F. Culture and Human Development[J]. Journal of Mianyang Normal University, 2008, 45(4):299-306.

③ Goodwin A L. Globalization and the Preparation of Quality Teachers: Rethinking Knowledge Domains for Teaching[J]. Teaching Education, 2010,21(1):19-32.

教师在洞察到学生的成长环境后,可以帮助他们重新占有那些他们缺失而又没有意识到的文化形式,真正"参与"到学生的成长历程中。[①]

公平知识是教师行动的重要依据。教师要教授学生擅长的内容,通过教学肯定学生的文化。[②] 同时教师也要不断反思并修正那些受自身社会文化背景影响所形成的可能含有偏见色彩的思维定式。[③] 正如格罗斯曼(P. L. Grossman)所说,要促进教师总是在忙碌中创造知识,也就是说教师通过经验、社会环境以及自身的知识与技能来洞察与解读学生的学习环境,而这些又反过来支撑教师的决定与行动,进而让他们获取更多与此相关的知识,因此教师的能力是持续发展的。[④]

(三) 良好的教师道德:基本素质与底线坚守

立德树人是我国教育事业的根本任务,而师德则是立德树人的内在要求。教师的榜样作用对学生的成长与发展具有持续性的影响,良好的师德不仅能够培养学生的健全人格,而且有助于教师进行公平行动。[⑤] 因此,良好的教师道德不仅是教师进行公平行动所必备的基本素质,也是教师行动的底线坚守。

1. 基本素质:作为教师须具备良好师德

具备良好的道德是一个人成为教师的逻辑前提,而人们对教师提出道德品质的高要求实质上是教师职业作为一门专业的内在要求。[⑥] 习近平总书记提出,德是首要、是方向,是教师队伍素质的第一标准。[⑦] 因此,良好的师德可以说是教师的基本素质,对教师的公平行动具有重要作用。

---

① 崔宇,石艳.教师的社会学知识:公平视域下教师知识的转向及其实践路径[J].教育发展研究,2019(4):35-43.

② Gay G. Culturally Responsive Teaching: Theory, Research, and Practice[M]. New York: Teachers College Press, 2000:29.

③ Applebaum B. Social Justice Education, Moral Agency, and the Subject of Resistance[J]. Educational Theory, 2010, 54(1):59-72.

④ Grossman P L. Teacher's Knowledge. // Anderson L W. International Encyclopedia of Teaching and Teacher Education[M]. Kidlington, Oxford: Elsevier Science Ltd,1995:20-24.

⑤ 李锐.师德失范影响下的学生发展探析[J].教育理论与实践,2009(9):42-43.

⑥ 王凯.近年来我国师德观念发展的三大趋向[J].中国教育学刊,2013(1):49-52.

⑦ 郝德永.以德为本:习近平总书记关于师德论述的理论蕴涵[J].教育研究,2019(8):4-8.

一直以来,人们对师德的理解都围绕着教师职业道德这一范畴而展开。例如,有研究提出,师德是教师在职业活动中,通过内化社会职业期望并且强化职业角色意识,进而促使教师在职业行为中表现出的比较稳定的品德特征与倾向。[①] 还有研究指出,随着教师职业的演进,师德是教师在教育教学过程中逐渐形成的共同遵守的行为规范与思想品德的总和,是教师在进行教育活动中所依据的准则、规范。[②] 但是王逢贤强调,师德这一概念要突破教师职业道德这一范畴,其认为教师所要具备的"德"已经超出教师职业和一般道德的范围,不仅含有道德的涵义,也须含有世界观、人生观、价值观、政治立场和态度、法纪观念和行为等,是教师所应具备的基本素质,这不是对师德的过高苛求,而是教师的社会地位对其角色和本色素质的客观规定。[③]

正如研究者在调研中对 S_1 老师的访谈中得出的结论一样,研究者与 S_1 老师谈及为什么教师能够具有公平行动的意识之时,S_1 老师认为师德是前提基础,是教师这份职业必须具备的基本素质。只有这样,再加上教师所具备的知识与技能,教师才能够真正将理念贯彻到行动中。

> S_1 老师:我觉得最主要的是老师要有一个正确的价值观,老师的价值观很重要。对于老师的专业成长来讲,(虽然)有专业知识、专业能力吧(十分重要),但是我最看重的还是他的专业操守,就是我们平常所讲的师德,就是他能够有一个价值观,正确的价值观,他才能够正确地对待自己的这份职业所应该持有的道德。当他有了这份道德之后,然后再加上他(所具备的)一定的学识,包括他纯熟的技能,他才能够真正做到去贯彻这个理念。(1202 - SX - CT)

可以说,教师的行为对学生的成长具有重要影响,良好的师德在学

---

① 马娟,陈旭,赵慧.师德发展的影响因素及其作用机制[J].教师教育研究,2004(6):23 - 28.
② 李国安.新时期人民教师师德的内涵和特质[J].西南大学学报(社会科学版),2010(5):12 - 15.
③ 王逢贤.师德建设的理论思考[J].中国教育学刊,1997(4):8 - 12.

生发展过程中发挥着重要作用。有研究指出,在学生的德智体美劳等素质的发展中,教师的师德水平对其影响最大。[①] 学生一般都把教师作为模仿的榜样,教师就是学生学习与发展的现实基础。[②] 因此,师德失范会引起学生的不良发展,如导致学生自卑心理严重、自尊心差、目标感差、合作意识欠缺等。[③] 陈桂生对师德失范行为进行调查,认为教师收礼索礼、讽刺学生、偏爱有权有钱家庭的学生、歧视差生以及贬抑学生等,都是教师的不道德行为。[④] 上述行动不仅是一个人作为教师必须摒弃的行为,也是导致学生学习机会不公平的行为。因此,良好的师德是教师必须具备的基本素质,是教师公平行动的前提。

2. 底线坚守:良好师德是教师公平行动的基础

在师德的发展历史中,师德崇高性与底线师德一直是人们关注、争论的焦点,也就是说教师需要追求师德的崇高性还是守住师德的底线,是人们对师德认识与研究的两个价值立场。其实,师德发展需要兼顾底线要求与高层次要求,平衡"崇高"与"底线"两个价值层面。其中,师德的崇高性是指教师应追求并且应该成为德行完美的人,底线师德则是教师职业的底线保障,是教师在伦理上最起码的要求。[⑤]

抛开二者的立场分野不谈,其实我们可以说,底线师德是教师的底线坚守,是教师公平行动的基础。正如有研究指出,底线师德是基础性的,具有逻辑优先性。[⑥] 因而,确立师德底线是师德建设的基础,是促使千百万普通教师成为合格教师的根基。[⑦] 教师要有仁爱之心,热爱学生是教师厚重的职业底色。周济强调,要把爱与责任放在师德建设的首位,这是教师最重要的素质。[⑧]

首先,具有良好师德的教师更愿意尊重学生。刘铁芳认为,认识、

---

① 傅维利.简论师德修养[J].中国教育学刊,2001(5):40-43.
② 林崇德.基于中华民族文化的师德观[J].西南大学学报(社会科学版),2014(1):43-51+174.
③ 李锐.师德失范影响下的学生发展探析[J].教育理论与实践,2009(26):42-43.
④ 陈桂生."师德"研究[J].教育研究与实验,2001(3):8-11.
⑤ 李敏,檀传宝.师德崇高性与底线师德[J].课程·教材·教法,2008(6):74-78.
⑥ 何怀宏.伦理学是什么[M].北京:北京大学出版社,2008:90.
⑦ 王凯.近年来我国师德观念发展的三大趋向[J].中国教育学刊,2013(1):49-52.
⑧ 周济.爱与责任——师德之魂[J].人民教育,2005(8):2-3.

理解并尊重学生,是师德建设的关键。[①] 换句话说,教师只有具备了良好的师德,才会更好地将学生看作是活生生的个体,进而与其倾心相处、尊重学生、充满期望。

S₂ 老师在与研究者的访谈中也表达出了这层意思。S₂ 老师认为,现在的学生比较成熟,能够感受出老师对他们的态度与尊重。因此,老师应该具有相应的职业观念,尊重学生。

> S₂ 老师:我觉得老师就是应该如此,应该具有这样的职业观念。现在的小孩和以前不一样了,独立性更强、也更加地成熟,像个"小大人"一样,懂得很多道理,也能够体会到老师对他的一个感觉。怎么说呢,他们能够感觉出来老师到底是不是尊重他、是不是喜欢他、是不是愿意和他们交流。所以,我觉得现在的孩子,我们不应该完全把他们看作小孩,要尊重他们的看法,才能跟他们交心。(1107 - YW - CC)

其次,具有良好师德的教师更愿意关怀学生。师爱是师德的灵魂,对教师来说,对学生的爱影响其一生的发展和幸福,教师应对学生友善、宽容,尽自己最大的努力去促进学生的发展。[②] 教师只有关怀学生,对他们一视同仁,才能培养出民主、平等和"忘年交"的师生关系与情谊。[③]

因此,坚定的教师信念、扎实的教师知识以及良好的教师道德,不仅可以看作是教师进行公平行动的个体前提,也可以说是一个人能够成为教师所必须具备的基本素质与内在要求。

二、 行动的表征原则

坚定的教师信念、扎实的教师知识以及良好的教师道德仅仅是教师进行公平行动的个体前提,也就是说教师只有在具备上述内在条件

---

① 刘铁芳.从"敬业"到"乐业":当前师德建设的基本问题[J].教育科学研究,2005(7):54-56.
② 张思明.师德首先表现为对学生一生发展和幸福负责[J].中国教育学刊,2007(9):7-10.
③ 王逢贤.师德建设的理论思考[J].中国教育学刊,1997(4):8-12.

的基础上,才能够更好地具有公平行动的意识、动机与能力。但是教师的公平行动在现实的学校场域中是怎样进行的、表征出怎样的逻辑原则,我们需要做进一步地探讨。

有研究倡导新的教育公平观,认为教育公平发展到今天,其关注点经历了由强调政治经济等"社会"层面的片面需求到侧重"人"的全面发展的历史演进①,并且需要对人民群众关于教育的多元化发展的需求进行回应,努力为每个学生都能够提供适合的、有质量的教育②,而这正符合党的十九大关于"坚持以人民为中心"的发展思想和"办好人民满意的教育"的行动要求③。

哈蒙德指出,教育的核心目的就是在于促进所有学生的发展,使他们成为积极的社会贡献者,进而让他们在将来的成人社会中获得自己的位置。④ 这一关于教育公平与人的全面发展的美好描述不禁给予我们启发,让我们思考如下三个问题:一是教师在其教育教学过程中的公平行动是如何促进每一名学生发展的,二是教师的公平行动是怎样帮助学生找准将来在社会中定位的,三是教师的这些公平行动到底呈现出怎样的现实表征与逻辑。实际上,教师在学校教育过程中践行了数不胜数的促进教育公平的积极行动,我们可以借用罗尔斯(John Rawls)经典的正义原则框架来总结教师公平行动的现实表征。

(一) 原则的理论溯源

我们需要关于正义原则的理论来评判我们的行动,这样我们就可以声明我们的行动不止于此。⑤ 罗尔斯的《正义论》一经出版便引起了广泛的反响,其实在这之前,他的一些文章所表达出的思想便已经受到

---

① 程天君.新教育公平引论——基于我国教育公平模式变迁的思考[J].教育发展研究,2017(2):1-11.
② 王建华.新教育公平的旨趣[J].教育发展研究,2017(2):12-17.
③ 程天君.以人为核心评估域:新教育公平理论的基石——兼论新时期教育公平的转型[J].华东师范大学学报(教育科学版),2019(1):116-123.
④ Darling-Hammond L., Bransford L. Preparing Teachers for A Changing World: What Teachers Should Learn and Be Able To Do[M]. San Francisco: Jossey-Bass, 2005:125.
⑤ Walker M. Framing Social Justice in Education: What Does the "Capabilities" Approach Offer? [J]. British Journal of Educational Studies, 2003,51(2):168-187.

了人们的集中关注与热烈讨论。罗尔斯的这一著述被翻译成十几种文字,且是世界范围内被引次数最多的学术成果之一。可以说,罗尔斯的正义原则具有深刻的解释力与持续性,虽然有学者对其理论不断发起挑战,但是它作为教师公平行动的表征原则依然延续至今并有了进一步阐发与解释。

1. 作为公平的正义:正义的两个原则

罗尔斯的目标并非是要建立某一种特殊的制度或者说进入到某一特定的社会,而是探寻并确立一种指导社会基本结构设计的根本道德原则,也就是他的正义原则。① 可以说,罗尔斯的一切工作都是围绕着"正义的良序社会(well-ordered society)②是如何实际可能的"这一总问题而展开的。③ 而罗尔斯将正义概念(the concept of justice)转换为正义观(conceptions of justice),进而提出"公平的正义"(justice as fairness)作为其正义观念,也就是说他将正义看作是由不同原则、观念所建构的。

为了尽量避免社会历史以及自然方面的偶然因素对人们选择正义原则的干扰,罗尔斯提出原初状态(original position)这一概念作为正义观能够存在且适用的一种纯粹假设的状态,与社会契约论中的自然状态(the state of nature)相对应。在原初状态下,没有一个人知道他在社会中所处的地位,也没有人知道他的先天资质在社会中处于什么程度。正义的原则正是在这种无知之幕(veil of ignorance)④的后面被

---

① [美]约翰·罗尔斯.正义论[M].何怀宏,何包钢,廖申白译.北京:中国社会科学出版社,2009:译者前言 5.

② 所谓良序(well-ordered)社会,在罗尔斯那里是指在这个社会中的社会成员都能有效地受到一种公共的正义观的调节与约束,而这样的社会具有两个条件:一是指在这个社会中每个人都能够接受、也知道别人能够接受同样的正义原则;二是指这个社会的基本社会制度能够普遍地满足,也普遍为人所知地满足这些原则。([美]约翰·罗尔斯.正义论[M].何怀宏,何包钢,廖申白译.北京:中国社会科学出版社,2009:4.)

③ 张国清.罗尔斯难题:正义原则的误读与批评[J].中国社会科学,2013(10):22-40+204-205.

④ 无知之幕(veil of ignorance)是指人们在进行正义原则的选择时所处的一个很自然的条件。在这个条件下,人们不知道他们的选择将会如何影响他们自身情况,因此人们不得不在一般考虑的基础上进行选择。在无知之幕的后面其实是一个假定,即各方都不知道某些事实:其一是指任何人都不知道他在社会中所处的地位(阶层、出身等),也不知道他的资质与能力的程度;其二是人们也不知道他们所处的社会环境的特殊性,也就是说无论人们属于哪个世代、进行怎样的选择,这些原则所导致的结果都是普遍适用的。实质上,无知之幕这一概念的提出就是为了建立一个公平的程序,使得人们无论怎样选择,这些原则都是能够达到正义的。([美]约翰·罗尔斯.正义论[M].何怀宏,何包钢,廖申白译.北京:中国社会科学出版社,2009:105-107.)

选择的,这样可以保证所有社会成员都不会因为其先天机遇以及社会环境中的偶然因素而得益或者受害。可以说,原初状态是一种最初状况(status quo),是一个基本契约公平的处境(situation)。①

而作为公平的正义,罗尔斯将其正义的两个原则表述如下:第一个原则,每个人对与其他人所拥有的最广泛的基本自由体系相容的类似自由体系都应有一种平等的权利。第二个原则,社会和经济的不平等应这样安排,使它们被合理地期望适合于每一个人的利益;并且依系于地位和职务向所有人开放。②

第一个原则可以看作"平等自由原则"。第二个原则分为两部分,一部分是"机会的公正平等原则",另一部分是"差别原则"。而罗尔斯认为两个原则是处于一种"词典式序列"(lexical order)中的,也就是说次序中的任何原则能够得到满足的前提条件是,在它之前的那个原则已经得到了满足。具体来说,词典式序列要求人们在满足了第一个原则的基础上才可以考虑第二个原则,接着在满足了第二个原则的基础上才可以考虑第三个原则,并且以此类推。③ 也就是说,首先要满足第一原则才可以考虑第二个原则,而在第二个原则中,首先要满足"机会平等原则",才可以考虑"差别原则"。

具体而言,第一个原则之所以称作"平等自由原则",目的是保障所有人的基本自由权利,也就是说要保障公民在政治上的基本权利,不能任意剥夺与损害。在一个正义社会中,公民都拥有同样的基本政治权利,这些是一律平等的,因此第一个原则称作"平等自由原则"。

如果说第一个原则是确保人们拥有平等的自由,那么第二个原则便是确保平等的分配。④ 在罗尔斯的第二个正义原则中,也要按照"词典式序列"的顺序,首先要考察"机会的公正平等原则",然后再考虑"差别原则"。而这两个原则也是教师在教育公平行动中所遵循的最重要

---

① [美]约翰·罗尔斯.正义论[M].何怀宏,何包钢,廖申白译.北京:中国社会科学出版社,2009:10.
② 同上,47.
③ 同上,34.
④ 姚大志.罗尔斯正义原则的问题和矛盾[J].社会科学战线,2009(9):35-41.

的两个原则逻辑。实际上，罗尔斯对于正义原则的陈述，体现了从"合乎每个人的利益"到"合乎最少受惠者的利益"的转变，而这也是罗尔斯一直以来所持的立场，反映了他对最少受惠者的偏爱。

实质上，差别原则也包含着补偿原则的一些因素在内。罗尔斯认为之所以要在差别原则中考虑补偿原则的要素，是因为"这是有关不应得的不平等要求补偿的原则"。具体而言，如果人们在出身以及天赋等方面存在不平等，那么实际上这些不平等是这个人"不应得"的，就应该适当地给予某种补偿。从这个意义上讲，补偿原则就是为了平等地对待所有人，社会必须关注那些由于出身而导致的社会地位不利（the disadvantage）以及天赋较低的群体，对他们给予补偿，进而一定程度上在"应给"①方面提供给他们真正的同等机会。实质上，补偿原则就是要按平等的方向补偿那些由于偶然因素而造成的倾斜。② 罗尔斯进一步补充，"无论我们采取什么原则，都要考虑补偿的要求。"③

而"应给"或者"应得"什么？ 也就是说，人们用什么指标来判定谁是优势者、谁是弱势者？ 罗尔斯提出"基本善"（primary goods）④的概念，作为人们在选择正义原则时所依据的指标。他指出，"基本善"就是"一个理性的人无论他想要别的什么都需要的东西"，并且人们总是希望得到更多的基本善，诸如自由与机会、收入与财富、自尊的基础等。⑤

---

① 罗尔斯的差别原则实际上区分了"应得"（desert）与"应给"两个概念。他认为，与其说是穷困者"应得"某种补偿利益，不如说是国家"应给"这样一种利益、关怀与照顾。这是一种利益的再分配形式，之所以罗尔斯这样认为，因为他觉得社会是一个合作体系，如果阶层之间不合作，优势者不主动"应给"弱势者，那么优势者也很难创造更多利益，甚至社会都会动荡解体。（［美］约翰·罗尔斯.正义论［M］.何怀宏，何包钢，廖申白译.北京：中国社会科学出版社，2009：译者前言 19 - 20.）

② ［美］约翰·罗尔斯.正义论［M］.何怀宏，何包钢，廖申白译.北京：中国社会科学出版社，2009：77.

③ 实际上，罗尔斯认为补偿原则只是作为一个自明的原则，也就是说作为一个与其他原则相平衡的原则。实际上，罗尔斯总是站在最少受惠者的立场看待与衡量社会结构中的不平等，体现了一种对最少受惠者的偏爱，是一种尽力想通过某种补偿原则通过再分配的方式使得所有社会成员都处于平等地位的愿望。（［美］约翰·罗尔斯.正义论［M］.何怀宏，何包钢，廖申白译.北京：中国社会科学出版社，2009：译者前言 6、77.）

④ "基本善"这一概念的存在就是为了让人们能够在无知之幕的遮蔽下按照正义两原则来进行选择。（卫知唤.异质的正义体系："基本善"与"可行能力"再比较——罗尔斯有效回应了阿马蒂亚·森的批评吗？［J］.社会科学辑刊，2015（4）：25 - 32.）

⑤ ［美］约翰·罗尔斯.正义论［M］.何怀宏，何包钢，廖申白译.北京：中国社会科学出版社，2009：71、译者前言 6.

论及此处，我们可以看出，罗尔斯的第一个正义原则在教育场域中是指人们的受教育权利一律平等自由。而人们基本的受教育权是得到了法律规定并保护的，是人人平等、人人享有，且已经是满足了的。因此，我们主要将目光放在第二个原则。

在第二个原则中，无论是"机会的公正平等原则"，还是"差别原则"，不仅能够契合教育场域中教育机会的公平分配原则，即教育机会是给学生平等给予，还是差别性对待进而促进学生的公平发展；而且也是相关研究中关于教育公平的基本理论问题所达成的共识原则[①]。因此，我们在这里也将这两个原则作为教师公平行动的表征原则进行阐述。

2. 罗尔斯与阿玛蒂亚·森的争论与弥合

阿玛蒂亚·森（Amartya Sen）[②]与罗尔斯一样，都是当代著名的哲学家、经济学家，并且都对公平问题进行了深刻的探讨并有独到的见解。森与罗尔斯也就公平问题保持着长期的对话与交流，二者在各自思想的形成与发展中互相产生了重要影响，且彼此都保持着高度的尊重与认可。

森在其著作《论经济不平等》（On Economic Inequality）中评价罗尔斯的《正义论》是开创性著作，并且他启发了人们对正义的一些基本原则正在进行积极的重新思考。[③] 而罗尔斯也在其《正义论》的序言中表示对森的感谢，认为森的探讨和批评使他能够在一些不同的地方改善提法[④]，比如说"词典式序列"这一重要概念的形成过程与表述方式[⑤]。实

---

① 褚宏启.关于教育公平的几个基本理论问题[J].中国教育学刊,2006(12):1-4.
② 阿玛蒂亚·森,1933年生于印度,是1998年诺贝尔经济学奖的获得者。森深切关注世界范围内的诸如贫困、健康、教育、医疗等不平等问题,被誉为"穷人的经济学家"。他的思想具有比较重要的影响,联合国发布的《人类发展报告》便是遵循他的理论框架,另一位诺贝尔经济学奖的获得者阿罗（Kenneth Arrow）也表示"森是一位毋庸置疑的大师"。
③ [印]阿马蒂亚·森,[美]詹姆斯·福斯特.论经济不平等[M].王利文,于占杰译.北京:中国人民大学出版社,2015:179.
④ [美]约翰·罗尔斯.正义论[M].何怀宏,何包钢,廖申白译.北京:中国社会科学出版社,2009:初版序言4.
⑤ 其实,罗尔斯的"词典式序列"这一概念的提法最初是由森建议的,而后罗尔斯在《正义论》中接受了这一建议。（[印]阿马蒂亚·森,[美]詹姆斯·福斯特.论经济不平等[M].王利文,于占杰译.北京:中国人民大学出版社,2015:179.）

际上,自从罗尔斯出版了《正义论》以来,许多研究者在追随着他的思想的同时,也在进行着批判工作,而阿马蒂亚·森就是其中的一员,且森对于罗尔斯的批评也促使后者不断思考并修正其正义理论①。也正是在这一基础上,罗尔斯的正义理论,尤其是他的正义原则因其理论的包容性而始终保持深刻的解释力。

第一,森批评罗尔斯几乎只关注抽象的"公正制度"而脱离了具体的"公正社会"的建立与运作。森认为,正义问题需要关注的是实际生活与现实,而非停留在抽象的制度与规则的建立;要关注如何减少不公正,而非寻找绝对公正。② 森的这一观点虽未明确指明,但仍可以看出他正是指向了罗尔斯的正义论。因此,森提出要将"什么是平等"的问题转到"什么要平等"上来。森提出"评估域"③的概念,认为由于"人际相异性"(human diversity)④的存在,在不同的评估域内的不平等可能会有所不同。也就是说,人际相异性可能使得在某一领域的平等标准到了另一领域便成了不平等。⑤ 因此,森才提出对于平等的关注不能脱离现实生活,要在关注"什么要平等"的同时进而减少不平等,而非寻找公正的绝对原则。

第二,森提出可行能力的视角以期突破"基本善"的判定标准。森认为,人们的生命活动可以看作是一系列相互关联的"生活内容"(functioning),也就是"一个人处于什么样的状态和能够做什么"(beings and doings)的集合。⑥ 他进一步提出"可行能力"概念,将着眼

---

① 罗尔斯于1971年出版《正义论》之后,在1999年又出了该书的修订版,以回应批评者们对他的指摘。同时,他也在1999年之后将其正义理论进行了简略重述,并且对曾经的内容做出一定的修正。如《作为公平的正义:正义新论》(Justice as Fairness:A Restatement)。

② [印]阿马蒂亚·森.正义的理念[M].王磊,李航译.北京:中国人民大学出版社,2012:译者前言2.

③ "评估域"是阿马蒂亚·森于《再论不平等》(Inequality Reexamined)一书中讨论不平等问题时所使用的概念,指人们在进行公平程度的评估时所选取的"域"(space),即评估的核心变量,是比较的"标准"所在,每个人对公平评估的核心变量都持有不同的标准。([印]阿马蒂亚·森.再论不平等[M].王利文,于占杰译.北京:中国人民大学出版社,2016:2-6.)

④ 阿马蒂亚·森认为,人与人之间注定存在差异,这些差异除了表现在外部特征上(如财产财富、生活境遇、社会背景)以外,还体现在个体的内部特征(主要指生理特征,如性别、年龄、能力、体质)上面。([印]阿马蒂亚·森.再论不平等[M].王利文,于占杰译.北京:中国人民大学出版社,2016:序言3-4.)

⑤ 程天君.新教育公平引论——基于我国教育公平模式变迁的思考[J].教育发展研究,2017(2):1-11.

⑥ [印]阿马蒂亚·森.再论不平等[M].王利文,于占杰译.北京:中国人民大学出版社,2016:44.

点转向了实际的生活机会,强调人与人之间在各自所具有的优势上具有明显差别,而这些差别能够帮助我们认识到人们各自的优势与弱势,进而才能更好地评估并给予其他人自由与机会。① 可行能力关注的不在于一个人事实上最后做了什么,而在于这个人实际上能够做什么,强调能力不平等在社会不平等的评估中所具有的核心作用。② 而正是基于此,我们才能够更好地站在那些具有不同文化与社会背景、具有不同成长经历的人的立场上,对"什么是合理的"以及"什么是不合理的"标准进行重新判断,进而才知道对于他们来说,"什么是可行的"以及"什么是不可行的",从而以他们的文化、他们的观点来看待世界,进而寻求尊重与包容。③

第三,森基于上述两点的认识与理念,对罗尔斯的"基本善"这一概念进行了批评,认为"primary goods"更应该译为"基本品",意指社会成员所需要的物品或条件,正如罗尔斯对其的解释一样(诸如自由与机会、收入与财富等),具有稍显"物化"的偏狭嫌疑,而没有看到人们可行能力的人际相异。

而森的批评也使罗尔斯意识到了他的解释中所存在的问题,因而他在后续的修订版本以及新的研究成果中进行了修正与辩护。首先,罗尔斯意识到"基本善"应当是公民作为自由和平等的人所需要的东西,而非纯粹理性欲望的对象,故而他在1999年的修订版本中对这一概念进行了补充,指出"基本善"是"人在其完整的一生中作为自由和平等的公民、作为社会正常和充分合作的成员的人所需要的"④。其次,罗尔斯认为"基本善"的指标是具有灵活性的,可以应对人际相异性⑤,人们在实际生活中可以按照他们对基本善的期望来修正和调整他们的

---

① [印]阿马蒂亚·森.正义的理念[M].王磊,李航译.北京:中国人民大学出版社,2012;译者前言 6.
② 同上,216 - 217.
③ 同上,38 - 40.
④ [美]约翰·罗尔斯.正义论[M].何怀宏,何包钢,廖申白译.北京:中国社会科学出版社,2009;译者前言 7.
⑤ 卫知唤.异质的正义体系:"基本善"与"可行能力"再比较——罗尔斯有效回应了阿马蒂亚·森的批评吗?[J].社会科学辑刊,2015(4);25 - 32.

目的,这是作为具有现代道德能力的公民必须学会处理的事情①。实际上,罗尔斯的正义论是能够容纳森的批评的。②

　　而罗尔斯与森的这一争论与弥合正切合了时下我们对学校教育过程公平以及教师公平行动的判定、分析与阐释。如今同处在课堂内的学生具有明显的人际相异性,他们彼此之间的文化背景、生活环境、成长经历都各不相同,因此每个人的可行能力及其对基本善的判定与看法也存在差异。因此,教师也应对学生们的发展需要进行反思,尝试洞察并提升每一名学生的可行能力与发展机会,对于具有公平取向的教师来说,能够清晰表达并进行自我反思也是一个重要的责任。③

　　正是在这个意义上,我们在这里选取罗尔斯的正义原则作为分析与阐释教师公平行动现实表征的逻辑框架,无论在形式上还是在实质内容的分析方面,都是具有概括力、解释力的。

　　教师在进行公平行动时需要明确其出发点与立场,只有知道"为何要做"以及"如何去做",才能够在行动中具有明确的价值倾向与行动指向,从而取得行动效果。换句话说,教师只有明确知道其行动的最终目标,才能够更好地在行动中采取策略、形成逻辑,从而更好地促进学生发展。正如沃克尔(M. Walker)所说,虽然用几块单独的布料进行局部的缝补会使得整体美观、鲜亮,但是这些仅仅是碎片化的而已。只有当我们将这些碎布片(人们单独的行动)缝到一起做成一整个被子的时候,这些碎布片才能够焕然一新,也就是说我们需要知道我们的目标是要做成什么样子,我们才能够判断我们的行动效果如何。④

　　那些将社会正义作为教育目标的教育工作者需要思考正义的内

　　① ［美］约翰·罗尔斯.政治自由主义［M］.万俊人译.南京:译林出版社,2000:195－196.
　　② 高景柱.基本善抑或可行能力——评约翰·罗尔斯与阿马蒂亚·森的平等之争［J］.道德与文明,2013(5):53－59.
　　③ ［美］玛丽莲·科克伦-史密斯,［美］沙伦·费曼-尼姆塞尔,［美］D.约翰·麦金太尔主编.教师教育研究手册(上卷)［M］.上海:华东师范大学出版社,2017:17.
　　④ Walker, M. Framing Social Justice in Education: What Does the "Capabilities" Approach Offer? ［J］. British Journal of Educational Studies, 2003,51(2):168－187.

涵,其中一种可行的办法就是要思考为什么这种价值要优先于其他价值。[1] 而我们在对教师行动的现实表征进行分析时也遵从某种价值的优先次序进行阐释。诚如罗尔斯所说,教师只有在满足了学生学习机会的平等原则时,才能够进一步观照到学生的个体差异,从而遵照差异原则对其采取行动。

(二) 平等原则下的教师行动

作为在结构中行动的教师,其公平行动对于平等原则的满足是显而易见的,且是必须达到的。因为这是要满足每个学生发展的必然要求,同时也是我国义务教育质量所要达到的一个对底线的最低标准,是义务教育质量公平所要实现的基本目标[2],指向的是义务教育所培养出来的人的发展程度的均衡要求,也是一种"兜底"的均衡[3]。

事实上的平等,乃是社会艺术的最终目的。[4] 教师在其教育教学中所践行的公平行动,实质上就是想最大限度地给学生提供相对公平的学习机会,促进他们更好地全面发展。这是一种以学生为中心的行动立场,也是一种平等原则下的行动遵循。教师在平等原则下的公平行动有以下四个现实表征。

1. 学习权利的维护

这里的学习权利主要是指学生在学校教育过程以及课堂教学过程中所拥有的学习权利以及所受到的教师平等对待的权利,这也是平等原则下教师公平行动所表征的首要逻辑。

教师要确保学生在教育过程中的学习权利公平,也就是说无论学生在其家庭背景、社会阶层、天赋条件等方面具有什么样的情况,教师都要保障他们的学习权利是平等且不受侵犯的。具体而言,教师要确保学生能够走入学校、进入班级,并且让他们在课堂学习过程中拥有平

① Smith M C., Nemser S F., Mclntyre D J.主编.教师教育研究手册(上卷)[M].上海:华东师范大学出版社,2017:17.
② 冯建军.义务教育优质均衡发展的理论研究[C].第四届国际教育研讨会论文集.2012:55-66.
③ 杨启亮.底线均衡:义务教育优质均衡发展的解释[J].教育理论与实践,2010,(1):3-7.
④ [法]菲·邦纳罗蒂.为平等而密谋(下卷)[M].陈叔平,端木美译.北京:商务印书馆,1989:85.

等的参与权、发言权、表达权与交流权。①

平等的课堂学习身份是学生享受课堂公平的基础。② 因此,学生在学习权利的面前都是平等的主体,公平取向的教师行动就是要首先保障学生的权利平等,在教育学生的过程中不存在由于学习能力、社会阶层以及家庭背景等方面而导致的学生之间的差异。教师在行动过程中要一视同仁,不持有任何偏见。

2. 学习机会的保障

学习机会(opportunity to learn)这一概念是由约翰·卡罗尔(John Carroll)于 20 世纪 60 年代提出的。③ 学生的学习机会是否公平的问题,一直以来都在国际上引起广泛关注,究其原因是因为学习机会在很大程度上深刻地关切到学生的学习和发展的质量,进而直接影响教育过程公平的程度。④

殷玉新在其博士论文中对学习机会公平进行专门研究,提出学生的学习机会主要指学生接受教育以及参与学习活动的机会,以及促进学生学习发生的间接条件(如学习时间、课程、教科书、学习材料、基础设施等)与直接条件(如教师指导、教师的评价与反馈等)。⑤ 可见,学习机会这一概念的内涵还是比较广泛的,基本涵盖了学生在课堂教学过程中所获得的一切机会。

在本研究中,BQ 中学的教师在其教育行动中的的确确十分注重对学生学习机会公平的保障,比如班主任 D 老师的"让每一位同学都听清",进而"让大家和你一起思考问题、都能参与",接着"尽量给每一个人站起来表现自己的机会"(1015 - YW - JS)。再比如生物 Z_1 老师对学生学习机会的注重,"老师争取给每一位同学表现机会,让你们展

---

① 冯建军.课堂公平的教育学视角[J].教育发展研究,2017(10):63-69.

② 董小平.课堂公平:蕴涵、缺失与建构[J].辽宁教育研究,2006(3):8-11.

③ Schmidt W H., Maier A. Opportunity to Learn[A]. In Gary, S., Barbara, S., David, N. Handbook of Education Policy Research[C]. Oxford: Taylor & Francis Group, 2009:541-559.

④ 王建军,文剑冰,林凌,漆涛.初中课堂教学中的学习机会:表现与差异[J].全球教育展望,2016(9):37-52+84.

⑤ 殷玉新.学习机会公平研究[D].上海:华东师范大学博士学位论文,2018:21-22.

示自我"(1017 - SW - HYS)。

教师应该发展能够胜任教授每个学生的能力,特别是那些不受重视和有特殊需求的学生,教师要了解这些学生所处的社会环境,并且在教学过程中对他们的文化予以回应,从而在课堂教学过程中促进每个学生的学习。[①]

3. 师生关系的重构

人与人之间的社会关系是社会学家剖析现代生活、反思人类发展、探询生活本真意义的一个重要视角,师生关系作为一种社会关系,对其进行反思与重构具有重要意义。[②]

人们对师生关系的考察已经进行了相当丰富的研究。以往人们对于师生关系的研究主要可以概括为两个方面,其一是基于教师工作的立场,其二是基于伦理的立场。前者主要是指教师作为一种传播知识的权威角色,师生关系主要是形成一种"支配从属"关系。虽然也有学者强调师生"共生互学"关系的转变,认为学生不仅仅是受教育者,二者也是一种教学相长的促进关系,但是教师仍然处于传播知识的角色,因此也属此维度。而后者则基于伦理的立场,认为教师要对学生表达尊重、关怀、爱护等情感,与学生是平等交往的和谐关系。但是教师无论是在社会角色方面,还是在文化品质方面,可以说都占据着绝对优势,因此从根本上说,教师与学生实际上很难平等交往。因此,教师应积极寻求转变,将其与学生的关系由他者关爱转变为共同成长,也就是说教师要努力成为学生成长的参与者,进而参与到学生的成长过程中去。而师生关系的这种共同成长,不仅局限在学校、课堂的空间内,还要真正深入到学生的生活环境中。[③]

BQ 中学的教师在其日常行动中,一定程度上与学生便形成了这

---

① [美]玛丽莲·科克伦-史密斯,[美]沙伦·费曼-尼姆塞尔,[美]D.约翰·麦金太尔主编.教师教育研究手册(上卷)[M].上海:华东师范大学出版社,2017:157.

② 崔宇,石艳.教师的社会学知识:公平视域下教师知识的转向及其实践路径[J].教育发展研究,2019(4):35 - 43.

③ 同上.

样的师生关系,并具有明显的表征。比如历史老师 J_1 老师便认为:

> 我的初衷就是我觉得,学生的这个学习不仅是他自身的天赋或者是生理上面的学习能力带来的,也有很多是家庭环境、成长经历带给他们的,但是这个成长环境已经到了这个阶段,对家庭他父母也无法改变了,对家里也无能为力。其实老师如果多做一些努力多做一些工作的话,可能就会改变他的。更多地参与到孩子的成长当中,和他一起成长,而不是作为一个旁观者呀,或者是一个高高在上的一个权威者,而是和他成为一种共同成长的朋友(1023 - LS - BKS)。

J_1 老师在其日常工作与行动中便十分注重对于学生在家生活情况的关注,因为他知道有一些学生的家长是很难给孩子提供一个十分适合学习的家庭环境与氛围的,因此她平时就主动了解学生的情况,不仅是学生在家的复习、预习表现,还包括其心理状况。D 老师也是如此,她会根据学生的家庭情况、父母的和谐程度来帮助孩子更好地舒缓情绪、调整学习状态,从而以一个家庭长辈的形象来帮助学生学习与成长。

因此,师生关系的公平,也是平等原则下教师公平行动所表现的重要方面。

4. 学生地位的持平

一直以来,班干部制度都存在于班级中,可以锻炼学生的综合素养,对青少年的成长与教育具有双重的积极作用。[1] 其实,有关班干部制度的提出与研究,最早可以追溯到夸美纽斯(J. A. Comenius)的《大教学论》。他认为在班级授课制中,为了更好地进行班级管理,可以通过对学生进行小组划分的方式,"每组由一个学生去管理,管理的学生

---

[1] 孙俊三.班干部:成长和教育的双重需要[J].华东师范大学学报(教育科学版),2013(1):11 - 18.

又由上一级去管理"①,这样便产生了班干部制度的萌芽。

班干部制度一定程度能够影响到学生之间的地位,使得学生之间存在地位与权力不平等的可能,从而导致教育不平等现象。有研究对班干部进行考察,通过对 4 026 名初中生进行调查与统计分析,结果显示班干部的身份确实能够影响到学校教育过程中的学习机会公平,且具有比较明显的差别。② 也有研究证明,班干部相较于"普通学生",在回答问题方面③、课堂参与方面④、以及学校的主流文化认可方面⑤,均具有较为明显的优势。因此,学生之间地位的公平对于学校教育过程公平的促进也具有重要作用,教师也应在此作出相应行动以促进过程公平。

因此,学生地位的公平也是平等原则下教师公平行动的重要表征。首先,S₁ 老师便介绍并说明了她在班级管理中,通过"不设置班干部"来渗透公平理念并行动。S₁ 老师认为:

> 又是班长,又是这个那个的委员,像给学生分了等级一样。我的班级最多只设置小组长,做最简单的工作,例如收作业、值日,等等。小组长还要定期轮换,让每个人都有着当小组长的经历,使得他们都能得到锻炼,然而还没有班干部那种"等级"的区分。因此我觉得这样会使孩子具有更好的成长效果,他们之间的相处和学习也更加公平(1202 - SX - CT)。

(三) 差异原则下的教师行动

义务教育所要达到的公平目标,既强调基本标准的统一性,又强调

---

① [捷]夸美纽斯.大教学论[M].傅任敢译.北京:人民教育出版社,1984:140.

② 柯政,李昶洁.班干部身份对学习机会获得的影响——基于 4026 位初中生的倾向值匹配法研究[J].教育研究,2020(5):112 - 125.

③ 程晓樵,吴康宁,吴永军,刘云杉.学生课堂交往行为的主体差异研究[J].南京师大学报(社会科学版),1995(3):74 - 79.

④ 曾琦.小学生课堂参与的角色差异[J].教育研究与实验,2000(2):60 - 64+73.

⑤ 朱新卓,王欧.教师的阶层文化与教育的文化再生产——西方学者论阶层文化对教育公平的影响[J].教育研究,2014(12):133 - 142.

个性化发展的差异性,是统一而个性化的发展性公平、实现全面发展基础上的个性发展。① 因此,差异原则对于教师的公平行动来说也是十分重要的,教师对学生进行差异的公平行动有助于促进学生的全面发展。

可以说,基于平等原则的教师行动对于教育公平的促进,几乎在每所学校中都会得到鼓励、支持与提倡,而努力给学生提供平等的学习机会也会相当多地体现在学校结构的制度层面,学校也会给教师提供相关资源促使其进行平等原则下的公平行动,以便尊重所有学生的学习权利、提供给所有学生更多的学习机会。

但是在满足了平等原则的基础上,教师们在践行并实现差异原则的时候便会遇到困难。因为平等原则的教育公平体现的是义务教育的最低标准、"兜底"的均衡,是所有学校都明确关注的,也称得上是一个"硬性"指标,因此教师会得到更大程度的学校结构层面的支持与引领。但是,差异原则作为一个相对"软性"的指标,却很难出现在学校结构的相关规范与引领中,这一定程度上也是因为这些指标相比较而言稍显"隐性"所致,较难出现在明确的相关规定中。

实际上从第四章我们可以看出,无论教师的行动是处于结构的促进下、还是处于结构的制约下,最终我们对教师行动的认识都不能脱离结构这一层面来探讨。具体来说,教师的行动无论是处在学校规则的明确与遮蔽的张力中,还是处于学校资源的可利用抑或约束限制中,教师在结构中的行动都是能够彰显其能动意义的。而在 BQ 中学的教师行动中,我们也能看到他们在差异原则之下所表露的公平行动。

1. 文化资本的洞察

学生在进入学校系统之前,实际上携带着从家庭里获取的不同数量与类型的文化资本,而这些文化资本也通过学校的正规教育被"隐

---

① 冯建军.课堂公平的教育学视角[J].教育发展研究,2017(10):63-69.

蔽"地转化为学生在学业成就上面的优势或劣势。[①] 由于文化资本在学校教育过程中的这一转化不易被人察觉,因此人们倾向于一个学生的学习成绩是完全与他的努力程度相匹配的结论。

实际上,当下的教师在进行公平行动时,要具有察觉与辨识学生身上所携带的文化资本的能力,能够洞察到学生学习成绩的高低实际上不完全取决于他自身的天赋条件,也与学生之间的社会文化属性的差异相关。如果出自中产阶层或者精英阶层,那么这个学生所携带的文化资本与学术领域的距离是相对较近的,更能够接受学校所教授的知识,因此他的学习能力就稍显较强。

正如里克特(A. E. Richert)所说,教师要在学校教育过程中察觉并识别学生自身所携带的家庭文化,并且将这些文化背景视作学生的学习资源,进而调整相应的学科课程及教学方法。[②]

因此,在教师行动满足了平等原则以后,要关注到学生之间的差异,并且洞察到学生的文化资本,进而实施差异性的教学措施,促进所有学生更好、更公平地学习与成长。

2. 差异教学的实施

差异教学是在满足了学生平等原则的需求之后,教师针对学生不同的学习能力(如学习态度、学习速度、兴趣爱好等),通过调整自己的教学策略、教学内容、教学目标,开展能满足不同学生的个性化需求的教学活动,要以学生之间的差异为前提。[③]

因此,教师在提供了公平原则的学习机会的前提下,进一步践行差异原则的公平行动,要注重差异教学的实施与尝试。有学者建构了差异教学的教学结构分析框架,将差异教学的因素归结到教师、学生与课程内容这三个方面,因而在这三方两两相连的关系中去进行差异教学

---

① 周序.文化资本与学业成绩——农民工家庭文化资本对子女学业成绩的影响[J].国家教育行政学院学报,2007(2):73-77.

② Richert A E. When You Ask: Learning from the Families of the Children We Teach[C]. Paper Presented at the Annual Meeting of the American Educational Research Association, San Francisco, CA, 2006, April.

③ 张朝珍,杜金山.指向学生差异的教师教学决策框架[J].全球教育展望,2010(10):25-29.

的实施。① 由于是"三角形"结构,因此在教师与课程内容的那条"边"上,教师要注重对课程内容的差异化实施,制定不同的教学目标、设计不同的教学进度、开展不同的教学方法;在课程内容与学生的那条"边"上,教师要给学生提供选择课程实施方式的机会,运用开放式的问题与差异化的评价指标来对学生进行促进,从而调动学生的学习兴趣、增强学生的学习效果;而在教师与学生的那条"边"上,教师要与学生形成良性的师生关系,在师生相互作用的过程中,可以通过合作学习、导师制等方式实现教师的差异教学策略,进而为学生提供多样化的教学手段,促进学生成长与发展。

BQ 中学的教师也会采取差异教学的策略,促进学生的公平学习与发展。从物理 D₁ 老师的课堂上,我们就可以看到这一点,并且她对此也有相应的理解与实施策略。

> D₁ 老师:那在课堂教学中怎么能实现公平? 实际上就是落实到每一个老师身上,你像老师在课堂教学过程当中,他肯定会照顾到各个层次不同的学生,尤其是学困生。那我们就要照顾到不同层次智力水平的孩子,有的时候教学进度确实会因此慢一些,但是基本也都会补回来。(教学进度偶尔)慢一些呢,也是为了那些(学习能力稍弱的)孩子能够学会、学懂。不得不承认,人的智力水平不可能是在一个水平线上的。然后再加上(有些孩子)家庭教育的缺失,甚至于家长连作业都不能看着辅导,包括课前预习,包括课后作业必须是由老师来领着完成的;要是想像有些孩子那样,能够借助于家长的能力(得到家长充足的陪伴时间与良好的教养方式),不是所有孩子都能够达成的。那所以在课堂上,我们需要把时间放慢一些,照顾到后边(学习能力稍弱)的一些孩子,就哪怕说他可能没有前面(学习能力强的)孩子学得多、学得快,但是起码比

他自己从前（所学的知识点）要多掌握一些，这是我们能想到的。

要是说在同一节课上对整体的孩子实现一个不同层次的教学，只能是在习题的设计上、提问的设计上，就是提问要有针对性的提问。基础点儿的问题就留给那些（学习能力）弱一点的孩子，让他能回答上来。然后难的问题真的就不能提问他们，那是打击他，因为（一般情况下）他是真的回答不出来。第二个就是作业的分层设计上，作业（方面）我们有练习册，有书中的习题，哪一些习题是所有孩子都要掌握的，哪一些习题是稍微需要拓展一些的，就是说能力稍微强一点的孩子去完成，这些都是有区别的。所以，我们要在作业上体现出（对于学生的）分层设计，让每个孩子在他的能力范围内完成他的作业。（1024 - WL - BKS）

正如 D_1 老师所述，她在实施差异教学策略的时候，不仅会考虑到学生之间所具有的学习能力、学习方式以及知识储备的差异情况，还会在课堂中进行教学的分层设计，从习题的设置、课堂提问的设计方面有针对性地作用于不同学习能力的学生身上。

从数学 J_2 老师对学生进行分层作业的设计与教学来看，J_2 老师也会在其教育教学过程中采用差异教学策略，并体现出他的教育公平理念。

J_2 老师：每个学生做题的时间不一样，擅长的学科也不一样。有些学生做得快，能较好地完成。而有些学生做题本来就慢。如果各科作业留得多，这个时候再强行要求他完成，不太现实，且（完成的）质量也不高。因此，我给这些学生留出时间，让他们可以尽量保证质量地完成作业，这样完成度也比较高。（1112 - SX - JS）

3. 个体持续性发展的促进

有研究指出，教育的对象是有差异的具体个人，因此教育如要符合公正原则，必须考虑学生个体之间所具有的差异。[①] 而学生的个体发展是其个性发展和个体社会化相统一的过程，在这个过程中，学校教育起着重要的主导作用。[②] 因此，教育公平也要求我们正视差异，在确保能够满足学生平等学习需求的基础上，对学生进行差异原则下的公平行动，从而促进学生个体的持续性发展。

其实从本研究的调查显示，BQ 中学的教师也在促进学生个体持续性发展的方面进行积极的行动，并且收获了一定的效果。S₂ 老师从发现学生闪光点的角度，从小事上面发现孩子身上的优点，进而对其进行鼓励，引导大家学习这个孩子的闪光点，与其共同进步，形成和谐友爱的同学关系。

> S₂ 老师：在我刚到这个学校的时候，我还是一个新教师。我发现我班有一个孩子，他在课堂上的表现是坐不住。这个到了一种什么程度？就是甚至在上课的时候，当老师转过身在黑板上写字时，他就随意地下地走一走、动一动，给我造成了很大的困扰。但是我觉得每个人都要有一双善于发现美的眼睛，从小事上面去发现孩子身上的优点。比如说，有一次我们吃饭，那天的菜里面有鸡米花，其他孩子看到这个鸡米花的时候都十分喜欢吃。但是这个孩子却没有着急吃，而是找别人要纸。这个就使我产生了疑问，我就问他要纸干什么，下意识地以为他又要开始捣乱了。但是他跟我说，他想把这个包回去给妹妹吃，因为他的妹妹十分喜欢吃鸡米花。在这一瞬间，我就觉得这个孩子真的是感染到了我。本来他在我心中是一个淘气的、捣蛋的孩子，但

---

① 冯建军.基于个体发展差异的教育公正原则[J].教育研究与实验,2008(4):7－10＋65.
② 胡劲松.学校教育制度与个体发展[J].开放时代,1999(1):5－11.

是从这一刻开始，我就觉得他十分善良，是一个有亲情、有爱、会感恩的孩子，给我的反差特别大。随后，我就开始慢慢关注他，同时也慢慢引导别的孩子去发现他身上的闪光点，发现他身上的好，这样大家也不会讨厌他，反而愿意和他玩，愿意跟他一起学习。(1107 - YW - CC)

不仅如此，S₁ 老师也积极践行对学生的公平行动，帮助学生找到自己擅长之处，并尽力去发展，从而帮助学生实现自己的价值。这一行动不仅鼓舞了学生的学习动力与自信态度，也让其他同学学会尊重、夸奖同学，进而让班级学生之间形成了比较友爱的关系。

S₁ 老师：有一部分老师能做到，我说实话。尤其是班主任基本能做到，但是科任这一块儿吧，相对来说还是弱一些。

我可以给你举一个例子，曾经的六年级毕业班送走了一个孩子，这个孩子最开始特别内向，跟谁都不说话，包括跟我们老师、跟同学，都不说话。后来我们跟家长说了这个情况以后，（家长）带孩子去医院看了以后，才发现这个孩子有一些轻度的自闭，有时候语言表述也不太清晰。其实这个孩子的家长也很负责任，是一直陪读的。然后在这个过程当中老师付出的是什么？是对家长的理解，是对学生的包容，甚至在课间的时候聊天（所谈及的话题）最多的是这个孩子，要不然的话他没有办法敞开心扉。而这个班主任老师，说实话她不太会表达什么，她也没有什么多高的理论，但是她就是很有爱心。然后这个老师就观察出，这个孩子愿意操作电脑，所以她把他们班电脑操控台的操控任务交给这个孩子。这个孩子也愿意笑了，也愿意与别人沟通了，虽然有的时候也不愿意说很多话，但是能看出是在表达出善意。所以作为老师，我觉得我们可能更多考虑的是怎么能发现孩子们的闪光点，就是有的时候他的弱项可能你真的提不上来了，但是一定让他的优势发挥出来,目的就是让他真正的心态能阳光,没有感觉到"我不如别人"。这也是帮助学生找到适合自己的方向。(我们要帮助孩子)找到在班级里存在的价值,然后让他知道"我是被接受的""我是被需要的"。这样的话,我觉得当这个孩子走上社会之后,如果他能感到自己存在的价值的话,他生活得就会有更有动力和目标,更加自信与阳光。(1202-SX-CT)

三、 行动的结构支持

教师行动是学校结构中的行动。教师处于学校中,学校结构始终弥散在教师周围,并能够影响教师行动的取向与程度。根据吉登斯的结构化理论,结构不仅对行动具有制约作用,而且还具有生成性的促进作用。由此说来,学校结构对教师行动的影响,不仅通过规则与资源的各个方面对教师进行规范性的制约,还能够通过规则的引领与资源的激励,对教师行动产生使动性,令教师能够在学校结构中生成行动,最终达到教师行动与学校结构的有机联结,使得教师行动是"结构中的行动",表征出结构性特征。

从这个意义上讲,学校结构的相关支持工作会对教师行动产生促进作用,行动的结构支持会生发、促进教师行动。因此我们在这里,探寻那些影响公平取向教师行动的结构支持,从而分析二者的作用机制与效应程度。

(一) 校长理念对教师行动的引领

校长必须具备自己的办学理念,而好的校长便是带好一所学校的前提条件。学校领导就是在面对学校环境变化的时候,能够引导教师形成一定的态度和思想,进而引导他们采取一定的行动,从而给学校带来发展的活动过程。[①] 可以说,作为学校领导,校长的理念能够对教师

---

① 季忠发.论学校管理与校长领导力的提升[J].湖南第一师范学报,2007(2):130-132.

的行动进行引领;而文化引领与制度引领,便是校长理念对教师行动所进行引领的两个重要方向。

1. 校长理念对学校进行文化引领

校长理念能够影响甚至改变一所学校的文化,可以说,校长理念是学校文化的重要来源①。对于学校领导来说,一个重要的方面就是确定学校的发展方向,既包括制度方向,还要包括文化方向。为了领导好一所学校,校长必须具备创新校园文化的能力与魄力,正如富兰所说,学校领导所能做的唯一重要的事情就是创造和控制学校文化。②

校长的理念与学校教师的专业发展具有密切的关系,能够促进教师专业道德的升华和专业情感的深化。③ 正如有研究指出,校长的作用就是把大家聚集在一起,从学校中非正式的、细微的生活着手,创造一种充满道德感的秩序,从而让师生感觉到他们实际上存在于一个意义共同体当中,进而带领大家找寻并确立共享的标准、期望,并指导师生如何思考与行动。④

所以说,校长理念可以作为一种教师行动的结构支持,通过对学校文化的引领而引导并促进教师进行行动。而在 BQ 中学的调研中,研究者发现教师们也十分注重并且能够深刻地感受到校长理念对于学校文化的引领、对于他们行动的导向与促进。

> J₂ 老师:我认为校长的(理念)十分重要。就像我们学校文化(是"润文化")一样,是什么意思呢? 就是要做有温度的教育,润物无声,温暖孩子们的心灵,这就是尽量为每一个孩子都创造一些条件,让他们的受教育机会和受教育的条件尽量(能够处)在一个水平线上,这是校长经常跟我们说的。

---

① 张东娇.论学校文化与校长领导力[J].教育科学,2015(1):22-25.
② [加]迈克尔·富兰.学校领导的道德使命[M].中央教育科学研究所,加拿大多伦多国际学院译.北京:教育科学出版社,2005:48.
③ 马焕灵.校长领导力促进教师专业发展的机理与策略[J].中国教育学刊,2011(3):41-43.
④ 赵明仁.论校长领导力[J].教育科学研究,2009(1):40-42.

（1213 - SX - BKS）

S₁ 老师：校长对教育的理解很重要，校长的爱心很重要，同时校长的执行力也很重要……我觉得最主要的是源于他（校长）真爱这个学校，他真爱这些孩子和老师，所以他想贯彻这种（教育理念），他觉得教育培养出来的人绝对不应该是冷冰冰的，应该从小心里是很温暖的。他经常跟我们这么说，无论我们的孩子将来从事什么职业、到达了什么位置，但是我要保证孩子最起码是个善良的人、感恩的人，这一块儿就是校长最初的一个想法。然后呢，恰恰校长的这个想法能引起很多老师，包括领导的共鸣……（1202 - SX - CT）

从 J₂ 老师和 S₁ 老师的访谈中，我们可以看出，他们均认为校长的理念十分重要，校长对于教育的理解十分重要。他们认为之所以学校能够探索"润"文化，强调润物无声，强调对学生的爱，完全与校长理念是分不开的。校长强调教育的温度，并且在学校中积极建构这种以人为本的学校文化氛围，能够引起很多老师的共鸣，对他们具有积极的引领作用。可以说，校长理念是学校结构层面对教师行动具有促进作用的一个重要方面。

研究者又进一步探究，校长理念对于教师的引领究竟具有什么程度的作用，校长是否具有这样的理念并且做出这样的引领，能够直接影响并引发教师是否会践行。换句话说，如果校长以及领导们不做出这样的引领，那么教师们还会进行这样的行动吗？

S₁ 老师：真的很难。其实老师的工作真的受学校的一个整体文化氛围理念的引领，也受整个领导班子的引领，最主要的还是说受到一把手校长的引领。就是老师可能在自己的这个小群体里边，他能做到爱学生，但是有的时候他也容易受大环境的影响，产生一些纠结、彷徨和迷茫，那老师的纠结、彷徨、迷茫谁去拨乱反正？就是需要领导，所以领导的价值观以及一个学校的整体理念是十分重要的。
(1202 - SX - CT)

可以看出,校长理念对于学校文化的引领还是具有直接作用的。如果校长没有这样的理念,那么教师们便很难做出行动。结构支持对教师在结构中的行动具有重要的促进作用。

2. 校长理念对学校进行制度引领

在对学校文化进行引领之外,校长理念还可以对学校制度进行引领。正如科特(John·P. Kotter)所说,领导的一个非常重要的方面就是确定经营方向。① 而校长的领导就是校长所具有的领导与管理学校事务的能力,校长可以利用科学的领导制度和有效的领导方式,激励全体教师提供更加优质、更加公平的教育,从而培养高素质人才,促进学校发展。②

一般来说,校长的领导理念可以分为两个指向,即教学型领导理念与变革型领导理念,前者是指校长对于学校的引领作用更愿意放在教学方面,能够促进教师为学生提供更多更好的公平受教育机会,并且能够促进教师充分利用这些机会从而促进学生的成长与发展。具有教学型领导理念的校长始终将目光聚焦于教学、课程等方面,能够为教师的教学和学生的学习提供强大的结构支撑,从而促进教师的专业发展与学生的成长学习。③ 因此从这个意义上讲,校长理念通过制度引领可以促进教师不同取向的行动。如果校长注重学校教学层面的提升,那么教师就会更加愿意提升自己的教学能力、强化自己的教学技能,促进自己的专业发展,进而更好地给学生提供课堂教学。

有研究指出校长的领导理念对于学生的学习与发展具有重要的影响作用,且校长对学生产生的影响在一定程度上比教师还大,因为校长能够掌握并调控学校的培养目标、培养模式与评价制度,因而具有良好

---

① [美]约翰·P.科特.科特论变革[M].胡林林译.北京:中国人民大学出版社,2005:3.
② 张雷.中小学校长领导力问题探析[J].教育发展研究,2014(15):93-98.
③ 王磊.校长领导力的内涵与要素[J].当代教育论坛(校长教育研究),2007(6):25-26.

领导理念的校长对教师在教育教学过程中的行动以及学生的学习效果具有积极的促进作用。[①] 研究者从调查中得出,校长理念对制度的引领,对于教师行动的促进具有重要作用。

> J₁老师:我认为领导的理念与引领是十分重要的。其实刚刚说的有些事情,我是一直都在坚持做的,不是现在的领导提倡了我才做的。但是在以前,我做(这些事情)的时候就会更加低调一些。因为如果我太高调了,别人就会说"就你好啊,就你能耐啊"之类的话。其实有很多人在做好事的时候,并不一定想要得到一个多么好的结果,只是单纯地就想那样做,也并不想让任何人知道。但是呢,什么事都是一把双刃剑,有的时候如果你这个好事要是做不好了,特别容易反噬自己。如果说我做好事了,我还受伤了,那我该多难过呀,所以说有些时候倒不如不让别人知道。但是在大的方向上,如果能够得到校长以及领导的支持,那是十分重要的。因为校长的引领,会让所有的老师都会朝着那个大方向去努力,这样你自己坚持的时候,就不会有别人在背后议论。所以我觉得这个(领导的理念引领)对我来说很重要。(1015-LS-HYS)

J₁老师在与研究者讨论这件事的前提背景是,她曾经资助过两个学生。这两个学生虽然都是 BQ 中学的学生,但是他们的家境不算太好,家庭条件比较一般,因此 J₁老师在每学期初都会自己出资,给学生提供一些学习用品,帮助他们更好地学习。虽然 J₁老师曾经做过这些公平取向的行动,并且现在也在一直坚持,但是她并不想让同事们知道,因为她觉得这件事情会影响她与同事们的关系。

---

① 李玉芳.论中小学校长领导力及其开发[D].上海:华东师范大学博士学位论文,2009:169.

但是这个时候,校长理念所进行的制度引领便体现出重要价值。理念层面的事物一旦形成了制度引领,那么便会促使教师们付诸行动,正如 J₁ 老师所说,"但是在大的方向上,如果能够得到校长以及领导的支持,那是十分重要的。因为校长的引领,会让所有的老师都会朝着那个大方向去努力"(1015 - LS - HYS)。

因此,校长理念作为重要的结构支持,能够对教师行动进行积极的促进与导向作用。

(二) 管理制度对教师行动的规定

规则是学校结构层面的一个重要维度,规范制约型规则不仅能够对教师行动进行约束,规定教师的行动范围与行动框架,而且还可以对教师行动进行生成,对教师行动作出引领。因此,作为规则的学校管理制度能够有效引导并促进教师行动,是学校组织重要的结构支持。

学校管理制度是一整套旨在维持学校管理良序的制度体系,是立足于某种特定的价值取向制定的,能够促进学校教育在良序和规范中实现人的发展。① 可以说,学校管理制度与学校的创新能力与发展水平密切相关,通过决策、计划、组织与控制,进而有效利用学校诸多要素,以实现对人的培育。②

图 5 - 1 显示的是学校管理与学校领导之间的关系图。第一种强有力的领导和管理的类型可视作一种理想的状态,是指该领导的领导能力与管理能力都比较强,因而能够更好地带动学校发展;第二种管理过度而领导不力的类型在学校生活中最为常见,这样领导下的学校一般缺少长期的宏观战略规划,但是在管理上却严格要求教师而缺少人文关怀;第三种管理与领导都不力的类型与第四种领导过度而管理不力的类型在现实生活中都比较少见。

---

① 赵秀文."控制"还是"解放"——探问学校管理制度的根本价值诉求[J].当代教育科学,2011(4):7 - 10.
② 袁振国主编.当代教育学[M].北京:教育科学出版社,1999:298.

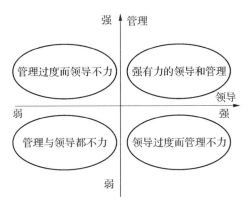

图 5 - 1 学校管理与学校领导的现实关系图[①]

该研究表明,由于学校的管理制度类型的不同,管理制度对教师的约束程度与促进程度也存在差异。但总而言之,学校管理制度是可以通过对教师进行规定从而影响教师行动的。

1. 管理制度要保障制度公平

早在 20 世纪 60 年代,亚当斯(J. S. Adams)便提出企业当中也需要公平理论,只有这样制度公平才能促进企业的良好运行与发展。[②]

其实在学校组织中也是如此,学校只有给教师营造一个公平的制度环境,教师才能够安心从教、乐于从教,才更加愿意为学生主动付出、积极行动。假如教师行动是在一个不公平的学校结构制度中,那么很有可能教师在进行积极行动时反而得不到领导与同事的认可与反馈,会伤及教师的自主性与积极性,不利于教师行动的生成。

> D 老师:那主要是指学校管理。老师也需要一个公平(的
> 工作环境),虽然不能绝对公平,但是只要在相对公平的环境
> 里,他都愿意。就像之前跟你说的考勤这个事儿吧,以往的时
> 候我们学校的考勤是比较混乱的,就是考勤可能掌握在某一

---

① 季忠发.论学校管理与校长领导力的提升[J].湖南第一师范学报,2007(2):130 - 132.
② 时光.企业管理核心在于制度公平[J].中国石油企业,2019(7):58.

个领导的手里,领导想给谁记就给谁记,不想给谁记就不给谁记。然后领导们可以自己随意走,不扣钱,而老师们(随意走)却要扣钱。你想想(处于这种情况下的)老师是什么心理,这样是不行的,这是现实。然后包括评优选先,(如果)不考虑(老师们的)工作实际只(通过)投票(来评优的话),会造成什么(后果)?(那就是)拉帮结派。所以很多时候职称评聘,对老师来讲多重要啊,如果达不到相对的公平,干活儿的老师没有(评)上来,不干活儿的老师(评)上去了。(即便)老师再有职业操守,他也不能完全做到摒弃世俗的干扰去专注于教育学生。所以我觉得一个学校的管理制度、管理制度的执行、制度的建立都很重要。(1130 - YW - GBS)

2. 领导干部要以身作则

学校结构中的管理制度所规定的对象不仅是广大教师群体,同时这些规章制度也是对领导甚至校长的约束与规定。只有所有人都能够不分等级、不分职务地遵守学校的规章制度,学校才能够良好地运行,从而良序发展。

对于学校管理制度的遵从来说,领导干部也必须严格遵守相应的规章制度。正如研究指出,学校领导干部要以身作则、严于律己,只有这样才能够让教师们信服,进而促使教师们自觉遵守管理制度。[①]

D 老师:我们的整体的工作计划,基本也都是围绕着"润文化"而贯彻的,也就是体现在平时的一些基本的事情上,也都不是大张旗鼓地做,而是默默地形成了一定的规范。比方说,首先,我们的工作是以党建为引领,也就是党员干部、党员教师必须带头,这个是党建引领。因为需要嘛,所以遇到一些特殊情况,就要党员干部来带头做,久而久之也形成了一个共

---

① 朱燕.领导干部以身作则在构建和谐社会中的重要意义[J].学理论,2011(14):5-6.

识,大家就十分积极主动。就像这次特殊时期,我们也要给学生准备防疫大礼包,包括口罩、体温计、消毒湿巾以及干洗洗手液等,这些都给孩子准备了。

再比如说考勤。考勤的时候,我们是在群里自觉报告自己的出行(行为)的。就比方说哪天我迟到五分钟,我就写上谁谁谁(姓名),今天迟到了五分钟,因为上午去哪哪哪开会,几点几分走的,就接受所有人的监督,大家已经形成习惯了。……最初开始(这样)做的是校长,校长做完之后,领导班子开始跟(进工作),领导跟完,老师慢慢就跟(进)起来了。现在的情况就是,这个考勤实际上就不用人为地去管了,然后最后可能统计一下就可以了,这是考勤制度上。

我觉得领导的以身作则更重要。不是说规章制度不管用,规章制度是不能没有的,因为没有规矩不成方圆。但是如果说大家真正能遵守那些规章制度,前提是领导在普通老师面前所展现的暖心的行动、以身作则,就像说教师在学生面前的身正为范一样,这个是非常重要的。如果说领导嘴上每天都那样说,但是他却不去做,那么我们敢做吗,我们也不知道到底要不要去做。所以说,对于教师的实际行动来说,领导以身示范的作用是很重要的,这是我个人的理解。(1130 - YW - GBS)

在 D 老师的眼中,学校主要领导干部对于管理制度的主动遵守,能够促使教师们积极行动,只有领导干部都以身作则,大家才能够"凝聚人心、达成共识",才能从内心深处真正遵守学校的规章制度。"如果说领导嘴上每天都那样说,但是他却不去做,那么我们敢做吗,我们也不知道到底要不要去做。"

从这个意义上讲,不仅领导干部,还有 BQ 中学的党员教师都以身作则、冲锋在前,以党建为引领,以"润文化"为核心制定并贯彻管理制度与工作计划,才能够促进教师积极行动,这是学校结构支持的体现。

3. 沟通渠道要保持平等畅通

为了更好地对教师行动提供结构支持,学校也要摒弃传统"自上而下"的权力运作路径,一定程度上要对普通教师开放自主权,促使他们能够"自下而上"地沟通与反馈情况,从而保持学校组织结构沟通渠道的平顺畅通,有利于提高教师的积极性与自主性,从而有助于教师行动的生成与促进。

科层制是一种只追求技术效益、不受任何个性因素干扰的组织管理形式,处在等级系统中的人们所奉行的完全是形式合理原则,严格排除任何技术以外的目的和价值。[①] 因此可以说,科层取向是学校管理的基本倾向,指以科层体制的价值观念和标准作为学校管理的基本原则,以追求效率与合理化为名,最突出特点是强调严格的层级节制,以"服从命令,遵守纪律"为最高控制原则。[②]

在科层制学校组织中,协调的职能是上级通过垂直沟通的渠道来履行的。[③] 而在沟通渠道畅通的学校,学校领导不能仅将自己视作学校的管理者,也要是学校未来目标的策划者,应该与学校的教师一起,塑造他们的信念与态度,发展他们的能力。[④] 也有研究认为,其实学校是由科层化的行政组织与扁平化的专业组织构成的人才培养机构。前者以提高人的生产效率为目的,致力于协调学校内部各组织之间以及学校内部与外部政治、经济之间的关系;而后者则是学校组织内部劳动分工的产物,主要用来协调人们的矛盾冲突关系。[⑤]

> Z_2 老师:我说实在话,校长经常会跟我们去聊,看看这学期咱们的规划与安排。这个规划我们包括各个口儿[⑥],把各

---

① [美]乔治·瑞泽尔.古典社会学理论[M].王建民译.北京:世界图书出版公司,2014:226.
② 张新平.论学校管理的科层取向与专业取向[J].教育评论,2001(5):36-38.
③ 刘静.对科层式学校管理体制的反思[J].教学与管理,2000(6):6-7.
④ 毛亚庆.应注重以学校为主体的校本管理[J].教育研究,2002(4):78-80.
⑤ 苏君阳.我国学校内部组织管理:科层化与扁平化的冲突和协调[J].北京师范大学学报(社会科学版),2010(1):13-20.
⑥ 这是一个本土性概念,意为各个方面,也就是说这个学期的规划与安排,方方面面都要考虑在内。

个口儿都要围绕着"润文化"去做，体现出温度来。就是说不管是你的德育活动开展也好，还是你的党建活动开展，还是你课堂教学这一块儿的主题教研活动，你都要体现一个温度。这个温度就是让学生们感觉到快乐舒服，让老师们感觉到虽然我这么做身体是累的，但是我心情是愉快的，包括工会活动，我们开展得也特别好。然后在贯彻这些思想的时候，校长会统一把我们这些老师召集过来坐在一起，我们要共同研究每一个月、每一周我们都做哪些工作，然后在老师去执行这些工作的时候，校长还会经常把班主任召集到一起，同时也经常去和科任老师沟通。不仅如此，无论老师们有什么意见，反馈回来的时候，校长就算不能完全采纳，但是也一定会酌情考虑。（1206 - YW - BKS）

从 Z_2 老师的口中我们得知，学校结构中上下级的沟通渠道顺畅与否，会影响到教师行动的动力机制。他认为，校长经常会与教师聊学期规划、班级计划，同时也把大家召集在一起共同开会研究、平等沟通，实际上对教师行动具有很重要的促进作用。而且他还说，"无论老师们有什么意见，反馈回来的时候，校长就算不能完全采纳，但是也一定会酌情考虑。"这些方面不仅能够让教师体会到受重视、受尊重，也能够让教师体会到行动的积极价值是能够得到领导反馈的。因而，教师们更愿意积极主动地行动。所以，具有畅通的上下级沟通渠道是学校结构对行动提供支持的重要方面。

四、 教师公平行动的提升策略

从社会学的学科思维方式看，社会学所作的工作主要在于"揭示"（discover）与"解释"，也就是说阐述研究对象发生与发展的客观现实过程，进而揭露研究对象的性质和真相，便已达到了研究目的。然而，正如赫斯特（Paul Heywood Hirst）所认为的那样，教育理论是一种实践性理论，是有关阐述和论证一系列实践活动的行动准则的理论。[①] 因此,我们还有必要对教师公平行动的提升策略做出一种"基于事实、通向实践"的理论构想。

(一) 宏观层面:加强教师教育政策的引领作用

在我国教师教育体制中,教师教育政策不仅是勾勒教师教育发展和变迁图景的重要抓手,而且是指导教师培养和教育实践的基本依据,因而促使教师公平行动首先需要从宏观层面的教师教育政策中进行顶层设计,为此可从教师教育培养目标、教师教育培养过程和教师专业标准等维度进行思考。

1. 教师教育培养目标要凸显公平取向

研究者在第二章梳理了我国教师教育培养目标的演变进程与特征,从中可以看出教师教育正在朝着公平转向,并将在未来进一步彰显与深化。随着教师教育公平取向的落实与推进,其发展逻辑也由"补齐"向"适合"演变。

在目标深化时期,公平取向的教师教育是一种"补齐"逻辑,即从宏观政策层面重点关注乡村教师较之城市教师而言处于弱势地位这一难题,进而通过一系列倾斜性政策来缩小二者差距。因此,这是一种以规模、比例、结构等为尺度的资源配置公平,是教师队伍建设所追求的外部公平取向。

尽管执行以外部公平为取向的教师教育政策非常必要,但并不充分,有时甚至适得其反。有研究在评价教育综合实力时提出了一个概念性公式,即 $X = a * b$。其中,"X"是指"教育综合实力",是教育强国的衡量指标;"a"是指"教育的硬实力",变量单位通常是"规模、比例、结构"等,数值在 0—1 之间;而"b"是指"教育的软实力",变量单位通常是"自由、平等、担当、激活、区别"等"品质"性指标,数值在 -1—$+1$ 之间。由于"b"的正负取值可以影响到"X"的方向,因而"b"就成为公式

---

① ［英］赫斯特.教育理论［M］.//瞿葆奎主编.教育与教育学.北京:人民教育出版社,1993:441.

的关键。① 就我国教师教育而言,"规模、比例、结构"等外部资源已得到较大发展,但教师教育的"品质"却相对容易被忽视。因此,外部资源配置的公平需要进一步向内部过程公平深化,这种内部公平取向可以概括为"适合",即从微观层面重点关注每一位教师是否具备公平的意识与能力,是否始终保持对学生群体及其背后文化差异的敏感度,从而对其进行"差异性对待",使得每个学生都能够享有更多的公平学习机会。

教师教育研究应更多地关注教师教育的多元视角和公平性②,进一步实现教师教育的公平转型,在培养目标上将社会审辩能力纳入教师教育过程中,以识别并帮助那些处于"不利境遇"的学生③。因此,教师教育的培养目标要凸显公平取向,从外部资源配置公平下沉到内部微观过程公平,关注教师养成中的社会和文化因素。

2. 教师教育培养过程要体现公平正义原则

有学者指出,改革开放 40 多年以来,教师教育改革研究虽然取得了一些可喜可贺的成就,但缺乏从公平视野反思教师教育改革的伦理局限和其产生的"意料之外的后果"。现有的少量研究更多是从"教师的教育公平"角度考量的,而从"教师教育的公平"角度分析的更是凤毛麟角。④ 因此,从"教师的教育公平"到"教师教育的公平",需要我们在教师教育的职前培养、准入、入职和职后培训等全过程中纳入教育的公平正义原则。

就职前培养而言,教师教育要从职前课程阶段更新教师的专业知识结构,引入教师的社会学知识,为学生提供更公平的学习机会⑤;培养教师的社会审辩能力,发现具有渗透性特点的结构化不平等现象,尊重学生群体多样化的文化差异,建构具有包容性的教师教育课程⑥。

---

① 吴康宁.教育的品质:教育强国的"软实力"[J].教育发展研究,2015(11):1-4+48.
② 伍远岳,杨莹莹.迈向多元化的教师教育研究——改革开放 40 年的回顾与展望[J].教育研究与实验,2019(1):53-60.
③ 石艳,崔宇."新教育公平"观与教师教育转型[J].湖南师范大学教育科学学报,2018(5):110-116.
④ 杨跃.新教育公平视野下的教师教育改革[M].南京:南京师范大学出版社,2018:25-28.
⑤ 崔宇,石艳.教师的社会学知识:公平视域下教师知识的转向及其实践路径[J].教育发展研究,2019(4):35-43.
⑥ 石艳,崔宇."新教育公平"观与教师教育转型[J].湖南师范大学教育科学学报,2018(5):110-116.

在教师准入方面,改革教师资格证书制度,注重对考生公平素质和能力的考查。而对于更为重要的入职和职后培训来说,教师教育可以从职后发展加强教师的合作意识与反思能力,帮助他们审视教育系统与自身的"文化偏见",从微观过程公平层面提高教师课堂教学公平的意识和能力。

3. 教师专业标准要追求过程公平

教师专业发展是当今世界各国教师教育改革的主要目标,最终指向教师素质的提升和教育质量的提高。教师专业发展研究目前形成两股思潮:教师专业主义思潮和教师发展主义思潮。前者从静态角度概括教师作为一种专业都由哪些要素构成,后者从动态角度描述教师作为一种专业要不断发展。[①] 因此,教师专业发展一方面要从教师教育的课程角度来培养教师的专业知识、专业技能与专业信念,另一方面要注重教师职后的专业学习和反思。

20 世纪 90 年代以来,尽管我国教师教育改革始终深耕教师专业发展,并取得重要成就,但教师专业发展仍缺乏对教师进行公平意识与能力的培养。比如,在我国已颁布的一系列教师专业标准中,除了特殊教育教师专业标准在阐述"基本理念"中的"师德为先"这一内容时提到"公平公正"之外,中小幼教师专业标准在基本理念和主要内容部分均未提到教师的公平意识与能力。教育公平是社会公平的基础,如果教师没有公平的信念与态度,没有对公平的丰富认知,那么他们是很难觉察到学校教育实践中的结构性不平等现象,因而也很难助推教育公平,促进每一位学生的发展。

再比如,教育部近年来陆续出台"卓越教师培养计划"及其 2.0 版本的文件,希望以卓越教师为示范,全面引领和规划教师教育改革发展。可是一方面在"卓越教师培养计划"实施过程中面临着"卓越教师标准不明确"[②]的问题;另一方面则是制定卓越教师专业标准是从"程度"上来考虑的,即将"卓越"理解为在教师专业标准中的"专业理念与

① 朱旭东.教师专业发展理论研究[M].北京:北京师范大学出版社,2011;前言 1.
② 王瑛,李福华.关于"卓越教师计划"实施的思考——基于若干所高等院校"卓越教师计划"实施情况分析研究[J].中国大学教学,2013(4);26-28.

师德、专业知识和专业能力"等方面的更严格要求。因此,从激发教师公平行动的角度来看,今后制定卓越教师专业标准不能仅从"程度"上来考虑,还必须在"性质"上进行拓展,公平理应成为卓越教师专业标准的重要组成部分。2014 年第四届国际教师职业峰会的主题就很好地诠释了公平与卓越之间的内在关联:"不顾及公平的优质会导致严重的社会经济分裂,而如果公平以优质为代价,又会使教育的目标荡然无存。"[1]有学者主张我国卓越教师培养要吸收国际卓越教师培养的成功经验,在重视教师培养的专业原则基础上,强调教师培养的教育正义原则。[2] 因此,若要丰富和发展卓越教师专业标准,就必须在卓越的"性质"上强调:关注公平正义的教师才是卓越的教师,过程公平理应成为卓越教师的专业标准要求。

(二)中观层面:发挥学校管理结构的导向功能

教师个体行动的具体方式是在与学校组织的互动中逐渐形成的,"在结构中的行动"或许是教师公平行动的最大特点。因此,从学校的规则与资源中寻找促使教师公平行动的有利因素,或许能最大限度地激发教师采取公平行动的意愿。

1. 细化规章制度中有关过程公平的规定

研究者曾从 BQ 中学的教学工作基本原则、教学检查细则和教学考核细则等规章制度入手,分析了教师公平行动与体现公平理念的规章制度之间存在的张力。因此,要想在具体教育情境中切实增强教师公平行动的意识和愿望,那么需要细化和完善相关规章制度,真正发挥规范制约型规则具有的建设性作用。

在有关教学工作基本原则的规定中提倡差异性教学。有学者认为,差异性教学是实现教育公平、提高教育质量的必然选择。[3] 既立足

---

① 孙云鹏,陈跃.优质、公平、全纳:为所有学生提供高质量的教学——2014 年国际教师职业峰会综述[J].世界教育信息,2014(23):29-34.

② 何菊玲,杨洁.他山之石:国际卓越教师培养之成功经验[J].陕西师范大学学报(哲学社会科学版),2018(1):162-169.

③ 史亚娟,华国栋.论差异教学与教育公平[J].教育研究,2007(1):36-40.

学生的差异,又不消极适应学生差异,而谋求创造种种条件,让每个学生的潜能都在原有基础上得到充分发展。① 事实上,差异性教学最经典、也最通俗的表达是"因材施教"。但是从教育社会学的研究视角看,差异性教学中的"差异"和因材施教中的"材"除了指学生个体兴趣、性格、认知等方面的差异之外,还应包括一个重要的方面:学生的背景差异。这个背景是指学生家庭的经济收入、生活方式、语言差异、品行修养等所在群体的一系列特性。因此,差异性教学不仅需要关注学生个体的心理和认知特点,还应关注不同学生群体的社会背景差异,只有同时关注了学生身上的个体因素和群体因素,差异性教学才能实现促进教育公平的现实目的。

在有关教学检查和考核细则方面实施多元化的评价模式。在我国由于受到长期的历史传统和复杂的社会因素的影响,我国学校教育的主要评价模式是基于学科教学成绩的结果性评价,升学率成为判断学校教育质量好坏最重要的标准,并进一步地发展成学校获取财政资金和赢得社会荣誉的重要途径。因此,无论我们由"应试教育"向"素质教育"的转变提倡多么坚决,现实中的路径依赖和实践惯性依然十分强劲,说到底基于学科教学成绩的升学率比拼关涉到学校生存发展的切实利益,这样看来学校本身围绕提高学生的考试成绩而制定有关教学检查和考核的细则就无可厚非。但与教育竞争日益成为社会资源争夺的中心相伴随的是,整个社会和国际逐渐呈现出价值多元化的趋势,这对单一性的教育评价产生了挑战。有学者曾指出,教育评价的模式虽历经变革,但其背后的价值基础一直是一元化和确定性的,这也是教育评价在理论和实践上容易产生巨大争议的原因所在。② 现代教育评价需要顺应利益主体和文化价值的多元化发展,在其价值基础上进行范式转换,由单一主导性的价值转为多元主体的协商共识。为此,学校在制定和完善相关评价制度时,需要从发展性评价和结果性评价有机融

---

① 华国栋.差异教学论[M].北京:教育科学出版社,2001:28.
② 戚业国,杜瑛.教育价值的多元与教育评价范式的转变[J].华东师范大学学报(教育科学版),2011(2):11-18.

合的视角去鼓励教师采取促进教育过程公平的相关行动。

2. 营造文化养成中涉及过程公平的氛围

在吉登斯看来，学校文化、领导理念、教研文化等通常意义上的"软"实力正是意义构成型规则在教育系统和结构中的体现。这些意义构成型规则是学校内行动者采取行动的符号性表达，其意义为全体成员所共享，是教师公平行动的例行化特征的重要来源。在这个意义上，学校里的这些意义构成型规则对教师公平行动的重要性不言而喻。因此，拓宽教师公平行动的提升路径必须着眼于学校整体文化的重建。

学校文化是在长期的办学实践中积淀而成的，对教师专业成长和学生全面发展具有重要影响。在研究者调研的 BQ 中学发展历程中，"润文化"的提出彰显了鲜明的人文主义色彩，强调学生的尊严和个体的独特价值。但也正如研究者所发现的，该学校文化虽与强调"教育公平的受惠者是每一个人，而不是部分人""涵盖诸如尊严、幸福、精神等隐性的'教育系统内部'的教育公平"①的新教育公平观相契合，但在彰显学校文化的规章制度、行为方式等方面却并未做相对具有可操作性的规定，从而在一定程度上体现出学校文化与教师公平行动之间的张力。研究者进一步认为，要想营造支持教师公平行动的文化氛围，加强学校文化与教师公平行动的联结，就需要将学校文化对每个人的尊严和价值的强调落到实处，体现在教研模式、课程开发、教师管理制度等方方面面。

学校领导层的理念、文化及其能力是影响教师公平行动的重要原因，其中尤以校长的领导力为要。"校长领导力"这个概念是从企业组织研究领域借用过来的，②是从管理的角度来思考如何改进现代学校教育的概念产物。如果从学校文化建设的角度看，校长领导力主要表现为"在其民主决策、公正施政、深入基层、平等待人的过程中所表现出来的教育智慧和人格魅力"③。因而这种领导力并不特别表现为需要校长拥有多么深厚的理论知识和精深的专业素养，相反需要其更多的

---

①　程天君.新教育公平引论——基于我国教育公平模式变迁的思考[J].教育发展研究,2017(2):1-11.
②　张爽.校长领导力:背景、内涵及实践[J].中国教育学刊,2007(9):42-47+54.
③　许序修.基于校长领导力的学校软实力提升[J].中国教育学刊,2014(4):54-58.

以身垂范和身体力行。从这个意义上讲,校长领导力必然包含一种与技术层面的解决问题能力无关的"非认知素养",这种"非认知素养"即是校长本身人格魅力的体现。在这方面,实地调研中的被访教师多次提及了校长的这一"非认知素养"。

J₂老师:我认为校长的(理念)十分重要。就像我们学校文化(是"润文化")一样,是什么意思呢? 就是要做有温度的教育,润物无声,温暖孩子们的心灵,这就是尽量为每一个孩子都创造一些条件,让他们的受教育机会和受教育的条件尽量(能够处)在一个水平线上,这是校长经常跟我们说的。(1213 – SX – BKS)

S₁老师:校长对教育的理解很重要,校长的爱心很重要,同时校长的执行力也很重要……我觉得最主要的是源于他(校长)真爱这个学校,他真爱这些孩子和老师,所以他想贯彻这种(教育理念),他觉得教育培养出来的人绝对不应该是冷冰冰的,应该从小心里是很温暖的。他经常跟我们这么说,无论我们的孩子将来从事什么职业、到达了什么位置,但是我要保证孩子最起码是个善良的人、感恩的人,这一块儿就是校长最初的一个想法。然后呢,恰恰校长的这个想法能引起很多老师,包括领导的共鸣……(1202 – SX – CT)

D老师:我觉得领导的以身作则更重要。不是说规章制度不管用,规章制度是不能没有的,因为没有规矩不成方圆。但是如果说大家真正能遵守那些规章制度,前提是领导在普通老师面前所展现的暖心的行动、以身作则,就像说教师在学生面前的身正为范一样,这个是非常重要的。如果说领导嘴上每天都那样说,但是他却不去做,那么我们敢做吗,我们也不知道到底要不要去做。所以说,对于教师的实际行动来说,领导以身示范的作用是很重要的,这是我个人的理解。(1130 – YW – GBS)

从以上三段叙述中不难发现,教师是否会采取公平行动很大程度上依赖学校领导层的行动,尤其是作为学校变革守护人的校长。不过,在教师眼里,校长的理念在引领学校不断前进的过程中,其本身的科学性并不是特别重要,相反更重要的是其自身的人格魅力。因此,校长在理念引领方面如能亲自示范、以身作则,那将对教师采取公平行动产生极大的震撼和影响力。

3. 激发时空环境中勾连过程公平的资源

学校的规范制约型规则和意义构成型规则本身并不能诱发教师的公平行动,还需要教师掌握一些资源,方能在促使公平行动的同时,又有可能促使结构的再生产和变迁。而在学校环境中,教室和课堂是教师所能利用的配置性资源和权威性资源的直接体现。在教室里,教师可以通过对空间因素的利用和改造来渗透过程公平的价值取向;而在课堂里,教师可以通过对时间因素的调整和师生关系的改善来实现过程公平的教育目标。

教师对教室空间布局的编排和布置能够在一定程度上改变教师行动,这是因为空间不仅仅是一个物理空间,还是一个交织人际关系的社会空间,[①]空间的改变意味着位于空间中的行动者之社会关系的改变。例如,在 BQ 中学"一心一德"班教室空间布局中,"单人单桌"的"秧田式"使得教师和学生可利用的空间变大,便于师生互动和生生互动,客观上为教师照顾不同学生个体或群体的差异提供了条件。不仅如此,教室空间的改变也会影响到师生之间的社会关系,传统上的秧田式空间布局将学生的注意力全部集中于讲台,这意味着发生于教室里的课堂教学是以教师主导的互动为主,再加上所有学生统一面对讲台和教师位于前方,凸显了课堂教学和师生互动的教师权威特征。在这样的教室里,学生只是教师课堂秩序和教学进度的服从者,学生的主体地位无从彰显。如果从这个意义上来说,BQ 中学"一人一桌"的"秧田式"空间布置或许有进一步改善的余地,比如可采用适合学生个性化学习

[①]　石艳.区隔与脱域——学校空间管理的社会学分析[J].教育科学,2006(4):23-25.

和小组合作的模块式、马蹄式、椭圆式等空间布局模式。当然,空间布局的改变并不是一味追求体现学生的主体地位而削弱教师的权威,它仅仅表明教师在采取有利于实现过程公平的行动时所体现出来的自主性。总之,教师需要利用好教室的空间布局,以体现尊重每个学生的尊严和价值的新型师生关系,从而促进每一个学生的全面发展。

课堂教学是实现过程公平最重要的途径。时间表和课程表是教师进行课堂教学的基本依据。通常来讲,教师个体并无权限去擅自更改时间表和课程表,因为两者是学校教育制度化的体现,教师个体只能根据时间表和课程表的安排开展学科教学活动。但正如吉登斯将代表结构的规则与资源比喻成一座房子一样,它虽然会给房间里的行动者施加限制,行动者本身却并不会被完全束缚,行动者在房间里的任何行动实际上是具备自主选择能力的。根据对这个比喻的理解,研究者认为教师虽然无法擅自更改时间表和课程表,但却可以在规定的时间里调整自身的教学活动,只要教师能够理解并掌握过程公平的真正意义,就能够看到不同学生群体背后的社会文化差异,就能在知识掌握、能力培养和素质养成等学科教学目标方面与不同学生群体带到学校来的日常生活经验之间建立有效的联系,最终帮助那些处境不利的学生群体实现更好的发展。

在吉登斯那里,权威性资源是与配置性资源同等重要的。学校教育过程中的权威性资源主要包括对校园空间的组织、学校成员身体的生产和成员自身的学校生活机会。这里主要讨论与教师基本角色有关的两种关系,即教师之间的关系和师生之间的关系。

教师之间的关系由于教学空间的区隔和任教学科的分离而容易形成“单打独斗”的竞争型教师文化,这在当前以标准化考试为评价导向的风气下尤其明显。从学校管理的层面看,标准本位的考核制度进一步地压缩了教师在教育教学中的自主权,使得教师被迫屈从于外在的管理和评价,因此这对于教师公平行动是有害无益的。为此就需要从教师学习共同体的角度来改善传统的教师文化,通过教师学习共同体中的人人参与和研讨,促使教师逐渐形成“教师作为公平行动的能动者"这种意识，从而激发教师行动的积极性和自主性。

与教师在学校权力关系中处于弱势地位的情况相类似，传统的师生关系也需要发生转变。当前对于教育公平的分析主要依据的是分配正义理论框架，虽然分配正义的理论框架在解决宏观层面的区域、城乡和校际不公平的资源配置方面具有重要意义，但教育公平不能仅仅限于分配正义，还必须从关系正义、承认正义的理论框中汲取灵感①，从而真正达到教育内部的过程公平。将关系正义、承认正义的理论成果运用于教育领域，就需要教师从社会正义的角度去考量师生关系，在师生交往和互动过程中肯定每位学生的价值，善于从不同的视角去观察每位学生身上存在的闪光点，理解那些处于弱势的学生之所以难以提高学习成绩的原因，从而给予他们合理的对待。

(三) 微观层面：提升教师专业发展的行动基础

如前所述，坚定的教师信念、扎实的知识和良好的教师道德是教师进行公平行动的个体前提。那么从教师个体层面去思考该如何进行公平行动时也就自然需要构筑自身的信念，夯实专业知识和提倡底线师德。不过这些都是教师公平行动的个体前提要素，这些前提要素可以通过教师专业发展这样一个专业化的过程得到持续不断地改善。

1. 夯实教师专业知识，增强身份认同

教师专业知识不仅是其开展教育教学活动的基础，也是教师专业发展不可或缺的重要途径。一方面，掌握教师专业知识是当前师范院校师资培养的重要目的，已经逐渐成为教师入职的主要条件；另一方面，在教师职后发展与培训中，教师专业知识也是其不断追求的目标。对于入职后的教师而言，专业知识的表现更多是与其教学实践密切相关，教师在日积月累的教学一线逐渐生成带有个人特点的丰富教学经验，学习专业知识将有利于教师将知识转化为独特的教

---

① 钟景迅,曾荣光.从分配正义到关系正义——西方教育公平探讨的新视角[J].清华大学教育研究, 2009(5):14-21.;冯建军.后均衡化时代的教育正义:从关注"分配"到关注"承认"[J].教育研究,2016(4): 41-47.

学经验,并进一步地促使自身获得提高。因而可以说"知识人"的属性是教师职业的最大特征,因为现代学校教育里的教师职业赖以存在的一个基本条件就是教师肩负着通过知识的传递来促进人的发展的重要使命,所以教师所拥有的专业知识是其身份认同形成的一个重要条件。

不过,这里所谓的教师专业知识,并不仅仅指代那些具有所教学科特点的知识,它所反映的是一个总体性的知识体系,意即教师为了顺利开展教学活动,达到满意的教学效果所需要的一切知识的综合。毕竟教育活动是一个面向人的生成和完善的实践活动,与人有关的一切认识成果都可经过批判性的学习和借鉴而为教师所用,以便更好地完成教育教学使命。BQ 中学的教师在谈到专业知识对教育公平的影响时只是把学科教学知识作为一个基础或者一个前提,从更宽泛的意义上谈到了文化知识对人的影响。

> Z老师:就是说一个人素质的高低,跟这个人的文化程度一定是密切相关的。也就是说,文化知识对开启一个人关于生命、生活的认识十分重要,对这个问题的认识也是非常必要的。所以我觉得在师范学校学的那些专业知识真是非常重要。因为只有你学到那些知识、那些课程,你才能懂得如何教书、如何上好课。如果你连最基本的课都讲不好,那么其他方面你也很难兼顾。如果你的课上得好,游刃有余、经验丰富,那么你才能够关注到其他方面,就像你说的公平一样,你才能够更好地关注到学生们的表现、学生们的差异,才能够更好地兼顾这些。(1112-YW-HYS)

因此,强调教师学习专业知识不能狭隘地理解为与"教学"有关的知识,还应包括与"教育"有关的知识。

2. 反思教师角色,加强批判性思考

教师角色是指"处在教育系统中的教师所表现出来的由其特殊地

位决定的符合社会对教师期望的行为模式"①。我国关于教师角色的研究更多是在社会转型的背景下提出的。例如,有学者主要在教育所处的社会转型的大背景下来谈教师的角色转变,进而从教师的观念系统、能力系统和思维系统等方面着手进行重塑,使教师承担起"学习引导者、心理教育者和教育研究者"等新时期的新角色。② 如今教育领域关于新课程改革的话语虽已不那么明显,但由新课程改革引起的教育变革的主张却从未消失过。教师角色的转变因而也更多地与不同时期的社会背景相联系。21 世纪以来,多元文化教育和教师专业化在国际教育领域的呼声日益高涨,教师角色的转变也更多地顺应这一潮流,研究者呼吁教师的角色转变应该更多地考虑多元文化社会和教师专业发展的需求。

从我国的现实社会背景出发,促进教育公平和提高教育质量是我国近十年教育发展的重要价值诉求。《国家中长期教育改革和发展规划纲要(2010—2020 年)》明确指出,把促进公平作为国家基本教育政策;把提高质量作为教育改革发展的核心任务。因此,新时期的教育发展赋予了教师新的角色,这就需要教师不断反思自身所扮演的角色,随时随地调整自身的角色行为,以便完成知识传递、个性发展和社会需要三者相统一的培养任务。站在教育公平的立场上,教师需要提高自身的社会审辩能力,把处于社会不利状况的弱势群体学生所具有的文化差异纳入自身的教学活动中,并努力提高他们适应社会发展和实现个人目标的能力。因此,帮助他们从社会再生产的不利境遇中突围便是当前教师所应实现的角色转换。

3. 激发教师自主性,促进教师自我发展

虽然教师专业发展是当今教师成长的主要方式,但这种方式仍然更多地依赖外部推动。我国从 20 世纪 90 年代以来便开始重视教师的专业发展并着力推进教师专业发展进程,这种进程的主要表现就是在

---

① 冉祥华.试析教师角色及其角色丛[J].黄淮学刊(社会科学版),1995(4):100-101+113.
② 申继亮.新世纪教师角色重塑:教师发展之本[M].北京:北京师范大学出版社,2006:2-19.

外部的一系列制度上促使教师专业化,比如建立教师资格证书制度、制定中小学教师专业标准等。这些措施更多的是教育行政部门自上而下地推动教师职业整体的变革,使教师群体在现代社会中日益变得"专业化",但教师专业发展中的"发展"意蕴并没有得到特别充分的彰显。

时至今日,在外部措施得到逐步确立和完善的情况下,"教师作为专业人员"几乎已经得到教育领域和社会各界的共识,这时教师专业发展开始强调教师个体的自主性。叶澜曾从教师"群体—个体"和"外部—内部"两个维度来分析教师专业发展,认为我国当前的教师专业发展需要从教师群体的外部专业化进程逐步走向教师个体的内在自我发展①,只有这样,教师专业发展才能达到其真实的目的。这种走向自我的教师专业发展需要"教师成为自身专业发展的主人"②,把自主发展作为教师专业发展的新内涵③,为此就需要充分发挥教师个体的能动性,提高自身的自主意识。

教师自主性在促使教师进行公平行动时不可或缺。有学者把自主性作为教师能动性模型构建的构成要素之一,强调其对教师通过教育公平促进社会正义具有重要作用。④ 根据研究者的调研,BQ 中学的部分教师之所以采取具有公平意味的行动,很大程度上源于教师的自主性。教师个体师德的秉持以及学校领导理念的引领都有助于激发教师的自主性,尤其是在教师公平行动受到学校现有规则、资源等结构要素相对制约的情况下,教师依然体现出了较为强烈的公平意识和持久的公平行动,这恐怕与教师自身的自主性密切相关。这也在一定程度上从经验角度验证了上述学者的观点。因此,促使教师进行公平行动,最重要的还是激发教师的自主性,通过教师的自我发展带动教师在过程公平和社会正义方面的专业提升,为教师的公平行动提供理想愿景和现实动力。

---

① 叶澜等.教师角色与教师发展新探[M].北京:教育科学出版社,2001:208-216.

② 吴康宁.教师应成为自身专业发展的主人[J].南京师大学报(社会科学版),2015(5):80-86.

③ 姜勇.论教师专业发展的后现代转向[J].比较教育研究,2005(5):67-70.

④ Panti Natasa. A model for study of teacher agency for social justice[J]. Teachers & Teaching, 2015, 21(6):759-778.

结　论

　　现在的社会，无论从哪一方面看，除了平等的信条外，再没有
别的基础。

——皮埃尔·勒鲁（Pierre Leroux）

　　"人人平等"，作为使人昏眩、动听的说辞，是极能打动人心的。①
随着教育改革与发展的不断推进，以人为本的教育公平愈发成为我国
建设教育强国与实现教育现代化的重要途径。② 在教育公平逐渐下沉
到学校微观过程公平的今天，教师要肩负起推进教育公平这义不容辞
的责任。以往教育公平理论难有突破、教育公平改革成效甚微的原因
可以从三方面解释：一是起点公平的政策研究多而过程公平的微观研
究少，二是外部公平保障条件研究多而学校内涵公平研究少，三是理论
研究多而学校变革研究少。③ 因此，以教师行动作为切入点，探究学校
结构中公平取向教师行动的现实表征与深层逻辑，有助于我们考察教
师公平行动的实践样态与动力机制，从而有助于促进教师行动的生成
与学校结构的变革，进而助推教育过程公平的深化。

　　本研究以吉登斯的结构化理论为基础，对 C 市 BQ 中学的公平取
向下教师行动逻辑进行考察，主要得到以下结论。

　　第一，现实教育场域中的教师行动已经在一定程度上显现出公平

---

　　①　［印］阿马蒂亚·森.再论不平等[M].王利文,于占杰译.北京:中国人民大学出版社,2016:1-2.
　　②　程天君,陈南.中国教育现代化的百年书写[J].教育研究,2020(1):125-135.
　　③　程天君.新教育公平引论——基于我国教育公平模式变迁的思考[J].教育发展研究,2017(2):1-11.

取向,换句话说,公平取向的教师行动存在于现实之中,并且得到了一定的彰显与认可。

本研究发现,教师首先是具有公平意识的,这不仅来源于他们在学生时代对于公平的感知与模仿,也体现在教师教育过程中对于公平的习得以及在教育实践中对公平的体悟;其次,教师能够在学校教育过程中践行积极行动,将意识层面的公平理念贯彻在教师行动中。教师在行动中不仅具有助推学生突围"再生产"的信念,而且教师还通过公平行动努力给学生提供均等的学习机会;根据学生发展特点对他们进行差异性对待,在洞察文化资本在教育过程中的运作后积极开展弥补行动;同时了解精致型符码并在实践中运用以及精准掌握每一名学生的情况,进而更好地给他们提供更加公平的学习机会;最后,教师还能够积极主动地进行反思实践,从而进一步催生公平意识。教师不仅反思自己的教学目标、教学设计是否能够符合更普遍意义上学习能力一般的学生,以给他们提供更加公平的学习机会;还能够反思自己对学生的关注程度,是否在照顾了每一位学生的同时还能够察觉到他们的个体差异,从而采取适当的补偿策略。此外,教师还形成一种道德伦理判断,将教书育人视为"良心活儿",并将其转化到学生的发展促进中。

第二,学校结构中的教师公平行动,从规则与资源两个方面表现着结构性特征。

首先,以学校制度与学校文化等方面为表征的规范制约型规则,虽然对教师行动具有公平取向的引领,但有时并不具体,以致教师虽然有公平行动的意识,但却无处着手。因此规则的公平意涵始终在明确与遮蔽、提倡与隐匿之间,对教师行动进行着结构性影响。其次,配置性资源与权威性资源虽然给教师行动提供了行动的条件,但是当教师对这些教育资源进行支配时会受到限制。也就是说,学校对教师放权,让他们自行利用与管理一定的教育资源,虽然这一定程度上增加了学生的学习机会,但教师有时也要受制于学校的一些事务性工作,分散了他们对学生的精力与时间。因此,教师公平行动表征着学校的结构性特征。

第三,教师的公平取向行动是具有一定逻辑的,并非凭空而生、随心而为。

首先,教师的公平行动需要一定的个体前提条件,坚定的教师信念、扎实的教师知识、良好的教师道德便构成了这一前提,其中信念是动力来源与内在支撑,知识是教学基础与行动依据,师德是基本素质与底线坚守。其次,教师的公平行动表现出两大原则,即平等原则与差异原则,前者表现在教师对学生学习权利进行维护、对学习机会实施保障、对师生关系进行重构以及平衡学生地位等方面,后者表现在对学生文化资本的洞察、差异教学的实施以及学生个体持续发展的促进。再次,学校结构的支持对教师行动具有促进作用,校长理念能够从文化与制度两方面引领教师行动,而学校管理制度对教师行动的导向则需要保障制度公平、领导以身作则以及保持沟通渠道的畅通。最后,可以从教师教育政策、学校管理结构、教师专业发展三个方面,对公平取向的教师行动进行提升与改进。

总的来说,现实教育场域中的教师在一定程度上是能够开展,并且已经在学校教育教学过程中践行了公平取向的,不仅给学生提供了更加公平的学习机会,有助于学生成长,还是教师自身职业道德与综合素质的基本体现,是教师专业发展的重要因素。随着新时期我国社会主要矛盾的转化,人民对公平而有质量的教育向往更加迫切,教师在我国教育事业中所发挥的作用也愈发明显,是教育过程公平能否有效推进与落实的关键。在促进教育公平的问题上,能够在具体教育行动中努力实现公平价值理想的教师是起着决定性、根本性作用的。[①]

文及至此,有必要对本研究的初衷与反思进行回顾与总结,使研究者能够不囿于自身的研究视野,重新审视与再次叩问本研究的立场与出发点,进而对研究的未竟部分进行展望。

第一是立场:以人民为中心发展教育需要教育过程公平的深层推进。本研究认为,教育过程公平的深层推进就是坚持教育的人民立场

---

① 石中英,霍少波.教育公平话语中的教育假设及其反思[J].国家教育行政学院学报,2018(6):10-15.

的深刻体现,这也是本研究的整体前提和基本立场。教育就是要以人为本,回归到每一个具体的"人"。只有这样,学生才能在微观层面的教育教学中获得更多的学习机会,才能够享有更加公平的教育过程,从而才能更大限度地发展自己。

为人民服务是中国共产党的根本宗旨,以人民为中心是教育的根本立场。党的十八大以来,以习近平同志为核心的党中央高度重视教育事业,提出将作为党和国家各项事业发展先手棋的教育事业优先发展。教育功在当代、利在千秋,是提高人民综合素质、促进人的全面发展、以及帮助人民创造美好生活的重要力量。[①] 因此,以人民为中心发展教育就要满足人民对美好生活的需要。

习近平于 2012 年在十八届中共中央政治局常委同中外记者见面时强调,"人民对美好生活的向往就是我们的奋斗目标"[②]。而能够接受更好的教育便是美好生活的重要维度之一。首先,教育可以为社会进步提供动力。从十一届三中全会的召开将全党工作重心转移到社会主义现代化建设上来开始,党和国家便开始高度重视教育的发展与人才的培养,从而为国家各项事业的发展提供人才支撑。而国家的发展、社会的进步便能够促使孩子成长得更好、生活得更好,满足人们对美好生活的向往。其次,教育是增进民生福祉的重要手段。教育与每一个家庭都密切相关,每一个家庭的孩子是否能够接受良好的教育、是否能够全面发展、是否能够享有人生出彩的机会,都关乎家庭的幸福。因此,以人民为中心发展教育就要争取让每一个家庭、每一个孩子都能够享有良好的教育,进而才能享有人生出彩的机会。

习近平指出,要让中国人民"共同享有人生出彩的机会"[③]。教育过程公平的深层推进,能够在保障人们受教育权利和受教育机会平等的基础之上,在具体的学校教育过程中享有更加公平的学习机会。而

---

① 《习近平总书记教育重要论述讲义》编写组.习近平总书记教育重要论述讲义[M].北京:高等教育出版社,2020:73-76.

② 人民对美好生活的向往就是我们的奋斗目标[N].人民日报,2012-11-16(4).

③ 习近平.习近平谈治国理政(第一卷)[M].北京:外文出版社,2018:40.

学生能够在多大程度上获得知识与能力应该是以教育是否能够提供足够的学习机会为前提的,不应取决于学习机会的提供程度,因为公平的教育应该使学生的学业成就取决于他们的努力程度、智力高低、学习动机与学习态度等自身因素。[①] 因此,坚持以人民为中心的立场发展教育,不断促进教育成果更多更公平惠及全体人民,让他们享有更多人生出彩的机会,就需要推进程度更深的教育过程公平。

第二是出发点:教育过程公平的深层推进需要教师的积极行动。这里重申的是本研究问题的出发点。教育公平始终受到党和国家的高度重视,也为学界广泛讨论。然而,如何才能真正将教育公平在学生的学习过程中有效推进从而增加学生的学习机会,或者说,如何才能将教育过程公平在学校的教育教学过程中进行深层推进,是本研究的基本初衷与问题出发点。

教师质量是决定教育质量的第一要素[②],承担着让每个孩子健康成长、办好人民满意教育的重任[③]。因此,教育过程公平的有效推动需要教师积极的微观行动,这才是增加学生学习机会的最直接、最有效的途径。实际上,这也是优秀教师需要达到的基本标准。

习近平提出作为好老师的四个标准,即"四有"好老师,认为理想信念、道德情操、扎实学识、仁爱之心是作为一名好老师的重要标准。[④] 其实,教育过程公平的理念与行动是可以融入这四个标准中的,换句话说,能够达到"四有"好老师标准的教师,在一定程度上是能够并已经践行公平理念的。首先,促进学生的教育过程公平作为教师的理想信念是教师教学与发展的不竭动力,教师愿意作为行动者去给学生提供更多的学习机会;其次,能够公平施教的教师必然具备良好的道德情操,才能够做到教书与育人相统一,体现出生命对生命的尊重与灌溉;再

① 辛涛,姜宇,王旭冉.从教育机会到学习机会:教育公平的微观视域[J].清华大学教育研究,2018(2):18-24.

② 教育部课题组.深入学习习近平关于教育的重要论述[M].北京:人民出版社,2019:102.

③ 《习近平总书记教育重要论述讲义》编写组.习近平总书记教育重要论述讲义[M].北京:高等教育出版社,2020:203.

④ 教育部课题组.深入学习习近平关于教育的重要论述[M].北京:人民出版社,2019:134-136.

次,扎实学识是教师公平行动的实践工具,能够使得教师深入浅出地将知识传授给学生,帮助他们更好地习得知识、获得发展;最后,仁爱之心让教师具有温度,使得教师能够尊重学生、理解学生,平等对待每一名学生。

从这个意义上讲,教育过程公平的有效推动需要落实到教师行动中去,才能够更加直接、有效地促进学生获得更公平的学习机会。

第三是落脚点:教师公平行动需要赋予教师更多的专业自主。专业自主权不仅是教师作为专业人员的重要标志,也是教师能够进行自主行动的基本条件。研究认为,教师的专业自主是指教师在专业规范下,依照其自身的专业技能而对其任务或工作享有的专业判断,也就是说,教师能够享有更大的自由去执行自己的工作而不受非专业成员的干预。[1]

在现实学校组织中,教师往往因为需要完成很多事务性工作而消耗他们的精力与时间,影响了他们对学生的公平行动,从而一定程度上减少了学生的学习机会。有研究深描了一位小学教师的苦恼,很多事务性工作让其疲于应付,如学校要进行教师会议记录、家访记录、工作总结、教学计划等的验收,上级教育部门的检查以及一些学校的常规要求,占用了教师时间、损耗了教师精力,从而影响了教师的工作积极性。[2]

其实本研究也落脚于此,学校虽然对教师进行放权,但是也往往有一些事务性工作需要教师完成,从而影响了教师的公平行动。教师只有拥有更多的自主权力,无须承担那么多额外的工作负担,才会增加跟学生相处的时间、对待学生的精力,从而才能有效地增加学生的学习机会。而这也是我们的学校组织管理与学校变革所需努力之处。

---

① 姚静.论教师专业自主权的缺失与回归[J].课程·教材·教法,2005(6):70-74.

② 吴志宏.把教育专业自主权回归教师——我们需要什么样的教育管理[J].教育发展研究,2002(9):34-39.

参考文献

1. 著作类

［1］［奥］阿尔弗雷德·舒茨.社会世界的意义构成［M］.游淙祺译.北京:商务印书馆,2012.

［2］［印］阿玛蒂亚·森,詹姆斯·福斯特.论经济不平等［M］.王利文,于占杰译.北京:中国人民大学出版社,2015.

［3］［印］阿马蒂亚·森.再论不平等［M］.王利文,于占杰译.北京:中国人民大学出版社,2016.

［4］［印］阿玛蒂亚·森.正义的理念［M］.王磊,李航译.北京:中国人民大学出版社,2012.

［5］［法］爱弥儿·涂尔干.道德教育［M］.陈光金,沈杰,朱谐汉译.上海:上海人民出版社,2001.

［6］［英］安东尼·吉登斯.社会的构成——结构化理论纲要［M］.李康,李猛译.北京:中国人民大学出版社,2016.

［7］［英］安东尼·吉登斯.政治学、社会学与社会理论［M］.何雪松,赵方杜译.上海:格致出版社,2015.

［8］［英］安东尼·吉登斯.社会学方法的新规则［M］.田佑中,刘江涛译.北京:社会科学文献出版社,2003.

［9］［英］安东尼·吉登斯.社会理论的核心问题——社会分析中的行动、结构与矛盾［M］.郭忠华,徐法寅译.上海:上海译文出版社,2015.

［10］［英］安东尼·吉登斯.资本主义与现代社会理论［M］.郭忠华,潘华凌译.上海:上海译文出版社,2018.

[11] [英]安东尼·吉登斯.社会学:批判的导论[M].郭忠华译.上海:上海译文出版社,2013.

[12] [英]安东尼·吉登斯,菲利普·萨顿.社会学基本概念[M].王修晓译.北京:北京大学出版社,2019.

[13] [法]布尔迪厄,华康德.反思社会学导引[M].北京:商务印书馆,2015.

[14] [英]布赖恩·特纳.社会理论指南[M].李康译.上海:上海人民出版社,2003.

[15] 陈红,苏贵影.现代管理学[M].北京:国防工业出版社,2007.

[16] 陈时见,彭泽平.教育公平[M].北京:高等教育出版社,2012.

[17] 陈向明.质的研究方法与社会科学研究[M].北京:教育科学出版社,2000.

[18] 程天君.新教育公平引论[M].南京:南京师范大学出版社,2019.

[19] [美]戴维·斯沃茨.文化与权力:布尔迪厄的社会学[M].上海:上海译文出版社,2012.

[20] [法]E. 迪尔凯姆.社会学方法的准则[M].狄玉明译.北京:商务印书馆,1995.

[21] 董小英.再登巴比伦塔——巴赫金与对话理论[M].上海:三联书店,1994.

[22] [美]杜威.我们怎样思维·经验与教育[M].姜文闵译.北京:人民教育出版社,2005.

[23] 风笑天.社会学研究方法[M].北京:中国人民大学出版社,2001.

[24] [美]菲·邦纳罗蒂.为平等而密谋(下卷)[M].陈叔平译.北京:商务印书馆,1989.

[25] [加]迈克尔·富兰.学校领导的道德使命[M].中央教育科学研究所,加拿大多伦多国家学院译.北京:教育科学出版社,2005.

[26] 何东昌.中华人民共和国重要教育文献(1949—1975)[M].海

口:海南出版社,1998.

[27] 何东昌.中华人民共和国重要教育文献(1976—1990)[M].海口:海南出版社,1998.

[28] 何东昌.中华人民共和国重要教育文献(1991—1997)[M].海口:海南出版社,1998.

[29] 何东昌.中华人民共和国重要教育文献(1998—2002)[M].海口:海南出版社,2003.

[30] 何怀宏.伦理学是什么[M].北京:北京大学出版社,2008.

[31] 侯钧生.西方社会学理论教程[M].天津:南开大学出版社,2010.

[32] 华国栋.差异教学论[M].北京:教育科学出版社,2001.

[33] 贾春增.外国社会学史[M].北京:中国人民大学出版社,2008.

[34] 教育部师范教育司.教师专业化的理论与实践[M].北京:人民教育出版社,2003.

[35] 金铁宽.中华人民共和国教育大事记[M].济南:山东教育出版社,1995.

[36] 金小红.吉登斯结构化理论的逻辑[M].武汉:华中师范大学出版社,2008.

[37] [美]夸美纽斯.大教学论[M].傅任敢译.北京:人民教育出版社,1984.

[38] [美]兰德尔·柯林斯,[美]迈克尔·马科夫斯基.发现社会[M].李霞译.北京:商务印书馆,2014.

[39] 联合国教科文组织国际教育发展委员会.学会生存:教育世界的今天和明天[M].华东师范大学比较教育研究所译.北京:教育科学出版社,1996.

[40] 雷晓庆.课堂教学公平指标体系的建构与应用[M].南京:南京师范大学出版社,2018.

[41] [英]罗布·斯通斯.核心社会学思想家[M].姚伟,李娜译.上

海：上海人民出版社，2020.

[42] 刘精明.教育公平与社会分层[M].北京：中国人民大学出版社，2016.

[43] 刘少杰.后现代西方社会学理论[M].北京：北京大学出版社，2014.

[44] [美]刘易斯·A. 科瑟.社会学思想名家[M].石人译.北京：中国社会科学出版社，1990.

[45] [德]马克斯·韦伯.经济与社会（第一卷）[M].阎克文译.上海：上海人民出版社，2010.

[46] [德]马克斯·韦伯.社会科学方法论[M].韩水法,莫茜译.北京：商务印书馆，2013.

[47] [美]玛克辛·格林.释放想象：教育、艺术与社会变革[M].郭芳译.北京：北京师范大学出版社，2017.

[48] [英]麦克.F. D. 扬.知识与控制[M].谢维和,朱旭东译.上海：华东师范大学出版社，2002.

[49] 苗力田.亚里士多德全集（第八卷）[M].北京：中国人民大学出版社，1992.

[50] [美]莫蒂默·艾德勒,[美]查尔斯·范多伦.西方思想宝库[M].长春：吉林人民出版社，1988.

[51] 宁虹.教育研究导论[M].北京：北京师范大学出版社，2010.

[52] [美]欧文·戈夫曼.日常生活中的自我呈现[M].冯钢译.北京：北京大学出版社，2008.

[53] [法]P.布尔迪约,J.-C.帕瑟隆.再生产——一种教育系统理论的要点[M].北京：商务印书馆，2002.

[54] [美]帕梅拉·格罗斯曼.专业化的教师是怎样炼成的[M].李广平,何晓芳译.北京：人民教育出版社，2012.

[55] [美]乔治·瑞泽尔.古典社会学理论[M].王建民译.北京：世界图书出版公司，2014.

[56] [美]乔治·赫伯特·米德.心灵、自我和社会[M].霍桂桓译.

南京:译林出版社,2014.

[57][美]舍恩.培养反映的实践者:专业领域中关于教与学的一项全新设计[M].郝彩虹等译.北京:教育科学出版社,2008.

[58]石英.质性社会学导论[M].北京:社会科学文献出版社,2018.

[59][丹]斯丹纳·苛费尔,[丹]斯文·布林克曼.质性研究访谈[M].范丽恒译.北京:世界图书出版公司,2013.

[60][美]玛丽莲·科克伦-史密斯,[美]沙伦·费曼-尼姆塞尔,[美]D.约翰·麦金太尔主编.教师教育研究手册(上卷)[M].上海:华东师范大学出版社,2017.

[61][美]塔尔科特·帕森斯.社会行动的结构[M].张明德,夏遇南,彭刚译.南京:译林出版社,2012.

[62]谭光鼎,王丽云.教育社会学:人物与思想[M].上海:华东师范大学出版社,2009.

[63]文军.西方社会学理论:经典传统与当代转向[M].上海:上海人民出版社,2006.

[64][英]威廉姆·奥斯维特.新社会科学哲学:实在论、解释学和批判理论[M].殷杰,张冀峰,蒋鹏慧译.北京:科学出版社,2018.

[65]吴康宁.教育社会学[M].北京:人民教育出版社,1998.

[66]吴康宁.课堂教学社会学[M].南京:南京师范大学出版社,1999.

[67][英]乌斯曼等.学校与平等机会问题[M].杜振东等译.上海:华东师范大学出版社,2019.

[68]《习近平总书记教育重要论述讲义》编写组.习近平总书记教育重要论述讲义[M].北京:高等教育出版社,2020.

[69]杨东平.中国教育公平的理想与现实[M].北京:北京大学出版社,2006.

[70]杨善华,谢立中.西方社会学理论(上卷)[M].北京:北京大学出版社,2005.

［71］杨小微,张天宝.教学论［M］.北京:人民教育出版社,2007.

［72］杨跃.新教育公平视野下的教师教育改革［M］.南京:南京师范大学出版社,2018.

［73］叶澜.教师角色与教师发展新探［M］.北京:教育科学出版社,2001.

［74］袁方.社会研究方法教程［M］.北京:北京大学出版社,2004.

［75］袁振国.当代教育学［M］.北京:教育科学出版社,1999.

［76］［美］约翰·罗尔斯.正义论［M］.何怀宏,何包钢,廖申白译.北京:中国社会科学出版社,2009.

［77］［美］约翰·罗尔斯.政治自由主义［M］.万俊人译.南京:译林出版社,2000.

［78］［美］约翰.S. 布鲁贝克.高等教育哲学［M］.王承绪等译.杭州:浙江教育出版社,2001.

［79］张力.2000 年中国教育绿皮书［M］.北京:教育科学出版社,2000.

［80］赵立玮.规范与自由:帕森斯社会理论研究［M］.北京:商务印书馆,2018.

［81］赵萍.美国教师知识合法化进程演进［M］.北京:北京师范大学出版社,2017.

［82］赵旭东.结构与再生产:吉登斯的社会理论［M］.北京:中国人民大学出版社,2017.

［83］中共中央马克思恩格斯列宁斯大林著作编译局.马克思恩格斯选集［M］.北京:人民出版社,1995.

［84］周辅成.西方伦理学名著选辑(上卷)［M］.北京:商务印书馆,1996.

［85］周洪宇.教育公平:维系社会公平正义的基石［M］.北京:中国人民大学出版社,2014.

［86］周晓虹.西方社会学历史与体系(第一卷)［M］.上海:上海人民出版社,2002.

［87］朱旭东.教师专业发展理论研究［M］.北京:北京师范大学出版社,2011.

［88］朱旭东,胡艳.中国教育改革30年:教师教育卷［M］.北京:北京师范大学出版社,2009.

2. 期刊类

［1］白新欢.教师评价的导向及其对教学改革的影响［J］.华南理工大学学报(社会科学版),2010(1):83－87.

［2］鲍传友.课堂教学不公平现象初探［J］.教育理论与实践,2001(10):45－48.

［3］常亚慧,赵钱森.语词:课堂教学的仲裁者［J］.当代教育科学,2017(10):14－17.

［4］陈凡.教育公平:现状、原因及对策分析［J］.青海社会科学,2004(1):148－151＋159.

［5］陈桂生."师德"研究［J］.教育研究与实验,2001(3):8－11＋72.

［6］陈向明.实践性知识:教师专业发展的知识基础［J］.北京大学教育评论,2003(1):104－112.

［7］陈银雪.小学班干部权力的异化与回归［J］.教学与管理,2020(17):11－13.

［8］陈振华.解读教师个人教育知识［J］.教育理论与实践,2003(11):6－11.

［9］程天君.新教育公平引论——基于我国教育公平模式变迁的思考［J］.教育发展研究,2017(2):1－11.

［10］程天君.以人为核心评估域:新教育公平理论的基石［J］.华东师范大学学报(教育科学版),2019(1):116－123＋169－170.

［11］程天君,陈南.中国教育现代化的百年书写［J］.教育研究,2020(1):125－135.

［12］程晓樵,吴康宁,吴永军,刘云杉.学生课堂交往行为的主体差异研究［J］.南京师大学报(社会科学版),1995(3):74－79.

［13］储朝晖.走出教育公平的观念误区［J］.中国教育学刊,

2005(7):9－11＋17.

[14] 褚宏启.关于教育公平的几个基本理论问题[J].中国教育学刊,2006(12):1－4.

[15] 褚宏启.新时代需要什么样的教育公平:研究问题域与政策工具箱[J].教育研究,2020(2):4－16.

[16] 崔宇,石艳.教师的社会学知识:公平视域下教师知识的转向及其实践路径[J].教育发展研究,2019(4):35－43.

[17] 崔宇,石艳.新中国成立以来教师教育培育目标的嬗变[J].课程·教材·教法,2020(9):125－131.

[18] 崔卓.教师公平意识:内涵、价值及培养[J].国家教育行政学院学报,2012(12):39－42.

[19] 戴伟芬.教育公平:当代美国教师教育课程思想的社会取向分析[J].比较教育研究,2011(8):82－85.

[20] 邓银城.论教育过程公平与学生的差异性[J].湖南师范大学教育科学学报,2010(6):43－46.

[21] 邓银城.论学校内部教育资源合理配置与教育公平[J].教育研究与实验,2010(6):56－59.

[22] 董海霞.教师的教育信念与教育公平——以绿领巾事件为视角[J].当代教育科学,2015(23):6－8＋22.

[23] 董小平.课堂公平:蕴涵、缺失与建构[J].辽宁教育研究,2006(3):8－11.

[24] 段小磊,曹卫平.课堂教学中的不公平问题探索[J].基础教育研究,2006(5):20－22.

[25] 冯建军.公正:教育的内在品质[J].教育评论,2007(4):3－5.

[26] 冯建军.后均衡化时代的教育正义:从关注"分配"到关注"承认"[J].教育研究,2016(4):41－47.

[27] 冯建军.基于个体发展差异的教育公正原则[J].教育研究与实验,2008(4):7－10＋65.

[28] 冯建军.课堂公平的教育学视角[J].教育发展研究,

2017(10):63-69.

[29] 冯建军.义务教育优质均衡发展的理论研究[J].全球教育展望,2013(1):84-89.

[30] 冯文全.对"教师是主导,学生是主体"命题的多学科视角的审视[J].教育研究,2007(10):19-24.

[31] 傅淳华,杜时忠.教师教学行动的公正性反思:"道德应得"的视角[J].教育发展研究,2013,33(8):30-33.

[32] 傅维利.简论师德修养[J].中国教育学刊,2001(5):43-46.

[33] 高景柱.基本善抑或可行能力——评约翰·罗尔斯与阿玛蒂亚·森的平等之争[J].道德与文明,2013(5):53-59.

[34] 高璐.论教育公平与社会分层[J].当代教育论坛,2006(7):37-38.

[35] 高水红.超越"再生产":学校的教育公平实践[J].南京师大学报(社会科学版),2020(4):75-83.

[36] 顾明远.深化课程改革,实现公平而有质量的教育[J].人民教育,2018(Z3):84-85.

[37] 顾明远.论学校文化建设[J].西南大学学报(人文社会科学版),2006(5):67-70.

[38] 郭晓娜,靳玉乐.反思教学与课堂公平[J].现代中小学教育,2007(2):14-16.

[39] 郭元祥.对教育公平问题的理论思考[J].教育研究,2000(3):21-24+47.

[40] 郭元祥.教师的课程意识及其生成[J].教育研究,2003(6):33-37.

[41] 韩曙花,刘永兵.西方教师知识与教师专业发展研究述评[J].外国教育研究,2011(11):62-67.

[42] 郝德永.以德为本:习近平总书记关于师德论述的理论蕴涵[J].教育研究,2019(8):4-8.

[43] 胡春光,王坤庆.教师知识:研究趋势与建构框架[J].教育研

究与实验,2013(6):22-28.

[44] 胡劲松.论教育公平的内在规定性及其特征[J].教育研究, 2001(8):8-12.

[45] 胡劲松.学校教育制度与个体发展[J].开放时代,1999(1): 3-5.

[46] 黄忠敬,孙晓雪.深入学校内部的教育公平追求[J].中国教育学刊,2019(9):16-21.

[47] 黄忠敬,孙晓雪,王倩.从思辨到实证:教育公平研究范式的转型[J].华东师范大学学报(教育科学版),2020(9):19-136.

[48] 蒋承仪.教学检查与评价[J].重庆大学学报(社会科学版), 2001(5):191-193.

[49] 姜美玲.课程改革情境中的教师信念与教学实践——对一位高中语文教师的叙事探究[J].教育发展研究,2005(14):97-105.

[50] 蒋士会.论教育公平及其结构[J].湖北社会科学,2003(11): 80-82.

[51] 金爱冬,马云鹏.国内外教师信念问题研究综述[J].延边大学学报(社会科学版),2013(1):75-83.

[52] 金小红.吉登斯结构化理论的逻辑[M].武汉:华中师范大学出版社,2008:89.

[53] 康文彦,刘辉,李德显.我国中小学教育过程公平的内涵、困境及超越[J].基础教育课程,2019(15):33-40.

[54] 康晓伟.当代西方教师知识研究述评[J].外国教育研究, 2012(8):84-91.

[55] 康晓伟.论康纳利和克兰迪宁的教师个人实践性知识思想[J].外国教育研究,2016(2):90-98.

[56] 柯政,李昶洁.班干部身份对学习机会获得的影响——基于4 026位初中生的倾向值匹配法研究[J].教育研究,2020(5):112-125.

[57] 李国安.新时期人民教师师德的内涵和特质[J].西南大学学报(社会科学版),2010(5):12-15.

[58] 李红专.当代西方社会理论的实践论转向——吉登斯结构化理论的深度审视[J].哲学动态,2004(11):7-13.

[59] 李家黎,刘义兵.教师信念的现实反思与建构发展[J].中国教育学刊,2010(8):60-63.

[60] 李金钊.课堂教学公平观察量表的设计及观察方法[J].上海教育科研,2012(3):66-69.

[61] 李娟.西方教育公平指标体系研究与思考——以十种教育公平指标体系为例[J].外国中小学教育,2016(10):15-22.

[62] 李莉春.教师在行动中反思的层次与能力[J].北京大学教育评论,2008(1):92-105+190.

[63] 李敏,檀传宝.师德崇高性与底线师德[J].课程・教材・教法,2008(6):74-78.

[64] 李明欢."多元文化"论争世纪回眸[J].社会学研究,2001(3):99-105.

[65] 李齐,李松玉.治理主体行动逻辑的"四维分析框架"——兼论乡村治理中乡镇政府行动逻辑演变及趋向[J].政治学研究,2020(4):82-94+127-128.

[66] 李琼,倪玉菁.西方不同路向的教师知识研究述评[J].比较教育研究,2006(5):76-81.

[67] 李润洲.教育公平刍议[J].江西教育科研,2002(4):11-14.

[68] 李润洲.课堂教学中公平问题的理性思考[J].山东教育科研,2002(9):16-19.

[69] 李锐.师德失范影响下的学生发展探析[J].教育理论与实践,2009(26):42-43.

[70] 林崇德.基于中华民族文化的师德观[J].西南大学学报(社会科学版),2014(1):43-51+174.

[71] 林崇德,申继亮,辛涛.教师素质的构成及其培养途径[J].中国教育学刊,1996(6):16-22.

[72] 林智中,何瑞珠,曾荣光.香港课改二十年的现状与展望:中

学教师和校长的看法[J].教育学报,2020,45(1):1-21.

[73] 柳德玉.论经历在教师专业成长中的意义[J].中小学教师培训,2005(4):7-9.

[74] 刘铁芳.从"敬业"到"乐业":当前师德建设的基本问题[J].教育科学研究,2005(7):54-56.

[75] 刘住洲.教育公平感及其政策应用:思考与建设[J].人民论坛·学术前沿,2020(8):120-123.

[76] 龙安邦,黄甫全.教育过程公平的三重进路[J].全球教育展望,2019(8):62-71+128.

[77] 卢余群.浅谈高校办公室文化的建设[J].嘉兴学院学报,2002(2):102-104.

[78] 吕晓俊,刘帮成.高校大学生公平心理与行为的研究——基于教育公平感的视角[J].上海交通大学学报(哲学社会科学版),2009(6):72-78.

[79] 吕星宇.教育过程公平研究:教育公平研究的新趋势[J].当代教育科学,2008(15):3-6.

[80] 吕星宇.关于教师对教育过程公平的意识与行为水平的调查报告[J].教育科学研究,2014(3):42-49.

[81] 马焕灵.校长领导力促进教师专业发展的机理与策略[J].中国教育学刊,2011(3):41-43.

[82] 马娟,陈旭,赵慧.师德发展的影响因素及其作用机制[J].教师教育研究,2004(6):23-28.

[83] 马克斯·范梅南.教育敏感性和教师行动中的实践性知识[J].北京大学教育评论,2008(1):2-20+188.

[84] 马云鹏,赵冬臣,韩继伟.教师专业知识的测查与分析[J].教育研究,2010(12):70-76+111.

[85] 毛景焕.班内分组分层教学存在的问题及其优化策略[J].教育研究与实验,2000(4):45-47.

[86] 毛景焕.谈针对学生个体差异的班内分组分层教学的优化策

略[J].教育理论与实践,2000(9):40－45.

[87] 毛亚庆.应注重以学校为主体的校本管理[J].教育研究,2002(4):78－80.

[88] 母松灵.教师办公室文化建设的意义与策略[J].江西教育学院学报,2011(3):117－119.

[89] [荷]尼克·温鲁普,[荷]简·范德瑞尔,[荷]鲍琳·梅尔.教师知识和教学的知识基础[J].北京大学教育评论,2008(1):21－38＋188.

[90] 戚业国,杜瑛.教育价值的多元与教育评价范式的转变[J].华东师范大学学报(教育科学版),2011(2):11－18.

[91] 祁占勇.中国教师教育政策的价值取向分析[J].当代教师教育,2012(2):6－12.

[92] 钱志亮.关于教育公平问题的探索——中青年教育理论工作者专业委员会第 10 次年会综述[J].中国教育学刊,2001(1):62－63.

[93] 曲铁华,崔红洁.我国教师教育政策的演进历程及特点分析[J].国家教育行政学院学报,2014(12):56－62.

[94] 任可欣,余秀兰,王世岳."先生存后发展":N 大学文科青年教师行动逻辑分析[J].高教探索,2020(7):106－113.

[95] 任兴祥,孙毓英.综合考察高等教育公平问题[J].江苏高教,2000(1):64－66.

[96] 申继亮,刘加霞.论教师的教学反思[J].华东师范大学学报(教育科学版),2004(3):44－49.

[97] 申玉宝.小学班干部制度的发展进程与反思[J].当代教育科学,2012(14):22－24.

[98] 史亚娟,华国栋.论差异教学与教育公平[J].教育研究,2007(1):36－40.

[99] 石艳.现代性与学校空间的生产[J].教育研究,2010(2):22－27.

[100] 石艳.区隔与脱域——学校空间管理的社会学分析[J].教育科学,2006(4):23－25.

[101] 石艳,崔宇."新教育公平"观与教师教育转型[J].湖南师范

大学教育科学学报,2018(5):110-116.

[102] 石中英."培养什么人"问题的 70 年探索[J].中国教育学刊,2019(1):51-57.

[103] 石中英.当代知识的状况与教师角色的转换[J].高等师范教育研究,1998(6):52-57.

[104] 石中英.学校文化的核心:价值观建设[J].教育科学研究,2005(8):18-21.

[105] 石中英,霍少波.教育公平话语中的教育假设及其反思[J].国家教育行政学院学报,2018(6):10-15.

[106] 舒宗礼,夏贵霞,王华倬.高校承接政府购买青少年体育服务:行动逻辑、问题透视与策略跟进——以北京"高参小"实践为例[J].北京体育大学学报,2016(11):97-103.

[107] 苏君阳.我国学校内部组织管理:科层化与扁平化的冲突和协调[J].北京师范大学学报(社会科学版),2010(1):13-20.

[108] 孙俊三.班干部:成长和教育的双重需要[J].华东师范大学学报(教育科学版),2013(1):11-18.

[109] 孙振东.从实求知:民族教育田野研究的方法论原则[J].西南大学学报(人文社会科学版),2006(6):56-60.

[110] 谈松华.论我国现阶段的教育公平问题[J].教育研究,1994(6):14-18+40.

[111] 唐玉光.基于教师专业发展的教师教育制度[J].高等师范教育研究,2002(5):35-40.

[112] 田果萍,张玉生,康淑瑰.教育过程公平的重新审视[J].教育科学论坛,2010(9):11-13.

[113] 田正平,李江源.教育公平新论[J].清华大学教育研究,2002(1):39-48.

[114] 万伟.校本课程开发:影响教育过程公平的新因素——以江苏省为例[J].教育理论与实践,2013(32):42-44.

[115] 苑璞,张宇琪.探索新教育公平观视域下教师角色的转变[J].

现代教育科学,2020(1):90-94+99.

[116] 王定华.关于实施教师教育振兴行动计划的政策与思考[J].国家教育行政学院学报,2018(6):3-9.

[117] 王凤秋,倪玉娟,李晓.中小学教师教育公平意识现状调查研究[J].教育理论与实践,2015,35(26):12-15.

[118] 王逢贤.师德建设的理论思考[J].中国教育学刊,1997(4):8-12.

[119] 王福显.教师课堂教学公平的实现[J].教学与管理,2005(29):4-6.

[120] 王建华.新教育公平的旨趣[J].教育发展研究,2017(2):12-17.

[121] 王建军,文剑冰,林凌,漆涛.初中课堂教学中的学习机会:表现与差异[J].全球教育展望,2016(9):37-52.

[122] 王凯.近年来我国师德观念发展的三大趋向[J].中国教育学刊,2013(1):49-52.

[123] 王青.教师期望与教育公平[J].教育探索,2005(7):25-27.

[124] 王清钢,潘守永.人类学田野研究的几点思考[J].中央民族大学学报,1999(2):13-18.

[125] 王善迈.教育公平的分析框架和评价指标[J].北京师范大学学报(社会科学版),2008(3):93-97.

[126] 王希.多元文化主义的起源、实践与局限性[J].美国研究,2000(2):44-80.

[127] 王晓柳,李宁玉,郝京华,吴康宁.建立集体性教学模式的尝试[J].南京师大学报(社会科学版),1989(1):2-9.

[128] 王学男,李五一.建国以来我国教育公平问题的回顾与反思[J].北京大学教育评论,2015(4):177-183.

[129] 王艳玲.教师应该具备哪些知识——近20年来美国教学"知识基础"研究述评[J].外国中小学教育,2009(8):7-11.

[130] 王艳玲.近20年来教师知识研究的回顾与反思[J].全球教

育展望,2007(2):39-43

[131] 王艳玲.教师专业发展:教师教育的核心理念[J].全球教育展望,2008(10):29-34.

[132] 翁定军.阶级或阶层意识中的心理因素:公平感和态度倾向[J].社会学研究,2010(1):85-110+244.

[133] 魏戈,陈向明.教师实践性知识研究的创生和发展[J].华东师范大学学报(教育科学版),2018(6):107-117+159.

[134] 卫知唤.异质的正义体系:"基本善"与"可行能力"再比较——罗尔斯有效回应了阿玛蒂亚·森的批评吗?[J].社会科学辑刊,2015(4):25-32.

[135] 吴康宁.教会选择:面向 21 世纪的我国学校道德教育的必由之路——基于社会学的反思[J].华东师范大学学报(教育科学版),1999(3):10-18.

[136] 吴康宁.当前我国教育社会学发展的三个基本问题[J].教育研究与实验,2008(6):8-16.

[137] 吴康宁.课堂教学的社会学研究[J].教育研究,1997(2):64-71.

[138] 吴康宁.课堂教学时空构成的社会学分析[J].教育研究与实验,1996(2):63-68.

[139] 吴康宁.教师应成为自身专业发展的主人[J].南京师大学报(社会科学版),2015(5):80-86.

[140] 吴康宁.教育的品质:教育强国的"软实力"[J].教育发展研究,2015(11):1-4+48.

[141] 吴俞晓.社会分层视野下的中国教育公平:宏观趋势与微观机制[J].南京师大学报(社会科学版),2020(4):18-35.

[142] 伍远岳,杨莹莹.迈向多元化的教师教育研究——改革开放40 年的回顾与展望[J].教育研究与实验,2019(1):53-60.

[143] 肖正德.基于教师发展的教师信念:意蕴阐释与实践建构[J].教育研究,2013(6):86-92.

[144] 谢翌,马云鹏.重建学校文化:优质学校建构的主要任务[J].华东师范大学学报(教育科学版),2005(1):7-15.

[145] 谢翌,马云鹏.教师信念的形成与变革[J].比较教育研究,2007(6):31-35+85.

[146] 谢慧盈.关注课堂交往中的性别不公平[J].教学与管理,2006(33):70-71.

[147] 辛涛,姜宇,王旭冉.从教育机会到学习机会:教育公平的微观视域[J].清华大学教育研究,2018(2):18-24.

[148] 辛涛,申继亮.论教师的教育观念[J].北京师范大学学报(社会科学版),1999(1):3-5.

[149] 辛涛,申继亮,林崇德.从教师的知识结构看师范教育的改革[J].高等师范教育研究,1999(6):12-17.

[150] 许红.从课堂互动视角看教育公平[J].现代中小学教育,2006(11):1-3.

[151] 杨东平.对我国教育公平问题的认识和思考[J].教育发展研究,2000(8):5-8.

[152] 杨国荣.行动:一种哲学的阐释[J].学术月刊,2010(12):21-31.

[153] 杨建国.论教育公平培育的政府责任再造[J].教育发展研究,2010(7):44-49.

[154] 杨全印.学校文化的表现及其对教师的影响[J].教师教育研究,2011(2):55-58.

[155] 杨启亮.底线均衡:义务教育优质均衡发展的解释[J].教育理论与实践,2010,(1):7-10.

[156] 杨小微.为促进教育过程公平寻找合适的"尺度"[J].探索与争鸣,2015(5):8-10.

[157] 杨心恒,刘豪兴,周运清.论社会学的基本问题:个人与社会[J].南开学报(哲学社会科学版),2002(5):14-26.

[158] 杨跃.论我国教师教育政策研究[J].南京师大学报(社会科

学版),2018(1):60-66.

[159] 姚本先,刘世清.论弱势群体子女的教育公平[J].教育发展研究,2003(8):57-59.

[160] 姚大志.罗尔斯正义原则的问题和矛盾[J].社会科学战线,2009(9):35-41.

[161] 姚灶华.教师的教育公平意识与学生的发展[J].中国教师,2005(2):21-22.

[162] 叶澜.试论当代中国学校文化建设[J].教育发展研究,2006(15):1-10.

[163] 叶琳,刘文霞.国外分层教学历史发展概况[J].教学与管理,2008(3):159-160.

[164] 殷玉新.优秀教师课堂教学公平策略研究——以美国68名"年度教师"为例[J].比较教育研究,2019(1):39-44.

[165] 俞国良,辛自强.教师信念及其对教师培养的意义[J].教育研究,2000(5):16-20.

[166] 于海.结构化的行动,行动化的结构——读吉登斯《社会的构成:结构化理论大纲》[J].社会,1998(7):46-47.

[167] 俞嘉怡,荀渊.1949年以来我国教师教育变革特征及其政策价值[J].全球教育展望,2015(4):80-103.

[168] 曾继耘.论差异发展教学与教育公平的关系[J].中国教育学刊,2005(6):28-31.

[169] 曾琦.小学生课堂参与的角色差异[J].教育研究与实验,2000(2):60-64+73.

[170] 张爱华,金硕.河北省义务教育阶段教育过程公平问卷调查与成效分析[J].河北师范大学学报(教育科学版),2012(10):63-67.

[171] 张朝珍,杜金山.指向学生差异的教师教学决策框架[J].全球教育展望,2010(10):25-29.

[172] 张丹婷.差异对待:基于个体差异的公平课堂教学[J].教师教育论坛,2017(6):48-50.

[173] 张东娇.论学校文化与校长领导力[J].教育科学,2015(1):22-25.

[174] 张光陆.学生核心素养视角下的教师知识:特征与发展[J].课程·教材·教法,2018(3):62-80.

[175] 张国清.罗尔斯难题:正义原则的误读与批评[J].中国社会科学,2013(10):22-40+204-205.

[176] 张华东,白健.教育公平的教师视角[J].教育探索,2003(7):103-105.

[177] 张雷.中小学校长领导力问题探析[J].教育发展研究,2014(Z2):93-98.

[178] 张立忠.论教师知识研究的专辑与进展[J].内蒙古师范大学学报(教育科学版),2014(3):48-51.

[179] 章毛平.论教育公平与公平教育[J].江苏社会科学,1997(5):176-181.

[180] 张思明.师德首先表现为对学生一生发展和幸福负责[J].中国教育学刊,2007(9):7-10.

[181] 张扬生.浅论教育公平和均衡发展[J].江苏教育学院学报(社会科学版),2003(5):5-8+24.

[182] 张渝.对当前教师教育公平理念的探析[J].内蒙古师范大学学报(教育科学版),2013(4):67-69.

[183] 张祖民.教育过程公平的内涵与原则[J].教育探索,2014(10):1-3.

[184] 赵昌木.教师在批判性教学反思中成长[J].教育理论与实践,2004(9):42-45.

[185] 郑杭生.也谈社会学基本问题[J].社会学研究,2001(3):111-117.

[186] 郑石明,邬智.迈向有质量的公平:中国教育公平政策变迁与转型逻辑[J].清华大学教育研究,2018(5):29-37.

[187] 钟景迅,曾荣光.从分配正义到关系正义——西方教育公平

探讨的新视角[J].清华大学教育研究,2009(5):14-21.

[188] 衷克定,申继亮,辛涛.论教师知识结构及其对教师培养的意义[J].中国教育学刊,1998(3):55-58.

[189] 周波,黄培森.关注个体差异:教育过程公平的路径选择[J].河北师范大学学报(教育科学版),2017(1):91-94.

[190] 周鸿敏,方光宝.教育公平测量的路径演变和典型方法[J].教育研究,2019(6):128-135.

[191] 周洪宇.教育公平:和谐社会的重要内容、基础和实现途径[J].人民教育,2005(7):7-10.

[192] 周济.爱与责任——师德之魂[J]人民教育,2005(8):2-3.

[193] 周如南,朱健刚.农民抗争政治的行动逻辑与治理启示——以G省W村农民土地维权事件为例[J].湖南农业大学学报(社会科学版),2016(5):42-48+80.

[194] 周序.文化资本与学业成绩——农民工家庭文化资本对子女学业成绩的影响[J].国家教育行政学院学报,2007(2):73-77.

[195] 周怡.社会结构:由"形构"到"解构"[J].社会学研究,2000(3):55-66.

[196] 朱超华.教育公平的本质及其社会价值分析[J].中国高教研究,2003(7):26-28.

[197] 朱淑华,唐泽静,吴晓威.教师知识结构的学理分析——基于对西方教师知识研究的回溯[J].外国教育研究,2012(11):118-126.

[198] 朱伟珏."资本"的一种非经济学解读——布尔迪厄"文化资本"概念[J].社会科学,2005(6):117-123.

[199] 朱新卓,王欧.教师的阶层文化与教育的文化再生产[J].教育研究,2014(12):133-142.

[200] 朱迎春,周志刚.从教育公平原则看中国城乡教育差距[J].教育理论与实践,2006(4):25-27.

[201] 左银舫.中小学教师知识观与教学观研究[J].心理科学,2004(2):353-354.

3. 论文类

［1］陈云奔.教学公平研究［D］.西北师范大学博士学位论文,2005.

［2］段丽华.教育公平:制度视域研究［D］.东北师范大学博士学位论文,2015.

［3］李玉芳.论中小学校长领导力及其开发［D］.上海:华东师范大学博士学位论文,2009.

［4］刘欣.由教育政策走向教育公平［D］.华中师范大学博士学位论文,2008.

［5］龙安邦.基础教育课程改革中的效率与公平［D］.西南大学博士学位论文,2013.

［6］吕国光.教师信念及其影响因素研究［D］.兰州:西北师范大学博士学位论文,2004.

［7］吕星宇.论教育过程公平［D］.上海:华东师范大学博士学位论文,2009.

［8］毛金秋.课堂教学公平问题的个案研究［D］.长春:东北师范大学硕士学位论文,2006.

［9］王海英.学校组织的行动逻辑——行动者的观点［D］.长春:东北师范大学博士学位论文,2009.

［10］王卫东.高等教育过程公平的社会学分析［D］.华中师范大学博士学位论文,2012.

［11］谢翌.教师信念:学校教育中的"幽灵"［D］.长春:东北师范大学博士学位论文,2006.

［12］许丽英.教育资源配置理论研究［D］.长春:东北师范大学博士学位论文,2007.

［13］殷玉新.学习机会公平研究［D］.上海:华东师范大学博士学位论文,2018.

［14］于兴国.转型期中国教师教育政策研究［D］.东北师范大学博士学位论文,2002.

［15］张莉.专业共同体中的教师知识学习研究［D］.长春:东北师

范大学博士学位论文,2013.

[16] 赵延金.课堂教学公平问题的理论与实践研究[D].武汉:华中科技大学硕士学位论文,2004.

[17] 朱金花.教育公平:政策的视角[D].吉林大学博士学位论文,2005.

4. 报纸、电子文献与集刊类

[1] 陈南,程天君.推进义务教育均衡发展"三步走"[N].中国社会科学报,2020 - 06 - 24(008).

[2] 辞海编辑委员会.辞海[K].上海:上海辞书出版社,1980.

[3] 格雷厄姆·默多克.阶级分层与文化消费.薛晓源,曹荣湘.全球化与文化资本[C].北京:社会科学文献出版社,2005:101.

[4] 王卫东.过程公平是实现结果公平的关键[N].光明日报,2016 - 7 - 7(15).

[5] 亚历克斯·摩尔.文化资本、符号暴力与专制.薛晓源,曹荣湘.全球化与文化资本[C].北京:社会科学文献出版社,2005.

[6] 中华人民共和国教育部.中国教育概况——2016 年全国教育事业发展情况[EB/OL].(2017 - 11 - 10).http://www.moe.gov.cn/jyb_sjzl/s5990/201711/t20171110_318862.html.

[7] 中华人民共和国教育部.关于大力推进教师教育课程改革的意见[EB/OL].(2011 - 10 - 19).http://www.moe.gov.cn/srcsite/A10/s6991/201110/t20111008_145604.html.

[8] 中华人民共和国教育部.关于印发《幼儿园教师专业标准(试行)》《小学教师专业标准(试行)》和《中学教师专业标准(试行)》的通知[EB/OL].(2012 - 09 - 13).http://www.moe.gov.cn/srcsite/A10/s6991/201209/t20120913_145603.html.

[9] 中华人民共和国教育部.教育部等五部门关于印发《教师教育振兴行动计划(2018—2022 年)》的通知[EB/OL].(2018 - 03 - 23).http://www.moe.gov.cn/srcsite/A10/s7034/201803/t20180323_331063.html.

［10］中华人民共和国中央人民政府.中共中央 国务院关于深化教育教学改革全面提高义务教育质量的意见［EB/OL］.(2019 － 07 － 08). http://www.gov.cn/zhengce/2019－07/08/content_5407361.htm.

［11］中华人民共和国中央人民政府.国家中长期教育改革和发展规划纲要（2010—2020 年）［EB/OL］.(2010 － 07 － 29).http://www. gov.cn/jrzg/2010 － 07/29/content_1667143.htm.

［12］中华人民共和国中央人民政府.国务院关于加强教师队伍建设的意见［EB/OL］.(2012 － 09 － 07).http://www.moe.gov.cn/jyb_ xxgk/moe_1777/moe_1778/201209/t20120907_141772.html.

［13］中华人民共和国中央人民政府.中共中央 国务院关于全面深化新时代教师队伍建设改革的意见［EB/OL］.(2018 － 01 － 31).http:// www.gov.cn/xinwen/2018 － 01/31/content_5262659.htm.

［14］詹姆斯·科尔曼.教育机会均等的观念.张人杰.国外教育社会学基本文选［C］.上海：华东师范大学出版社,2008.

5. 外文文献类

［1］Adams J S. Inequity in social exchange［M］. New York： Academic Press，1965.

［2］Adams J S. Towards an Understanding of Inequity［J］. Journal of Abnormal and Social Psychology，1963(5)：422 － 436.

［3］Icek Ajzen，Martin Fishbein. Understanding Attitudes and Predicting Social Behavior［M］. NJ：Prentice-Hall，1980.

［4］ Andrew C Porter， Donald J， Freeman. Professional Orientations：An Essential Domain for Teacher Testing［J］. The Journal of Negro Education，1986(3)：284 － 292.

［5］Applebaum B. Social Justice Education, Moral Agency, and the Subject of Resistance［J］. Educational Theory，2004(1)：1.

［6］Cherry A McGee Banks，James A. Banks. Equity pegagogy： An essential component of multicultural education［J］. Theory into Practice，1995(3)：151 － 158.

[7] Bartolome Lilia I. Beyond the Method Fetish: Toward a humani-zing pedagogy[M]. //Darder A., Bartolome M., Torres R. (eds.) The Critical Pedagogy Reader. New York: Routledge Falmer, 2003:408 - 429.

[8] Douwe Beijaard, Nico Verloop. Assessing Teachers' Practical Knowledge[J]. Studies in Educational Evaluation, 1996(3):275 - 286.

[9] Miriam Ben-Peretz. Teacher Knowledge: What Is It? How Do We Uncover It? What Are Its Implications for Schooling? [J]. Teaching and Teacher Education, 2010(1):3 - 9.

[10] B Bernstein. Elaborated and Restricted Codes: Their Social Origins and Some Consequences[J]. American Anthropologist, 1964(6): 55 - 69.

[11] Beyer L E. The Value of Critical Perspectives in Teacher Education[J]. Journal of Teacher Education, 2001(2):151 - 163.

[12] P Bourdieu. The Forms of Capital [M]//Handbook of Theory and Research for the Sociology of Education[M]. New York: Greenwood Press, 1986.

[13] Margret Buchmann. The Use of Research Knowledge in Teacher Education and Teaching[J]. American Journal of Education, 1984(4):421 - 439.

[14] Jessica McCrory Calarco. "I Need Help!" Social Class and Children's Help-Seeking in Elementary School [J]. Journal of American Sociological Review, 2011(6):862 - 882.

[15] Jessica mcCrory Calarco. Coached for the Classroom: Parents' Cultural Transmission and Children's Reproduction of Educational Inequalities[J]. American Sociological Review, 2014(5).

[16] J Calderhead. International Experience of Teaching Reform [M].//Virginia Richardson. Handbook of Research on Teaching, American Educational Research Association. 2001:777 - 802.

[17] K Carter. Teachers' Knowledge and Learning to Teach[M].// W. R. Houston. Handbook of Research on Teacher Education. New York: MacMillan:291－310.

[18] X Chen, G Wei, S Jiang. The Ethical Dimension of Teacher Practical Knowledge: A Narrative Inquiry into Chinese Teachers' Thinking and Action in Dilemmatic Spaces[J]. Journal of Curriculum Studies, 2016(4):518－541.

[19] Rebecca M. Chory. Enhancing Student Perceptions of Fairness: The Relationship Between Instructor credibility and classroom justice[J]. Communication Education, 2007(1):89－105.

[20] Clandinin J, Connelly F Michael. Teachers' Professional Knowledge Landscapes[M]. New York: Teachers College Press, 1995.

[21] Claudic Dalbert. The World is More Just for me than Generally: About the Personal Belief in a Just World Scale's Validity[J]. Social Justice Research, 1999(2):79－98.

[22] Linda Darhing-Hammord. New Standards and Old Inequalities: School Reform and the Education of African American Students[J]. The Journal of Negro Education, 2000(4):263－287.

[23] Linda Darhing-Hammord. Constructing 21st-Century Teacher Education[J]. Journal of Teacher Education, 2006(3):300－314.

[24] Linda Darhing-Hammord. & Bransford, L. Preparing Teachers for A Changing World: What Teachers Should Learn and Be Able To Do[M]. Choice,2005(2):43－1083.

[25] Douglas B D, Dennis J C. Fifty Years since the Coleman Report:Rethinking the Relationship between Schools and Inequality[J]. Sociology of Education, 2016(3):207－220.

[26] Dyches J, Boyd A. Foregrounding Equity in Teacher Education:Toward a Model of Social Justice Pedagogical and Content Knowledge[J]. Journal of Teacher Education, 2017(5):476－490.

[27] Freema Elbaz. The Teacher's Practical Knowledge Report of A Case Study[J]. Curriculum Inquiry, 1981(1):43 - 71.

[28] Freema Elbaz. Teacher Thinking: A Study of Practical Knowledge[M]. London: Croom Helm. 1983.

[29] Erickson, Frederick. Culture and Human Development[J]. Journal of Mianyang Normal University, 2008(4):299 - 306.

[30] Feiman Nemser S. Buchmann Margret. Pitfalls of experience in teacher preparation[J]. Teachers College Record, 1985(1):53 - 65.

[31] G D Fenstermacher. The Knower and the Known: The Nature of Knowledge in Research on Teaching [J]. Review of Research in Education, 1994(20):3 - 56.

[32] Gage N L. Handbook of Research on Teaching[M]. New York: Rand McNally, 1963.

[33] Gay G. Culturally Responsive Teaching: Theory, Research, and Practice[M]. New York: Teachers College Press, 2000.

[34] Gibson L S. Teaching as an Encounter with the Self Unraveling the Mix of Personal Beliefs, Education Ideologies, and Pedagogical Practices [J]. Anthropology & Education Quarterly, 1998(3): 360 - 371.

[35] Giddens A. Social Theory and Modern Sociology [M]. Stanford:Stanford University Press, 1987.

[36] Dan D Goldheber, Dominic J Brewer. Dose Teacher Certification Matter? High School Teacher Certificayion Status and Student Achievement [J]. Educational Evaluation and Policy Analysis, 2000(2):129 - 145.

[37] A Lin Goodwin. GlobaliZation and the Preparation of Quality Teachers: Rethinking Knowledge Domains for Teaching[J]. Teaching Education, 2010(1):19 - 32.

[38] A Lin Goodwin. The Case of One Child: Making the Shift

from Personal Knowledge to Professionally Informed Practice[J]. Teaching Education, 2002(2):137 - 154.

[39] A Lin Goodwin. Who is in the Classroom Now? Teacher Preparation and the Education of Immigrant Children[J]. Educational Studies, 2017(5):433 - 449.

[40] Pamela L Grossman, Susan S Stodotsk. Considerations of Content and the Circumstances of Secondary School Teaching[J]. Review of Research in Education, 1994(1):179 - 221.

[41] Halsey, Albert H. Education: Culture, Economy, and Society[M]. New York: Oxford University Press, 1997.

[42] Hamilton M L. Think You Can: The Influence of Culture on Beliefs[M]. //Research on Teacher Thinking: Understanding Professional Development. London: The Falmer Press, 1993: 87 - 98.

[43] Horvat E, Weininger E, Lareau A . From Social Ties to Social Capital: Class Differences in the Relations between Schools and Parent Networks[J]. Journal of American Educational Research Journal, 2003(2):319 - 351.

[44] Hsiao-Ching S. The Interplay of a Biology Teacher's Beliefs, Teaching Practices and Gender-based Student-teacher Classroom Interaction[J]. Educational Research. 2000(1):100 - 111.

[45] Doram Kagan. Implications of Research on Teacher Belief[J]. Educational Psychologist, 1992(1):65 - 90.

[46] Kight H W. Preservice Elementary and Middle Grades Teachers'Beliefs about Mathematics [D]. University of Georgia State, 1991.

[47] L M Lachmann. The Legacy of Max Weber[M]. Berkeley, Calif: The Glendessary Press, 1971.

[48] Lane S, Lacefield-Parachini N. Isken J. Developing Novice

Teachers As Change Agents: Student Teacher Placements "Against the Grain." [J]. Teacher Education Quarterly, 2003, Spiring: 55 - 68.

[49] Annette Lareau. Unequal Childhoods[M]. Berkeley: University of California Press, 2011.

[50] Annette Lareau. Cultural Knowledge and Social Inequality[J]. American Sociological Review, 2015(1):1 - 27.

[51] Annette Lareau. Home Advantage: Social Class and Parental Intervention in Elementary Education [M]. Rowman and Littlefield Publishers, 2000.

[52] Lortie Dan C. School Teacher: A Sociological Study[M]. Chicago: The University of Chicago Press, 1975.

[53] McDiarmid G W. Teacher Education: A Vital Part of the Equity Issue[J]. State Education Leader, 1993(1):11.

[54] Mills C., Ballantyne J. Social Justice and Teacher Education: A Systematic Review of Empirical Work in the Field[J]. Journal of Teacher Education, 2016(4):263 - 276.

[55] Morrell E. Legitimate Peripheral Participation as Professional Development: Lessons from a Summer Institute[J]. Teacher Education Quarterly, 2003(2):89 - 99.

[56] OSS D I B. The Relevance of Teachers'Practical Knowledge in the Development of Teacher Education Program [J]. Profile Issues in Teachers Professional Development, 2018(1):167 - 178.

[57] Pajares F M. Teacher's Beliefs and Educational Research: Cleaning up a Messy Construct[J]. Review of Educational Research, 1992(3):307 - 332.

[58] Walter C Parber. Teaching Democracy: Unity and Diversity in Public Life[M]. New York: Teachers College Press, 2003.

[59] Randall C S., Mueller C W. Extensions of Justice Theory:

Justice Evaluations and Employees' Reactions in a Natural Setting[J]. Social Psychology Quarterly, 1995(3):178 - 194.

[60] Rasinski K A. What's fair is Fair-or Is It? Value Differences Underlying Public Views About Social Justice [J]. Journal of Personality and Social Psychology, 1987(1):201 - 211.

[61] Reynolds M C. Knowledge Base for the Beginning Teacher[M]. New York: Published for the American Association of Colleges for Teacher Education by Pergamon Press, 1989.

[62] Richardson V. Handbook of Research on Teaching[M]. 4th ed. Washington, D C: American Educational Research Association, 2001.

[63] Milton Rokeach. Beliefs, Attitudes, and Values: A Theory of OrganiZhation and Change[J]. Revue Française De Sociologie, 1968(3): 202 - 205.

[64] Roy Bhaskar. The Possibility of Naturalism: A Philosophical Critique of the Contemporary Human Sciences[M]. 3rd ed. New York: Routledge, 1998.

[65] Rubin Z,, Peplau L A. Who Believes in a Just World? [J]. Journal of Social Issues, 1975(3):65 - 87.

[66] Schön D A. The Reflective Practitioner: How Professionals Think in Action[M]. New York:Basic Books, 1983.

[67] Secada W G. Educational equity versus equality of education: An alternative conception[M]. New York:Falmer Press, 1989.

[68] Shiping ST. Outline of a New Theory of Attribution in IR: Dimensions of Uncertainty and Their Cognitive Challenges [J]. Chinese Journal of International Politics, 2012(3):299 - 338.

[69] Shulman L S. Knowledge and Teaching: Foundation of the New Reform[J]. Harvard Educational Review, 1987(1):1 - 22.

[70] Sockett H. Education and Will: Aspects of Personal Capability[J]. American Journal of Education, 1988(2):195 - 215.

［71］Tirri K. Distributing justice at School［M］. Paper Presented at the Annual Meeting of the American Educational Research Association, San Diego, CA, 1998.

［72］Turner-Bisset R. The Knowledge Bases of the Expert Teacher［J］. British Educational Research Journal, 1999(1):39－55.

［73］UNICEF. Re-Focusing on Equity: Question and Answers［M］. New York: UNICEF, 2010.

［74］Villegas A M., Lucas T. Preparing Culturally Responsive Teachers: Rethinking the Curriculum［J］. Journal of Teacher Education, 2002(1):20－32.

［75］Walker M. Framing Social Justice in Education: What Does the "Capabilities" Approach Offer? ［J］. British Journal of Educational Studies, 2003(2):168－187.

［76］Wittgensitein Ludwig. Philosophical Investigations［M］. Oxford: Blackwell, 1972.